辜鴻銘評傳

總　序

　　中華學術，源遠流長。春秋戰國時期，諸子並起，百家爭鳴，呈
現了學術思想的高度繁榮。兩漢時代，經學成為正統；魏晉之世，玄
學稱盛；隋唐時代，儒釋道三教並尊；到宋代而理學興起；迨及清
世，樸學蔚為主流。各個時代的學術各有特色。綜觀周秦以來至於近
代，可以說有三次思想活躍的時期。第一次為春秋戰國時期，諸子競
勝。第二次為北宋時代，張程關洛之學、荊公新學、蘇氏蜀學，同時
並興，理論思維達到新的高度。第三次為近代時期，晚清以來，中國
遭受列強的凌侵，出現了空前的民族危機，於是志士仁人、英才俊傑
莫不殫精積思，探索救亡之道，各自立說，期於救國，形成中國學術
思想史上的第三次眾說競勝的高潮。

　　試觀中國近代的學風，有一顯著的傾向，即融會中西。近代以
來，西學東漸，對於中國學人影響漸深。深識之士，莫不資西學以立
論。初期或止於淺嘗，漸進乃達於深解。同時這些學者又具有深厚的
舊學根柢，有較高的鑑別能力，故能在傳統學術的基礎之上汲取西方
的智慧，從而達到較高的成就。

　　試以梁任公（啟超）、章太炎（炳麟）、王靜安（國維）、陳寅恪
四家為例，說明中國近代學術融會中西的學風。梁任公先生嘗評論自

己的學術云:「康有為、梁啟超、譚嗣同輩……欲以構成一種不中不
西即中即西之新學派……蓋固有之舊思想既根深蒂固,而外來之新思
想又來源淺觳,汲而易竭,其支絀滅裂,固宜然矣。」(《清代學術
概論》)所謂「不中不西即中即西」正表現了融合中西的傾向,不過
梁氏對西學的了解不夠深切而已。梁氏自稱「適成為清代思想史之結
束人物」,這未免過謙,事實上梁氏是近代中國的一個重要的啟蒙思
想家,誠如他自己所說「為《新民叢報》、《新小說》等諸雜誌……
二十年來學子之思想頗蒙其影響……其文條理明晰,筆鋒常帶感情,
對於讀者別有一種魔力焉」。梁氏雖未能提出自己的學說體系,但其
影響是深巨的。他的許多學術史著作今日讀之仍能受益。

　　章太炎先生在《菿漢微言》中自述思想遷變之跡說:「少時治
經,謹守樸學……及囚系上海,三歲不覿,專修慈氏世親之書……乃
達大乘深趣……既出獄,東走日本,盡瘁光復之業,鞅掌餘間,旁覽
彼土所譯希臘德意志哲人之書……凡古近政俗之消息、社會都野之情
狀,華梵聖哲之義諦、東西學人之所說……操齊物以解紛,明天倪以
為量,割制大理,莫不孫順。」這是講他兼明華梵以及西哲之說。有
清一代,漢宋之學爭論不休,章氏加以評論云:「世故有疏通知遠、

好為玄談者，亦有言理密察、實事求是者，及夫主靜主敬、皆足澄心……苟外能利物，內以遣憂，亦各從其志爾！漢宋爭執，焉用調人？喻以四民各勤其業，瑕釁何為而不息乎？」這是表示，章氏之學已超越了漢學和宋學了。太炎更自讚云：「自揣平生學術，始則轉俗成真，終乃回真向俗……秦漢以來，依違於彼是之間，偏促於一曲之內，蓋未嘗睹是也。乃若昔人所謂專志精微，反致陸沉；窮研訓詁，遂成無用者，余雖無腆，固足以雪斯恥。」太炎自負甚高，梁任公引此曾加評論云：「其所自述，殆非溢美。」章氏博通華梵及西哲之書，可謂超越前哲，但在哲學上建樹亦不甚高，晚歲又回到樸學的道路上了。

王靜安先生早年研習西方哲學美學，深造有得，用西方美學的觀點考察中國文學，獨闢蹊徑，達到空前的成就。中年以後，專治經史，對於殷墟甲骨研究深細，發明了「二重證據法」，以出土文物與古代史傳相互參證，達到了精確的論斷，澄清了殷周史的許多問題。靜安雖以遺老自居，但治學方法卻完全是近代的科學方法，因而取得卓越的學術成就，受到學術界的廣泛稱讚。

陳寅恪先生博通多國的語言文字，以外文資料與中土舊籍相參

證，多所創獲。陳氏對於思想史更有深切的睿見，他在對於馮友蘭《中國哲學史》的《審查報告》中論儒佛思想云：「佛教學說，能於吾國思想史上發生重大久遠之影響者，皆經國人吸收改造之過程。其忠實輸入不改本來面目者，若玄奘唯識之學，雖震動一時之人心，而卒歸於消沉歇絕……在吾國思想史上……其真能於思想上自成系統，有所創獲者，必須一方面吸收輸入外來之學說，一方面不忘本來民族之地位。」這實在是精闢之論，發人深思。陳氏自稱「平生為不古不今之學，思想囿於咸豐同治之世，議論近乎曾湘鄉張南皮之間」，但是他的學術成就確實達到了時代的高度。

此外，如胡適之在文化問題上傾向於「全盤西化論」，而在整理國故方面作出了多方面的貢獻。馮友蘭先生既對於中國哲學史進行了系統的闡述，又於40年代所著《貞元六書》中提出了自己的融會中西的哲學體系，晚年努力學習馬克思主義，表現了熱愛真理的哲人風度。

胡適之欣賞龔定庵的詩句：「但開風氣不為師。」熊十力先生則以師道自居。熊氏戞戞獨造，自成一家之言，讚揚辯證法，但不肯接受唯物論。馮友蘭早年擬接續程朱之說，晚歲歸依馬克思主義唯物

論。這些大師都表現了各自的特點。這正是學術繁榮，思想活躍的表現。

　　百花洲文藝出版社有鑒於中國近現代國學大師輩出，群星燦爛，構成中國思想史上第三次思想活躍的時代，決定編印《國學大師叢書》，以表現近代中西文明衝撞交融的繁盛景況，以表現一代人有一代人之學術的豐富內容，試圖評述近現代著名學者的生平及其學術貢獻，凡在文史哲任一領域開風氣之先者皆可入選。規模宏大，意義深遠。編輯部同仁建議我寫一篇總序，於是略述中國近現代學術的特點，供讀者參考。

張岱年
1992年元月，序於北京大學

重寫近代諸子春秋

《國學大師叢書》在各方面的關懷和支持下，就要陸續與海內外讀者見面了。

當叢書組編伊始（1990年冬）便有不少朋友一再詢問：為什麼要組編這套叢書？該叢書的學術意義何在？按過去理解，「國學」是一個很窄的概念，你們對它有何新解？「國學大師」又如何劃分？……作為組織編輯者，這些問題無疑是必須回答的。當然，回答可以是不完備的，但應該是明確的。現謹在此聊備一說，以就其事，兼謝諸友。

一、一種闡述：諸子百家三代說

中華學術，博大精深；中華學子，向以自強不息、厚德載物之精神著稱於世。在源遠流長的中國學術文化史上，出現過三個廣開風氣、大師群起的「諸子百家時代」。

第一個諸子百家時代，出現在先秦時期。那時，中華本土文化歷經兩千餘年的演進，已漸趨成熟，老莊、孔孟、楊墨、孫韓……卓然穎出，共同為中華學術奠定了長足發展的基脈。此後的千餘年間，漢儒乖僻、佛入中土、道教蘗生，中華學術於發展中漸顯雜陳。宋明時

期，程朱、陸王……排漢儒之乖、融佛道之粹、倡先秦之脈、興義理心性之學，於是，諸子百家時代再現。降及近代，西學東漸，中華學術周遭衝擊，文化基脈遇空前挑戰。然於險象環生之際，又一批中華學子，本其良知、素養，關注文化、世運，而攘臂前行，以其生命踐信。正所謂「鐵肩擔道義，妙手著文章」，康有為、章太炎、嚴復、梁啟超、王國維、胡適、魯迅、黃侃、陳寅恪、錢穆、馮友蘭……他們振民族之睿智，汲異域之精華，在文、史、哲領域篳路藍縷，於會通和合中廣立範式，重開新風而成績斐然。第三個諸子百家時代遂傲然世出！

《國學大師叢書》組編者基於此，意在整體地重現「第三個諸子百家時代」之盛況，為「第三代」中華學子作人傳、立學案。叢書所選對象，皆為海內外公認的學術大師，他們對經、史、子、集博學宏通，但治學之法已有創新；他們的西學造詣令人仰止，但立術之本在我中華從而廣開現代風氣之先。他們各具鮮明的學術個性、獨具魅力的人品文章，皆為不同學科的宗師（既為「經」師，又為人師），但無疑地，他們的思想認識和學術理論又具有其時代的共性。以往有過一些對他們進行個案或專題研究的書籍面世，但從沒有對他們及其業

績進行過集中的、整體的研究和整理，尤其未把他們作為一代學術宗師的群體（作為一個「大師群」）進行研究和整理。這批學術大師多已作古，其學術時代也成過去，但他們的成就惠及當今而遠未過時。甚至，他們的一些學術思想，我們至今仍未達其深度，某些理論我們竟會覺得陌生。正如第一代、第二代「諸子百家」一樣，他們已是中華學術文化傳統的一部分，研究他們，也就是研究中國文化本身。

對於「第三代諸子百家」及其學術成就的研究整理，我們恐怕還不能說已經充分展開。《國學大師叢書》的組織編輯，是一種嘗試。

二、一種觀念：一代人有一代人之學術

縱觀歷史，悉察中外，大凡學術的進步不能離開本土文化基脈。但每一代後起學子所面臨的問題殊異，他們勢必要或假古人以立言、或賦新思於舊事，以便建構出無愧於自己時代的學術。這正是「自強不息、厚德載物」之精神在每一代學子身上的最好體現。以上「三代」百家諸子，莫不如是。《國學大師叢書》所沿用之「國學」概念，亦當「賦新思於舊事」而涵注現時代之新義。

明末清初，王（夫之）、顧（炎武）、黃（宗羲）、顏（元）四傑

繼起，矯道統，斥宋儒，首倡「回到漢代」，以表其「實學實行實用之天下」的樸實學風，有清一代，學界遂始認「漢學」為地道之國學。以今言之，此僅限「國學」於方法論，即將「國學」一詞限於文字釋義（以訓詁、考據釋古文獻之義）之範疇。

《國學大師叢書》的組編者以為，所謂國學就其內容而言，系指近代中學與西學接觸後之中國學術，此其一；其次，既是中國學術便只限於中國學子所為；再次，既是中國學子所為之中國學術，其方式方法就不僅僅限於文字（考據）釋義，義理（哲學）釋義便也是題中應有之義。綜合起來，今之所謂國學，起碼應拓寬為：近代中國學子用考據和義理之法研究中國古代文獻之學術。這些文獻，按清代《四庫全書總目》的劃分，為經、史、子、集四部。經部為經學（即「六經」，實只五經）及文字訓詁學；史部為史志及地理志；子部為諸子及兵、醫、農、曆算、技藝、小說以及佛、道典籍；集部為詩、文。由此視之，所謂「國學家」當是通才。而經史子集會通和合、造詣精深者，則可稱為大師，即「國學大師」。

但是，以上所述仍嫌遺漏太多，而且與近現代學術文化史實不相吻合。國學，既是「與西學接觸後的中國學術」，那麼，這國學在內

涵上就不可能，也不必限於純之又純的中國本土文化範圍。尤其在學術思想、學術理論的建構方式上，第三代百家諸子中那些學貫中西的大師們，事實上都借用了西學，特別是邏輯分析和推理，以及與考據學有異曲同工之妙的實證方法，還有實驗方法、歷史方法，乃至考古手段……而這些學術鉅子和合中西之目的，又多半是「賦新思於舊事」，旨在建構新的學術思想體系，創立新的學術範式。正是他們，完成了中國學術從傳統到現代的轉型。我們今天使用語言的方式、思考問題的方式……乃得之於斯！如果在我們的「國學觀念」中，將他們及其學術業績排除在外，那將是不可理喻的。

至此，《國學大師叢書》之「國學」概念，實指：近代以降中國學術的總稱。「國學大師」乃「近現代中國有學問的大宗師」之意。因之，以訓詁考據為特徵的「漢學」，固為國學，以探究義理心性為特徵的「宋學」及兼擅漢宋者，亦為國學（前者如康有為、章太炎、劉師培、黃侃，後者如陳寅恪、馬一浮、柳詒徵）；而以中學（包括經史子集）為依傍、以西學為鏡鑒，旨在會通和合建構新的學術思想體系者（如梁啟超、王國維、胡適、熊十力、馮友蘭、錢穆等），當為更具時代特色之國學。我們生活在90年代，當取「一代人有一代人

之學術」（國學）的觀念。

《國學大師叢書》由是得之，故其「作人傳、立學案」之對象的選擇標準便相對寬泛。凡所學宏通中西而立術之本在我中華，並在文、史、哲任一領域開現代風氣之先以及首創新型範式者皆在入選之列。所幸，此舉已得到越來越多的當今學界老前輩的同情和支援。

三、一個命題：歷史不會跨過我們這一代

中西文明大潮的衝撞與交融，在今天仍是巨大的歷史課題。如今，我們這一代學人業已開始自己的學術歷程，經過80年代的改革開放和規模空前的學術文化積累（其表徵為：各式樣的叢書大量問世，以及紛至沓來名目繁多的學術熱點的出現），應當說，我們這代學人無論就學術視野，抑或就學術環境而言，都是前輩學子所無法企及的。但平心而論，我們的學術功底尚遠不足以承擔時代所賦予的重任。我們仍往往陷於眼花繚亂的被動選擇和迫不及待的學術功利之中難以自拔，而對自己真正的學術道路則缺乏明確的認識和了悟。我們至今尚未創建出無愧於時代的學術成就。基於此，《國學大師叢書》的組編者以為，我們有必要先「回到近現代」──回到首先親歷中西文

化急劇衝撞而又作出了創造性反應的第三代百家諸子那裡去！

　　經過一段時間的困惑與浮躁，我們也該著實潛下心來，去重新瞭解和領悟這一代宗師的學術生涯、為學風範和人生及心靈歷程（大師們以其獨特的理智靈感對自身際遇作出反應的閱歷），全面評價和把握他們的學術成就及其傳承脈絡。唯其貫通近代諸子，我們這代學人方能於曙色熹微之中，認清中華學術的發展道路，了悟世界文化的大趨勢，從而真正找到自己的學術位置。我們應當深信，歷史是不會跨過我們這一代的，90年代的學人必定會有自己的學術建樹。

　　我們將在溫情與敬意中汲取，從和合與揚棄中把握，於沉潛與深思中奮起，去創建有中國特色的社會主義新文化。這便是組織編輯《國學大師叢書》的出版宗旨。當我們這代學人站在前輩學術鉅子們肩上的時候，便可望伸開雙臂去擁抱那即將到來的中華學術新時代！

錢宏（執筆）
1991年春初稿
1992年春修定

序

　　我國傳統的思想文化發展至近代，在西方列強紛至沓來不斷入侵、中華民族面臨亡國滅種的嚴峻關頭，能否閃耀出新的火花，煥發出新的力量，從而為救亡圖存作出歷史的貢獻？這是有極其重大意義的現實問題，不容忽視也不容回避地出現在具有良知的國人面前，文人亦不例外。以康有為、梁啟超、嚴復、章太炎、王國維乃至梁漱溟等人為代表的一群國學家，他們的目光從傳統的國學書齋中，漸次向「天崩地解」的現實延伸，從各自擅長的或漢學或宋學、或古文學派或今文學派向前拓展，或以傳統的訓詁考據或以西洋的思辨實證入手，從不同的視角、不同的層面來思考這一問題，並力圖作出圓滿的回答。他們的言論既表述出各自的觀點，又體現出共同的時代特色。他們面對這一嚴峻問題所做出的答卷，也就是他們各自的學術建樹，為自己在近代學術史上獲得了各自應有的地位。

　　然而，與這群國學大師同時代的辜鴻銘，雖然他曾致力「用傳統的中國文明連結於一種理解和闡釋現代歐洲文明擴張進步理念的心向」，[1] 雖然他的學術活動受到西人的重視程度遠在康、梁之上，甚至

1　辜鴻銘：《中國牛津運動故事》（*The Story of a Chinese Oxfort Movement*）。

成為我國最早被提名為諾貝爾文學獎的候選者，然而在有關近代學術
史上他卻沒有獲得應有的地位，作為國學家的他似乎已被人們淡忘。
在他去世六十餘年後，「國學大師叢書」首次將其選定為傳主之一，
出版他的傳記，這不能不說是這套叢書編委們慧眼獨具。

　　辜鴻銘原是一個不該被遺忘而竟遭遺忘的學者，這並非純屬偶
然，也並不能完全歸罪於世人的不公道。尋根究源，是時代潮流使
然，是個人氣質使然，換言之，是辜氏之思想性格與歷史趨勢的矛盾
使然。

　　鴉片戰爭以後，我國學人震驚於西方的船堅炮利，提出「師夷之
長技以制夷」之後，繼而又欲學習西方資本主義的某些制度，提出所
謂「法苟善，雖蠻貊吾師之」的主張，企圖藉以重振中華帝國。洋務
運動興起之後，變法維新思潮又彌滿朝野，向西方學習乃成為時代潮
流大勢所趨。在這種形勢下，辜鴻銘卻逆流而上，熱烈讚揚中國固有
文化（包括其中的落後事物），激烈抨擊西方物質文明和精神文明，
顯然是極不合時宜的。故而被世人將其與徐桐、曾廉、文悌輩視為一
體，被目為封建頑固派而遭到猛烈抨擊。

　　平心而論，對他的批評也不能說全無道理。然而，封建頑固派的

「桂冠」與其生終始，從其去世半個多世紀以來仍然未被摘除，則對之又未免失之公允，如今該是重新審視之日了。

如果我們全面研究他的著述，深入探討他的思想，就會發現，雖然其在反對西方的態度上與徐、曾、文等頑固派極為相似，然而無論從思想觀念還是思維方式來說，辜氏與徐、曾、文等輩都全然不同，絕不可將他們混為一談，等同視之。作為頑固派的封建官僚徐、曾、文等輩，他們對西方資本主義社會並無認識，全然不知其物質文明和精神文明的內涵和價值，只是出自其維護天朝大國的優越地位而夜郎自大式的盲目排斥。因此，他們對西方的指責並不能中其鵠的，因而也就無甚意義可言。辜鴻銘則不同，他自幼生長於西方，接受的是西方教育，耳濡目染的全是西方社會的物質文明與精神文明，回歸祖國後，又日薰月染地受到我國傳統文化的浸潤，他對東西方文明都有深切的瞭解，對西方文明的弊端也有極為透徹的洞察。因而他不主張放棄中國傳統的文明，反對盲目地學習西方，不贊成全盤西化，走與西方資本主義完全相同的道路，認為中國文化完全能夠振興國家。細加辨別，辜氏一生的思想主張，也不能說完全無可取之處。相反，由於他對西方文明的深刻理解，他對西方資本主義社會弊端的抨擊倒是常

常切中要害。資本主義的發展對傳統的倫理道德產生了極大的摧毀作用，自由主義蔓延、無政府主義氾濫、人際關係的商品化，這些都使得深受西方浪漫主義詩人與保守主義思想影響而又接受中國傳統文化薰陶的辜氏極度不滿，尤其是由於資本的積累與輸出而必然導致的對內剝削與對外侵略的強權政治，更遭到他的竭力挾擊。對於西方資本主義國家憑藉科學技術的優勢、船堅炮利的武力，為爭奪市場而發動的戰爭，他更持厭惡的態度，並進而對西方文明由懷疑而反對。在第一次世界大戰以後，辜氏這一態度更其鮮明，他向在北京的歐洲人發表演說，分析歐戰的原因，為西方尋找出路。他認為，西方已陷入兩難境地，作為人們精神支柱的基督教已喪失其約束力，社會的安定只能依賴軍隊和員警來維持，長此以往，武力崇拜將取代社會文明；反之，如果取消軍隊和員警，無政府主義者同樣會毀滅社會文明。在這種進退維谷的局面下，歐洲的出路究竟何在？他認為西方只有汲取中國傳統文明才能弭此禍端。[2]辜氏如此見解和言論，正適應了極度厭戰的西方人民的心態，尤其是在戰敗國德國，反響更為強烈。他們從

2　《春秋大義》附錄《戰爭與出路》。

辜氏的言論和著作中似乎發現了人類生存的希望。於是，辜鴻銘的著作幾乎全被譯成德文，並由諸多名家作序，在許多大書店的櫥窗陳列，評論他的著述的文章也紛紛面世，對之予以極高的評價；而專門研究辜氏思想的機構或活動也相應成立和展開，他的著作甚至成為哥廷根大學、萊比錫大學以及英國牛津大學等哲學課程的教科書和參考書，他的一些言論被一些學人引為自己文章的重要論據。總之，辜氏此時被西方視作東方文化的代言人，享有極高的聲譽。

可是，與其飲譽西方的同時，在國內的辜氏卻遭到極大的冷落，甚至受到無情的抨擊。當然，這在某種程度上也是他咎由自取的。他強調中國傳統文明，卻不問精華糟粕，擁護男子納妾、女子纏足，在社會漸次進入西裝革履面向西方之際，他卻瓜皮小帽、辮子長衫，守舊復辟的種種怪誕行徑，將自己定位於頑固派之列。在時代洪流滾滾而下的激浪中，他這一顆也曾一度閃爍光彩的巨星，自然也就被時代拋落，寂滅無聞。不過，他的際遇較之印度的甘地等人來說，也未免相差太遠。他們幾乎同時留學英國，同時受到同一批保守主義思想家的影響，雖然二人國別不同，但都生活在遭受西方列強踐踏的東方國度。他們在學成歸國後，同樣都是以弘揚各自的民族傳統文化為己

任，而且也同樣受到當時本國激進分子的指責和抨擊，但他們在各自國家內的聲譽卻截然相反。甘地雖被刺殺，但被印度人民視為民族主義運動的精神領袖，而辜鴻銘不但沒有像甘地那樣得到社會絲毫的讚譽，至今在大多數對其不瞭解或瞭解不深的人的心目中，仍然只是一個「怪誕」的頑固分子而已，鄙而棄之猶恐不及，更遑論對其作全面的研究了。

但社會不斷發展，這就要求我們站在時代的高度，根據時代的要求，對歷史上的「陳案」重新審視，作為本世紀初曾一度震動西歐的東方文化代言人的辜鴻銘，也屬於需要重新審視的對象，為其作傳，確有必要。

為這樣一個充滿矛盾的「怪誕」人物立傳，究竟有何意義與價值呢？這決定於我們對歷史遺產的態度。從孔夫子到孫中山，在我國漫長的歷史進程中，充滿著許多偉人，他們的活動豐富了歷史，也推進了歷史。辜鴻銘固然不能與這些偉人比肩而立，然而對於曾在歷史上產生過影響的人物，我們都不能故意忽視或熟視無睹，都應該給予一定的歷史地位，並力求發掘其有作用於今日社會發展的積極因素。

就辜鴻銘其人而言，他熱愛祖國的情操和學術研究的貢獻，都有

值得肯定之處，應該表而出之。

辜氏雖然出生於南洋，成長於西歐，但卻有高度的愛國情操。他在接受西洋文明教育的同時，精神上也感受到種族歧視的壓迫，這更促使他滋生出對祖國的眷戀。其後他維護祖國文化傳統、批判西洋文明的種種言論，顯然與其熱愛祖國的感情因素有關。這種態度在鴉片戰爭後出現的向西方學習的風尚中實屬難能，也極應珍視。列強的入侵，對我國政治、經濟、文化各方面都盡情踐踏、肆意蹂躪，包括一批士人在內，對中國傳統幾乎完全喪失信心，並轉而向西方尋求富民強國之道。在這種形勢下，辜氏卻以其對西方社會弊端的深切瞭解而予以「以子之矛攻子之盾」的抨擊，滿腔熱情地為祖國辯護，竭力證明中國傳統文化的價值，這種精神難道不應該肯定嗎？當然，他的言論不免偏頗，他所讚揚的事物未必是應該肯定的，特別是他擁護專制、贊同復辟的頑固態度，更應該予以清算。然而，他畢竟申明：「吾非忠於吾家世受皇恩之清室，而是忠於中國之政教，亦即忠於中華之文明。」[3]可見他對「清室」並非愚忠，他也曾痛斥慈禧太后「萬

3　　《中國牛津運動故事》。

壽無疆，百姓遭殃」。但他在對待中國傳統文明方面，卻有時連同應該拋棄的糟粕也視為精華加以讚美，這卻不可取，需要我們細心辨識批判借鑑。

辜鴻銘的愛國情操，不僅表現在對我國傳統文化的充分肯定，而且還表現在國難當頭時敢於大聲疾呼，譴責列強的強盜行徑，向世界輿論呼喚正義與公理。辜氏極擅外文，他用英語著文，闡明列強侵略事實，堅持愛國立場，從而贏得西方社會對我國的瞭解和對他個人的尊重。例如近代反洋教鬥爭的起因在於外國傳教士橫行霸道，對我國政治、經濟和文化的侵略，對我國人民正常生活的干擾和破壞，百姓起而反抗，反遭帝國主義的武力威脅，又受到屈服於列強的清廷的鎮壓。對此真相，辜氏用英文寫成文章，在上海等地的西文報刊刊出，又被倫敦《泰晤士報》轉載，這就向西方民眾和全世界輿論揭發了西方侵略者的強盜行徑，從而得到世界人民的支援，紛紛譴責帝國主義的侵略罪行。又如在義和團事件中，葉赫那拉氏出自卑劣的政治目的，先利用義和團義民的愛國熱情向外人開戰，繼而又勾結帝國主義痛剿義民，並將廣大義民誣衊為「拳匪」、「亂民」。辜氏仍堅持其熱愛民族的立場，不斷用英文向世界輿論說明真相，呼籲和平解決事

端。他的譴責，義正詞嚴，他的呼籲，不卑不亢，對西方列強頗有影響。《清史稿》本傳說：「以英文草《尊王篇》，申大義，列強知中華以禮教立國，終不可侮，和議乃就。」自然，他的言論中也有不少謬誤，然而從大處觀之，確也表現了他高度的愛國情操。

在學術研究方面，辜鴻銘也作出了很大貢獻。其實，辜鴻銘作為國學家的貢獻，遠較他作為政治活動家大。晚清時代的學者，一般都是重視傳統文化，其中不乏飽學之士。在時代潮流的推動之下他們才學習西方，但他們目光所重視的，多為以火炮巨艦為表徵的物質文明，對西方的精神文明則知之不多，深入堂奧者更為鮮見。辜氏與這般學者不同，他是在博通西學之後方始學習我國傳統文化的，正如羅振玉所云：「其早歲遊學歐洲列邦，精通別國方言及其政學，其聲譽已藉甚。及返國，則返而求我六經子史……極有歲年而學已大成。」[4]因而，他不主張盲目學習西方，而主張將傳統文化精髓與西方真正的文明融合起來，既保存我國傳統之所長，又吸取西方文明之精華，而非僅著眼於西方炮利船堅及其製造技術，這種見解，顯然遠較當時一

4　《讀易草堂文集・序》，載《辜鴻銘文集》，嶽麓書社，1986年版。

般學人高明。當然，他這種見解也與其大量的頑固守舊的言辭纏夾在一起，需要做一番篩選，剔除其謬誤言論，肯定他的一些可取見解，並非無益之事。

具體而言，辜氏在學術上之貢獻，其犖犖大者有以下幾個方面。首先是創立了譯述中國典籍的範例。他先後將《論語》、《中庸》等儒家典籍用英文譯出介紹給西方，為了使西方人易於理解，他沒有採用逐字逐詞對照翻譯的成法，而是創造性地加以述譯，例如，他引用《聖經》的一些內容和歌德的話為注解。根據自己的理解，對我國的典籍如《中庸》等在譯出的英文本中加以必要的意義闡釋與補足。這種翻譯方法，我們姑且稱之為「述譯」，是極富創新意義的，其目的則是為了適應西方讀者的閱讀習慣。正因如此，他的譯本受到國內外讀者的歡迎，在國內學界及國外漢學界也享有較高的聲譽。臺灣後來出版的四書定本，即以辜氏《論語》、《中庸》兩種譯本為底本。日本學人清水安三認為讀辜氏譯本，比讀以漢語寫成的原著更易於理解和把握孔子思想的精髓。[5]其次，開創了中西文化比較的先河。在他

5　〔日〕清水安三：《辜鴻銘》。

之前或同時的一些學者如王韜、容閎、馬建忠、張之洞、梁啟超等人的論著中，也曾有一些比較的言論，但大多不是自覺的，也不是系統的。辜氏以其對西方文化的深切理解和對我國傳統文化的多年積學，在《清流傳》、《春秋大義》等著作中，對中西文化展開全面的比較研究。這在當時以傳統的方法研究國學的學術氛圍中，無疑是開拓了新的境界。自然，辜氏的研究也未免主觀感情色彩太濃，又存在「後入為主」的偏見，他的比較研究也並非全無偏頗，在有些結論上也欠缺客觀性，因而也受到一些國外學者的批評。[6]究其根源，大概也是由於浪漫主義派詩人和學者如愛默生、柯勒律治、阿諾德、卡萊爾等人對他的影響未能消除之故，他的理論見解從而出現一些偏頗和太深的主觀性。不過時至今日，比較研究越來越受到重視，並成為一種重要的研究手段，因而，對我國開創比較研究先河的辜氏自然也不該淡忘。再次，對西方「中國學」的缺失加以糾偏。明清以來一些傳教士以我國封建社會特別是近代社會為對象進行研究，撰寫了不少文章和著作，其中或出於主觀偏見或由於茫然無知，成見極深，亦頗多謬誤

6　〔德〕凱澤林：《中國》「北京」一節，轉引自《世界文化名人論中國文化》，湖北人民出版社，1991年版。

之辭，以致我國傳統文化被一些西方人士或誤解或曲解。辜氏長年在海外生活，對此有所聞見也有所感觸，乃努力予以正訛糾誤。歸國以後即撰寫《中國學》一文（後收入《春秋大義》一書中），後來又陸續寫了《約翰·史密斯在中國》、《一個大漢學家》等文章，對西方這類所謂的漢學研究著述予以嚴厲批評，指出應以怎樣的態度，以什麼樣的方法來研究中國，並提出「中國學」應遵循的原則。辜氏這些研究在西方同樣也產生了一定的影響，在這方面，中國近代學者中也是鮮有其匹的。

最後，關於此書作者孔慶茂及本書還要再說幾句話。孔慶茂原先畢業於河南大學中文系，頗得名師指點，繼而又來南京攻讀碩士，專治中國古典文學。孔君好學深思，涉獵頗廣。除文學外，對史學、哲學也頗有心得，又勤於撰述。前幾年曾出版了《錢鍾書傳》，儘管少數學人曾指出其書的一些微疵（其實任何一部著作都難以盡善盡美），但廣大讀者卻充分肯定其書，並在學術界產生一定影響，最近該書又榮獲中國優秀暢銷書獎。此次承擔《辜鴻銘評傳》寫作任務之初，他曾徵詢過不佞意見。我對他說，辜氏是一個極其複雜的人物，為他立傳有一定難度，但在國內尚未見有此類著作，對其全面研究確

有開創意義，可以承擔辜氏評傳的撰寫任務。孔君亦以為然，並奮力為之。如眾所周知，有關辜氏的資料散見各處，搜集困難，特別是有些論著是以英文撰寫絕版多年，也從未譯成中文。這些都為撰寫此書帶來不少的困難。但孔君不畏艱巨，逆難而上，這種勇於開拓的治學精神，是值得表而出之的。至於此書對辜氏生平際遇的描述、思想學術的評析，是否全面妥帖，還是由專家學人和廣大讀者來品評，不勞筆者在此煩言。

　我個人以為，目前在全國範圍內正開展愛國主義教育，弘揚民族優秀文化傳統，這對於增強民族凝聚力，是大有神益的，《辜鴻銘評傳》的出版是極合時宜的。將辜氏熱愛民族傳統文化的精神表而出之（自然，必須剔除其許多偏見，拋棄其謬誤的言論），也是我們學術研究工作者的一項重要任務。同時，西方文化思想界的學者歷來對自己的文化充滿著極大的優越感，但在兩次大戰以後，在現實無情的衝擊下，他們也開始發生了動搖、產生幻滅，並進而自我反省甚至自我批判，諸如存在主義、結構主義、現代主義、批判學派、現象學派、語言學派以及西方馬克思主義學者，他們的思想觀念和理論主張儘管不盡相同，甚至有相當差異，但對西方文化的懷疑與批判則是他們的

共通之處，他們都努力尋找一條適合人類生存和發展的道路。其中不少學者已把目光轉向東方，轉向我國傳統的思想文化，對之進行重新認識，重新評價。幾十年來，更形成一種風尚，如美國普林斯頓大學牟復禮（Frederick Mote）教授，英國牛津大學理雅各（James Legge）教授，英國大歷史學家湯恩比（Arnold Toynbee）教授，澳大利亞學者李特（Liltle）和雷得（Reed），德國特裡爾大學喬偉（Wei Chiao）教授，美國聖母大學費雷德‧達爾美（Fred Dallmagr）教授都對中國的傳統文化思想作了充分的肯定。在這種趨勢下，為反對盲目學習西方、弘揚我國傳統文化的辜鴻銘立傳，更不是全無意義的工作。

陳美林

1994年10月　石頭城下

At the period of the dying Qing Dynasty and the beginning of the Republic of China Ku Hungming was a very infuencial literary Character in the world but a very stubbon political conservative. Because of the latter, he incured much blame and reproach from his contemporaries and the coming historians, and he was forgotten by history as a celebrated scholar.

The author of the book believes that Ku's systematic thoughts rooted in the special modern social environment, and were a combination of the western cultural conservative theories and modern eastern nationalism. Ku Hungming grew up in the west and received thorough European education. He was greatly infl uenced by modern romanticism and cultural couservative thinkers such as Thomas Carlyle, Mathew Arnold, etc. Toward the spiritual and cultural cricis, moral degradation and the entire social ethic breakdown caused by the development of the capitalist society, hetook a nonnegotiable attitude, which formed the strong point of histhoughts.

After graduation from Edinburgh University, he worked in astrait colonial government offi ce in Singapore•Around 1880 he developed a strong desire for and looked forward to the study of Chinese culture under the accidental infl uence of Ma Jianzhong. Later he returned to China, and aimed to read extensively all the Chinese traditional works of Confucianists. With 20 years of hard work, he succeded, and from then on, he, based on the basis of Chinese traditional culture, expressed his political and schollstic views out of a cultural conservative and formed his own thought.

He spent most of his lifetime following Zhang Zhidong, an important statesman at Qing period. As a personal interpreter of Mr. Zhang and foreign affairs Secretary, he experienced many important historic events such as the Westernization Movement, Reformation-Movement and Yihetuan Movement and so on. He expressed his views on all these. He criticized the Westernization Movement for the pure imitation of western weapons but not their knowledge, system. As to Kang Youwei's Reformation, he attacked him strongly for his introduction of modernthoughts from the west. He said that opening newspaper offices, discussing current affairs not only did harm to the nation but also confused the masses, that strange thoughts only led to commotion and riot. He also blamed Kang for his reproaching the royal government, threatening governmental offcicals, and Kang's doing so had no place in

China and were against the doctrine of Confucianist "Respect the Royal under no Conditions", and Western Parliament, Constitutionallsm and Restrictions on Kings only resulted in social upheaval. Only the Confucianist traditions: the Three Cardinal Guides and the Five Virtues could prevent China from going to its end. As for the May 4 New cultural Movement, he publicly objected to the literature revolutionand the modern Chinese Language. He tried to stick to the confucianists and their works, and to keep Chinese traditional culture intact.

Ku's conservative view was quite different from that of those feudal bureaucrats who thought blindly only themselves superior and instinctively repelled others. His opinion usually had its root in the western couserative theory. He had a complete and full understanding of the capitalism and tried to avoid falling into that trap.

Though Ku's conservative in oplitics, he was a patriot. During the Yihetuan Movement and the battle against Western clergymen. he wrote many papers in English, collected as The Papers from a Vicerory's Yamen. He pointed out that it was the western invasion that aroused the resentment and protest of the Chinese people. He reproached the imperialist invasion and called for justice and truth. His papers were printed in many western newspapers and magazines which stirred the world. Thus he gain the respect of the westernersand the support of all those who love justice. He strived to protect the interest of China and its dignity all his life, which impressed the western world most.

Ku's scholarly work was also unique in China. It's neither traditional Chinese nor complete western. With a foot deeply into Chinese traditional culture, he put Chinese culture into the world errvironment. By contrast and comparison, he studied traditional culture and contributed enormously to the spreading of Chinese culture into the world.

In case that foreign clergymen had any misunderstanding of Chinese traditional culture in their translation of Chinese classics, Ku translated many of the kind into European languages. In 1898 came out his English version: The Discourses and Sayings of Coufucious. A Special Translation, illustrated with Quotatios from Goethe and Other Writers, （論語） in which he used western references to make Chinese traditional cultur clear to westerners. In

1904 when he translated:The Conduct of Life （中庸）, he made the Chinese phylosophical works more understandable for westerners by using western religious and phylosophycal conceptsand terms, Kuwas the fi rst Chinese to translate the Four Books, which were very infl uencial in the western world. He criticized forcing clergymen for their misunderstanding and ignorance of Chinece culture. He systematically advanced the attitudes, methods and rules for studying Chinese culture. Ku was one of the most important theorists whomade Chinese culture into a sience, which has unique meaningsnow. At the same time. Ku made a contrast of Chinese and western culture with his profound knowledge of Chinese and western culture, a piece of pioneering work too. The Spirit of Chinese people （春秋大義） is a typical model of his contrast. In this book. heused true Chinese men women and pure Chinese language as basic factors to observe and study Chinese traditional culture. Whenever possible, he made a contrast in order to prove that Chinese culture is superior to that of the west. Also in this book, he expressed his view on World war I, By analyzing its moral reason, Ku explainedthat the War declard the bankrupt of European civilization, that non-spiritual civilization could lead Europe only to danger, only the spirit of Chinese culture could free a place from it. At the post war period, Europeans were tired of war, pessimistic, suspicious about their own civilization, lost and in self-examination. His words were just to their taste, and many accepled his idea. His work was trans lated into many European languages, made into required books to read at universities. At the beginning of the 20th century, Euro pearls especially Germans thought Ku Hungming as an eastern cultural saint.

目　錄

C O N T E N T S ——————————————— — —

引言

── 時代・氣質・學術

——辜鴻銘在近代中國的意義

在近代中國，有這樣一位怪人：

——生於南洋，長於西方，根卻紮在東方故土。

——精通西方數國語言，獲得13個西洋博士學位，卻熱衷於向西方鼓吹中國文化、儒家經典。

——西方的洋槍洋炮使得國人謀求富強，以禦外侮，他卻堅信中華民族永遠屹立，中國文化能夠拯救世界。

——熱愛中國，卻不容於世；滿腹學問，卻又落落寡合；處處維護中國主權與尊嚴，常常又遭國人的嘲諷與冷落。

——滿腔熱血，一副冷臉，善罵成為他的個性。用外語罵洋人，用中文罵國人，地位愈高，愈受他罵。從權傾數十年的慈禧太后，到李鴻章、袁世凱一路罵來，只有他的夫人、小妾與歌妓例外。

——處處反潮流，與社會對著幹，眾人熱心洋務，他講儒學；眾人呼喚民主，他偏擁護專制；眾人主張婦女解放，他卻贊成納妾纏足；眾人長衫辮子，他偏西裝革履，到眾人西裝革履時，他又長衫辮子。

——既反對軍閥，又反對革命，眼界開闊，思想守舊，憤世嫉俗。舊時代對他畏而棄之，新時代對他忌而遠之。年愈高，遇愈窮，直至去世。

——在國內飽受冷眼，成為怪癖與頑固的典型；在國外卻頗享盛名，歐洲人把他看做東方文化的聖哲，他的著作成為當年歐美大學中瞭解、研究中國哲學的必讀書及參考書。他是大批評家卡萊爾、阿諾德的高足，大文學家托爾斯泰、泰戈爾的朋友，是西方人心目中東方文化的代言人，連接東西文化的使者。

他，就是辜鴻銘！

在人們的印象中，辜鴻銘是一個頭戴瓜皮小帽，身穿長衫，入民國後仍然腦後拖著一根長辮的清朝遺老，是一個熱心擁護男人納妾、女人纏腳，積極參與復辟的頑固派，「辜鴻銘」三個字在近代仿佛成了守舊與怪誕的代名詞。但很少有人知道他怪誕外表下隱含著熾熱的愛國感情、強烈的批判精神，以及他向世界弘揚中國文化的那份真誠。

在近代中國這個悲劇的大舞臺上，辜鴻銘是以喜劇臉譜出現的悲劇角色。

辜鴻銘所生活的19世紀下半葉到20世紀初期，是中國歷史上的特殊時期，中國近代社會的特殊背景產生了特殊的人物群。

擺在近代中國人面前的突出問題，是民族的興衰存亡問題。在帝國主義虎視眈眈的覷覦與洋槍巨艦的武力下，中國應該怎麼辦？

鴉片戰爭揭開了中國近代史的序幕後，一部分睜開眼睛看世界的思想家就在思考這個問題。從林則徐、魏源開始即已向西方尋求禦侮之道。魏源根據林則徐主持編纂的《四洲志》、《華事夷言》的方法，

編纂了在中國和東方具有劃時代意義的世界史地巨著《海國圖志》。魏源以「凡有血氣者所宜憤悱，凡有耳目心知者所宜講畫」的愛國精神，通過客觀冷靜的分析，總結性地提出反抗侵略的兩大綱領，就是「以夷攻夷」和「師夷之長技以制夷」。

向西方資本主義國家學習，學習他們之所以富強的方法，來抵制他們的侵略。當然，這裏的「師夷長技」還只是指學習軍事方面的戰略戰術，學習西方的武器裝備和養兵練兵之法，沒有也不可能有更深層的內容。但魏源也同龔自珍、林則徐一樣，認識到那個時代存在的巨大危機，認識到封建社會改革內政的必要性，只有改革社會才能增強國家力量。他指出不能單靠武器裝備抵抗外敵入侵。從這樣的先進觀點出發，魏源對當時學術風氣進行了尖銳的批判，對當時學術上佔據統治地位而又遠離社會實際繁瑣考據的「漢學」，以及同樣遠離實際空談心性的「宋學」都提出批評，宣導經世致用—以實事求是功，以實功從實事—的學術思想。注重以聯繫社會實際的態度、方法治學，要人們走出書齋，走向社會，所學於社會要有所裨益。他的「師夷之長技以制夷」的新思想，在當時的社會具有新的原則與指導意義，[1]成為其後許多進步人士為拯救中國、抵抗侵略而尋找真理的指標。正如王韜所評價的那樣：「師長之說，實倡先聲。」[2]而且，這個理論奠定了此後中國學術思潮的主流：為了抵禦西方，就必須先學習西方的先進的東西。實開一代學術新風。

1　　李澤厚：《十九世紀改良派變法維新思想研究》，見《中國近代思想史論》，人民出版社，1979年版。
2　　王韜：《扶桑遊記》，嶽麓書社，1985年版。

身處東南沿海的林則徐的學生馮桂芬，在其著名的《校邠廬抗議》中指出：「今日之以廣途萬里地球中第一大國，而受制於小夷也。……如恥之，莫若自強。夫所謂不如，實不如也。忌嫉之無益，文飾之不能，勉強之無庸……道在實知其不如之所在，彼何以小而強，我何以大而弱，必求其所以如之，仍亦存乎人而已矣。」他敢於「冒天下之大不韙」，提出「法苟不善，雖古先吾斥之；法苟善，雖蠻貊吾師之」的方針，提出要博採西學，努力學習資本主義的各種科學技術。馮桂芬比魏源更進步之處是第一次具體明白地提出內政、外交、軍事、文化全面改革的必要性。他覺得不但軍事方面，在內政等多方面中國都不如西方，「四不如夷」，即「人無棄才，不如夷；地無遺利，不如夷；君民不隔，不如夷；名實必符，不如夷」。他雖然還沒有明確的資產階級改革社會的思想，但是已朦朧地感到要學習西方資本主義的某些政治制度等實際的改革內容。馮桂芬承上啟下，影響到洋務派與改良派。洋務運動只是吸收了他思想中向外國人學習先進的科學技術和軍事武器而已，他們對真正的中國內政改革並不關心。但洋務運動在客觀上卻刺激了中國資本主義的發生發展。重要的是，洋務運動中許多年青人被派出國外留學，他們親自接觸到資本主義的富強，深切感到西方社會政治學術上的長處，探討西方國家之所以富強的深層原因。他們已不滿足於洋務運動單純學習軍事、科技的內容，也不滿足於以封建官僚體系和制度來辦近代企業。看來，中國富強自立還需另找出路，就提出了更進一步向西方學習的主張。資本主義改良作為一種時代思潮已經萌芽。王韜、馬建忠、薛福成等人就是突出的代表。

王韜、馬建忠、薛福成是近代最初的一批改良主義思想家。他們看到洋務運動中的不足，提出發展工商業的要求。如被李鴻章派出國學習的馬建忠，在《上李伯相言出洋工課書》中說：「以知近百年西人之富，不專在機器之創興，而其要領專在保護商會……忠此次來歐一載有餘，初到之時，以為歐洲齊國富強，專在製造之精，兵紀之嚴，及披其律例，考其文事，而知其講富者以護商為本，求強者以得民心為要。」[3]

他們看到西方列強正是以商品資本輸出的經濟侵略來掠奪中國的，堅船利艦都不能抵擋住這種經濟上的侵略。只有大力發展民族資本主義工商業才是應走的富強之路。圍繞著國家應如何保護、發展民族資本主義工商業的核心問題，他們提出許多改革主張，從興辦工業到國家預算，從交通運輸到厚俸養廉，觸及一系列國民經濟和國家財政各方面的具體經濟問題。如馬建忠、陳熾、何啟、胡禮垣要求增加外國商品關稅，收回海關自主權。[4]薛福成力阻李鴻章任命英人赫德為總稅務司等都表現了這種愛國要求。為了發展工商業，與之有關的礦務業、交通運輸業都要大力發展。這種重商的思想打破了中國傳統重農輕商的觀念。薛福成說：「夫商為中國四民之殿，而西人則恃商為創國造有開物成務之命脈……四民之綱者，商也。此其理為從前九州之內所未知，六經之內所未講。西洋創此規模實有可操之券，不能執崇本抑末之舊說以難之。」[5]這種商業至上思想的資本主義觀念賦予向西方學習的更加充實的內容。

3　　《適可齋記言記行・記言》卷二。
4　　陳熾：《庸書外篇・稅則》，何啟、胡禮垣：《曾論書後》。
5　　薛福成：《庚子四國日記英吉利用商務辟荒地說》。

但是封建社會的體制與資本主義經濟發展是不相適應的，所謂的官督商辦，實質上是加在資本主義經濟上的沉重的封建主義上層建築鐐銬。官辦企業是「官而劣則商，商而劣則官」，[6]對商辦企業也是不斷壓制、阻撓、控制，民族工商業得不到什麼真正的保護。中國的工商業者希望自己能夠有干預政治的權利以維護自己的經濟利益。19世紀80年代的鄭觀應、陳熾等思想家替他們說出了其願望。鄭觀應、陳熾一方面要求工商業應「不由官辦，專由商辦」，「全由商賈之道行之，絕不拘以官場體統」，以擺脫官府的種種束縛。另一方面強調立「商部」、定「商律」，從政治和法律上保障「商」的權利。這也就接觸到議院的問題。把西方資本主義政治制度介紹進來，大加讚揚，成為救亡之道與富強之本。比如「泰西富強之道，在有議院以通上下之情，而他皆所末」；[7]「議院為歐洲近二百年振興根本……議院為其國國政之所在，即其國國本之所在」；[8]「泰西議院，合君民為一體，通上下為一心，莫善於此」；[9]「泰西各國咸設議院……民以為不便者不必行，民以為不可者不必強……制治固有本也」。[10]何啟、胡禮垣是最突出的代表：「民心之不服，由於政令不平，今既使民自議其政，自成其令……何不服之有？」「商賈中有品行方剛行事中節者，人必舉為議員……以辦公事。」「新政之行，必設議院，而議員俱由民公舉者，誠以成大事必用鉅資，用鉅資必行借貸，而借貸之財出於民，民之聽信唯議員也。」[11]「今之法令宜若何，俱由議員訂定，將來法

6　　《張文襄幕府紀聞・官官商商》。
7　　陳熾：《創設議院以通下情》。
8　　宋育仁：《泰西各國采風錄》。
9　　《庸書・議院》。
10　鄭觀應：《盛事危言・議院》。
11　以上見何啟、胡禮垣：《新政真詮・新證論議》。

令若有再改，亦經議員商酌，是議員已采政令之實矣。而行此政令，其責在君，君則命官以治焉。」[12]鄭觀應在《盛世危言・自序》中概括說：「乃知其治亂之源，富強之本，不盡在船堅炮利，而在議院上下同心，教養得法；興學校，廣書院，重技藝，別考課，使人盡其才；講農學，利水道，化瘠土為良田，使地盡其利；造鐵路，設電線，薄稅斂，保商務，使物暢其流。……育才於學校，論政於議院，君民一體，上下同心……此其體也，輪船、火炮、洋槍、水雷、鐵路、電線，此其用也。」

　　到19世紀90年代，改良維新思想發展到了頂峰。1894年的中日甲午戰爭後，中國慘痛的失敗和清政府的腐朽，空前迅速地把中國進一步推向半封建半殖民地的深重災難之中。深重的民族危機激起了廣大民眾和社會各界人士強烈的憤怒和同仇敵愾的決心，出現了救亡圖存的愛國高潮。在社會的下層，勞動人民和城市貧民在全國各地不斷製造毀壞教堂殺不法洋人的「教案」，反洋教鬥爭發展到義和團運動達到頂峰。在社會上層，改良派變法維新思想也產生了一個飛躍，從思想的宣傳階段，上升到實踐的行動階段。康有為作為維新變法的領袖人物，通過他的著作與演講，向社會大力宣傳變法維新思想，他在保國會上發表演講時說：「吾中國四萬萬人，無貴無賤，當今日在覆屋之下，漏舟之中，薪火之上，如籠中之鳥，釜底之魚，牢中之囚。為奴隸，為牛馬，為犬羊，聽人驅使，聽人宰割，此四千年中二十朝未有之奇變，加以聖教式微，種族淪亡，奇慘大痛，真有不能言者也。」這在當時人們的心中引起強烈的共鳴。梁啟超、譚嗣同等互相

12　《新政論議》。

呼應。梁啟超主筆的《時務報》上的政論尖銳、痛切、激烈，富有強烈的鼓動性。「變亦變，不變亦變」成為士人的共識。《時務報》「數月之間銷行至萬餘份」。各種維新派的學會遍佈大半個中國，尤以南方各省為多，如上海一帶除《時務報》外還有反對婦女纏足的不纏足會、女學會；江蘇的蘇學會、雪恥學會；兩廣的粵學會、《知新報》；湖南譚嗣同、唐才常辦的南學會和《湘報》；福建的閩學會；江西的贛學會和經濟學堂；陝西的陝學會等等。據統計，到1898年各種自發組織的學會、報館、學堂合計300餘所。康有為連續上書光緒皇帝，得到了光緒皇帝的欣賞後，即著手變法。1898年6月11日，光緒下《明定國是》詔，實行變法。雖然變法遭到慈禧的鎮壓而只有103天，但其影響卻是深遠的。

這是中國近代社會向西方學習「歐化」的一般軌跡。

與維新改良的思想截然相反，一批頑固的封建大官僚、地方豪紳，反對任何向西方學習的言論和活動。這部分人都是對歐洲社會一無所知的夜郎自大之徒，憑著盲目排外的封建官僚本能，對歐美一概排斥，哪怕是先進的科學技術也不例外。他們妄想憑藉三綱五常的「聖道」使國家「強大」起來。對於中國的貧弱失敗的現實，褚成博說，變法應先變心，改變當今「人心不古」的局面，「當今之世，非無法治之患，實無人心之患」。[13]李秉衡認為補救之道「總以正人心、培國脈為本」。[14]大學士徐致祥上奏，請求皇帝大力提倡程朱理學，「舉行經筵」、「延訪天下真儒、深明朱子之學者，署置左右，使之朝

13　　《變法宜先變心折》，《堅正堂折稿》卷二。
14　　李秉衡：《奏陳管見折》，《李忠節公奏議》卷十。

夕獻納，啟沃聖心」，那麼「唐虞三代之隆不難矣」。[15]對康、梁的維新變法，絕對的反對。榮祿說「祖宗之法不能變」。曾廉說：「一代之法，莫不與一代相終始。凡開國之初，其祖安定禍亂而臻致太平盛世，率非後世之所能及。……凡子孫欲革先人之法，則其禍亂必尤甚於未革之世。」[16]他甚至認為祖宗之法，到後世雖然產生種種弊端，也不應輕易改變，堅持祖宗之法，則「危而猶可不至於亡」，如果「大改祖宗之法，則其顛覆可立待」。[17]孔灝大罵康有為「辯言亂政，莫此為甚」。[18]他們認為西學、新學不啻為洪水猛獸，認為提倡新學、西學是「舉中國堯舜周孔亙古相傳之道術，一旦弁而棄之」，[19]只有八股「制義」是「正學」。曾廉說「讀書、作人、為文止是一道，必其人博通而正大，篤實而巨集遠，而後其文字自有儒者氣象」。當今的辦法不是要西學、新學，而「必自正制義始，制義正而後心術端，心術端而後人才興」。[20]他們對即使像洋務派那樣學習西方都不贊成，更不要說對民權、議院、君主立憲了。

除了這截然相反的兩極端之外，還有一種在當時比這兩種觀點較為穩健調和的一派，即以辜鴻銘所追隨二十餘年的張之洞為主要代表的「中體西用」派。作為較為開明的洋務大吏，張之洞看到不向西方學習，對清代社會做一些局部的改良是不行的，他在著名的《勸學篇》中提出了講求農工商學、發展近代工業等一系列主張，但是他認

15　徐致祥：《請舉行俓筵折》，《嘉定先生奏議》卷下。
16　《忠敬之論》，《瓠庵集》卷七下。
17　《齊魯執政疾退論》，《瓠庵集》卷七下。
18　《駁保國會章程》，《覺迷要錄》卷四。
19　屠仁守：《奏陳變通書院章程疏》，《屠光祿奏疏》卷四。
20　曾廉：《與諸生徒論制義》，《瓠庵集》卷十八。

為：「三綱為中國神聖相傳之至教，禮政之原本，人離之大防。」[21]所謂的君君臣臣父父子子是根本，不能動搖，在這個根本前提下學習西方的語言、文學以及先進技術，「夫所謂道者、本者，三綱四維是也……若守此不失，雖孔孟復生，豈有議變法之非者哉」。[22]有了本體之後，西方社會的有益之處，如興辦工商業，發展軍事工業，學習先進的科學技術皆可為我所用。這就是張之洞中體西用理論。「中學為內學，西學為外學；中學治身心，西學應世事；不必盡索之於經文，而必無悖乎經義。為其心聖人之心，行至人之行，以孝悌忠信為德，以尊主庇民為政，雖朝運汽機，夕馳鐵路，無害為聖人之徒也。」[23]對康有為、梁啟超、譚嗣同宣導的興民權、設議院、實行君主立憲制度，張之洞是大為不滿的，多次向他們提出責難。「民權之說，無一益而有百害」，「使民權之說一倡，愚民必喜，亂民必作，紀綱不行，大亂四起」。[24]按照他的思想：「今欲強中國，存中學，則不得不講西學。然不先以中學固其根底，端其識趣，則強者為亂首，弱者為人奴，其禍更烈於不通西學者矣。」[25]張之洞的目的是要為清朝統治者尋找一種既能穩固其統治，又能富國強兵的道路。所以贊同康、梁維新派的光緒皇帝對此書也大為欣賞，讚為「持論平正通達，于學術人心大有裨益」，故而命各省督撫學政人手一冊，廣為刊佈，「挾朝廷之力以行之，不脛而遍於海內」。

以上簡單勾勒的就是辜鴻銘出現的時代背景。

21　《勸學篇序》。
22　《勸學篇外篇・變法第七》。
23　《勸學篇外篇・會通第十三》。
24　《勸學篇・明納第三》。
25　《勸學篇・循序》。

辜鴻銘祖籍福建同安，1856年出生於英屬馬來西亞檳榔嶼的一個華僑之家，十歲左右即隨義父英人布郎到英國留學，先後在英、德、法留學十一年，獲得文、理、工、哲等多科文憑，1883年回歸中國，入張之洞幕府，為張氏的洋文秘書。從啟蒙教育一直到博士，他接受的是一套完全歐洲式的全過程教育。從他的思想來說，可以說是一個地地道道的西方人，應該是一個眼界開闊贊成歐化的人物，然而，令人驚奇的是，他對向西方學習卻大加反對，不僅反對改良派的維新，甚至對洋務運動也多方指責，其論調簡直與一個對西方茫然無知的頑固派一模一樣。如果我們從以上的中國近代文化背景的敘述中來看，從19世紀80年代至20世紀20年代直至他去世，他都始終不渝地堅持反對歐化的觀點，從沒有一點改變與妥協，這是一個不可思議的怪現象。

辜鴻銘無疑是一個政治上的守舊者，但是對他這樣生長在西方，一直接受歐洲教育的人來說，既無舊的政治地位，又無舊的知識學問可守，籠統地說他是守舊者、頑固派，為他「定性」，似仍過於簡單，我們要研究他為什麼會守舊。辜鴻銘的特殊性就在這裏：雖然他的後半生在中國度過，他的思想體系可以說是屬於西方的，是屬於西方理論批評的一部分，但是我們的研究，不應當把他侷限於中國近代社會，把他放在洋務、改良以及辛亥革命的對立面來作為頑固守舊者的批評，而應該把他放在西方的文化背景下來觀察，把他作為近代世界範圍內的文化守成主義的一分子對待。

辜鴻銘在英國受啟蒙教育和中學畢業後，在德國的柏林及萊比錫幾所大學讀工學和哲學等學科，1877年獲得英國愛丁堡大學的文學碩

士，又曾在牛津讀過一段書，然後入法國巴黎大學學習。他在西方讀書的時期，正是西方文化保守主義的盛行期，如納斯欽、愛默生、阿諾德、紐曼、卡萊爾以及其他英國浪漫派詩人的學說正是走紅的時候。辜氏在英、德、法學校中，有些是親承其教，如卡萊爾、阿諾德；有些是私淑其學，如納斯欽、愛默生以及柯勒律治、浪漫詩人華茲華斯。這些浪漫詩人和文化保守主義者的理論造就了他的思想傾向。

西方文化保守主義固然有其反現代化的保守一面，但又有其存在的合理性，在一定程度上還有不少積極的意義。1789年的法國資產階級革命，開闢了歐洲資本主義發展史上的新時代，它用暴力摧毀了封建統治，為法國資本主義的發展創造了條件。在這次革命的鼓舞下，歐洲其他國家反封建鬥爭高漲，資產階級革命在歐洲逐漸取得全面的成功。英國工業革命後，工業資本興起，工業資產階級同把持政權的土地貴族與金融資產階級存在著矛盾，同時勞資矛盾日益暴露，發生多次工人暴動，例如19世紀初發生了工人自發搗毀機器的勒德運動就是劇烈的一次。德國經過了拿破崙戰爭的風暴後，從290多個公國合併為34個公國和4個自由市，在奧地利控制下組成德意志聯邦。法國革命在德國的哲學家中引起沉思，許多人既不滿意封建的專制制度，盼望上一代啟蒙思想家所夢想的「理想王國」能夠實現，又對革命的暴力尤其是法國雅各賓黨專政的局面深感害怕，德國的哲學家和詩人只能在精神世界中創造資產階級理想世界，如康得、費希特、黑格爾、謝林等哲學思想。總之，經過革命確定了資本主義的地位後，許多人對資產階級革命帶來的結果不滿意甚至大失所望。資本主義社會

雖然在物質生產方面迅速取得了前所未有的成就，但同時一連串的社會危機又迫使人們從不同角度和層次進行反思。其中突出的危機是深刻的文化危機。現代化的大工業生產強調的是工作效率，隨著工業化的逐漸深入，人們不再是駕馭機器的主人，相反地成為機器的附庸，成為機器的受害者，工人的工作越來越單調，越來越機械化，人作為人的種種個性和能力再也得不到全面的發展，除了專業工作的熟練與技術的先進外，其他個性都日益萎縮，人與自然的天然聯繫被割斷。同時，資本主義社會裡，人從封建專制與封建的倫理道德中解放出來，個人的自由、平等權利得到了實現。人不再是屬於某個人或某些人的了，只從屬於機械，從屬於法律，人與人之間、人與社會之間的關係只依靠法律的維繫和約束，人群關係遭到破壞。以前的倫理道德規範失去了力量，道德與義務的淪失成為全社會的問題，代之而起的是金錢的關係。以前的社會溫情脈脈的面紗再也沒有了，赤裸裸的物質利益成了人際互益的冷酷無情的紐帶。競爭與失業危及的不單是生活，更主要是心靈，加劇人們內心的焦慮、冷漠，等等。

所以從資本主義一開始，就不斷有人對之提出批評。馬克思主義批評其工作過程轉變以及對人的全面發展的破壞；而另一部分即文化保守主義者的批評則強調社會規範的淪失。馬克思主義以現代化的更充分發展的共產主義作為取代資本主義的理想，而文化保守主義者則以傳統的形式或理想化的社會當作社會完善的試金石。

文化保守主義者們，強調建基於道德之上的和諧的社會關係。對資本主義工業化產生的結果持堅決的批判態度，他們認為社會重於個人，有機和諧的群體關係高於法律關係和法定權利。他們肯定道德的

至上性，厭惡個人私利，因為正是它毀壞了人群關係。人的需求除了物質的私利之外，還主要表現在非理性非功利的精神方面，那就是對道德、真理、宗教的追求，這些都已被摧毀殆盡。面對宗教、道德在啟蒙思想家的批判理性主義之下的動搖和資本主義社會的破壞，他們極力要建立一種不否定理性同時又為道德和宗教提供存在基礎的新的認識論，浪漫主義成了很適合的表達方式。英國的浪漫主義詩人們如華茲華斯、布萊克、雪萊、騷塞等等，他們通過浪漫主義文學確定這種文化的理念。他們都嚮往大自然的優美景色，抒發對自然景色的感受，用自然的美映襯出現實中的醜，自然成了他們的精神寄託，從對自然的感受中體悟宗教的玄秘；他們批駁資本主義帶來的「文明」，歌頌農村，歌頌沒有受到文明污染的普通人民的純樸的道德，歌頌那種溫馨和諧、樂天知命，順從道德和宗教信仰。這種具有全歐洲影響的浪漫主義運動可以說是文化保守主義的世界氛圍。

這是辜鴻銘思想形成的文化背景。辜鴻銘的思想正是在這個西方文化背景中產生、萌芽而在中國獨特的環境中完成並產生影響的。通過這個介紹，我們不難理解為什麼辜氏在西方長大，深明西方高度的物質文明、發達的科學技術、強盛的國力，然而又極力反對中國歐化的原因了。

然而，中國有中國的國情。近代中國所面臨的最大的問題是亡國滅種的危險，「保國保種保教」成為每一個愛國志士所關心的內容。從鴉片戰爭起，中國進步的知識份子不斷地向西方學習，尋求富國強兵良策，成為時代的潮流。辜鴻銘不能隨著這個潮流而前進，相反地，為了避免類似西方發展的弊病，因噎廢食，不必要地指責這股進

步的潮流，成為一個時代的落伍者。辜鴻銘的極端守舊態度是近代社會裡最典型的，恐怕再也找不到像他這樣愛走極端的人物了。比如，他贊成男人納妾，打了個「著名」的比喻，男人仿佛是茶壺或氣筒，一把茶壺可以配幾個茶杯，或者四隻輪子共用一個打氣筒，為中國一夫多妻的陋俗尋找理由。他把「妾」解釋為「立女」－站在男人身邊的女人，是男子的扶手。他擁護女子纏足，認為纏足也是一項「優良傳統」，女子深居閨中，足部發達與否無關宏旨。連他腦後垂著的被外人稱為豬尾巴的小辮子也不肯剪去，這些他都認為和中國傳統文化中的義利論、忠恕禮儀一樣是值得保留的文化，一概呵護。所以辜鴻銘為此贏來了「怪物」的聲譽，成為頑固派最生動的代名詞，成為進步人士批判的眾矢之的。我們可以不諱言地把之歸因於辜氏守舊立場，但除此之外，是不是還有其他的原因呢？我們可以肯定地說，這並不是單純的立場問題，也不是極端地鄙視女人像尼采那樣（相反地他對傳統的中國女子是極為欣賞讚揚的），這裏面恐怕還有更深一層的內容。

　　辜鴻銘像他師事的英國的浪漫詩人一樣，有著一種極為相似的氣質，那就是對傳統有著近乎狂熱的讚美。他看待傳統，不像啟蒙思想家那樣以純理性的眼光和科學的態度來分析，而是憑藉詩人的誇張手法，以全部感情來體驗。一如浪漫詩人對西方前現代社會的一切自然和社會生活超自然的宗教體驗的表達，辜鴻銘對中國傳統的一切也持相同的看法，正像他所說的是「用心靈與情感」的思考。過去的一些傳統都保留在現在的生活裏，不僅僅保存在流傳至今的經典中，更重要的是體現在人們日常的生活細節裏，如人們的語言、行為、服飾、

婚禮、習俗等等，都是傳統真正的活生生的體現。當然傳統不見得皆是優秀的，有許多是惡習陋俗，如納妾、纏足等，在一般人看來是不道德的或殘害人性的，如果不革除就會使人們越來越愚昧，所以改良派與革命派都提出絕對的反對和禁止這種惡習陋俗。但辜鴻銘不這樣看，他為了維護整個的傳統不被破壞，對傳統中的一切哪怕是有害的東西一一予以保留。

　　他這種偏激的詩人氣質一方面取決於他所受到的影響，一方面也取決於他獨特的生活經歷。他走的路與大部分近代知識份子是不同的。他的祖上是馬來西亞的華僑，雖然在殖民地中，華僑的地位是低下而受洋人歧視的，但他的曾祖父辜禮歡從勞工的身份後來做到華人「甲必丹」（Captain），畢竟已躋身當地的上流社會，成為「貴族」。到辜鴻銘已是這個「貴族」之家的第四代了，他生活的環境無疑是優裕的，而且，他隨義父、英國牧師布朗到英國去。作為一個大富翁家的養子，他的生活應當完全是貴族式的，我們只要看他能如此輕鬆安然地漫遊那麼多學校，學習那麼多課程即可概知經濟條件的優越了。憑著他的天賦，學習了語法、英國古典文學、工科、哲學、宗教等多種學科並獲得多個學位。十一年的遊學對他一生無疑有著決定性影響，也是最令他回憶的一段生活，在他後來的文章中常常不無自豪地提及。但是所有這些優越的地方都不能改變他的膚色，他畢竟是一個黑頭髮、黃皮膚的中國人，是為歐洲人所瞧不起的黃種人的一員，成為當時當地為數不多的種族歧視的對象。他剛入英國時因為腦後的辮子引起人們的驚奇和性別的誤解，被迫剪掉了。[26]據說他在英國時常

26　〔日〕清水安三：《辜鴻銘》，《辜鴻銘傳記資料輯》，臺北天一出版社。

思念家鄉，每屆陰曆冬至，必在房內備下酒饌，遙祭祖先。房東太太問他：「你的祖先什麼時候來吃這些酒與菜？」他一本正經地回答：「就在你們的祖先嗅到你們所獻鮮花花香味的時候。」從這些事可以看出他雖然生活在西方的貴族之家，但在外界又飽嘗種族歧視，因而才常常思念故國。這種環境養成了他孤傲狂怪的性格，他一生對種族歧視者從沒有放棄過批判和諷刺。他以中華民族傳統精神的優越來藐視西方的物質文明，以對西方文明的批判來回答西方對東方種族的歧視，理論的批判中帶著強烈的情感因素。

1880年他返回馬來西亞，在新加坡殖民地政府任職，遇到正途經新加坡的馬建忠，長談三日，在馬氏的勸說下，辜鴻銘毅然辭去殖民地職務，回到中國，被張之洞招入幕府。因此，在中國人嚮往學習歐洲的時候，他出於自己飽受文化保守主義教育的思想，更出於對以高度物質文明自居的狹隘自大的現代歐洲人的反感，反對中國人盲目的歐化。他系統地學習了中國傳統的經籍，從儒家的學說中找到了足以彌補現代歐洲文明不足的東西，那就是維繫中國數千年的傳統的倫理道德力量。尤其是，他從漢唐時代強大的中華帝國和飽滿的民族精神的歷史中找到了民族的自信心，認為恢復儒家的精神（是唐以前的儒家而非宋明理學），即可以使中國強大起來，故而他堅決反對歐化。我們應當注意的是，他反對的只是機械地向西方學習機械製造和軍事技術，而不反對學習瞭解西方的學術、制度、文化，但這學習瞭解的目的不是像維新派那樣地效法西方的議院、君主立憲制度，而是為了懂得西方社會真正的「不足法」處，是為了更明白地理解中國傳統的「優越」。他說：「嗚呼！我不知西人之學，亦無以知吾周孔之道大且

極矣！」[27]這樣，實際上還是等於不要學習西方的先進東西。辜鴻銘也意識到中國儒家的傳統重道不重器，所以中國的科學技術與製造工藝遠遠落後於西人，常常被動挨打。他也明白這樣淺顯的道理：「忠信篤敬乃無形之物也，大艦巨炮乃有形之物也，以無形之物攻有形之物而欲以奏效於疆場也，有是理乎？」[28]其實，辜鴻銘隱含的思想是，以中國傳統的精神融入歐洲的現代文明使國家強盛，這在他的《中國牛津運動故事》（The Story Of a Chinese Oxford Movement）有所表露，即：結合「一種道德價值的美好之意味；用傳統中國的文明連結於一種理解與闡釋現代歐洲文明擴張進步理念的心向」。也就是綜合中西文化之所長。但這並不同於張之洞的「中體西用」。以「體用」關係來機械處理傳統與現代化的關係，雖然似明晰公允合理，但實際上並不現實。正像嚴復所評：「有牛之體則有負重之用，有馬之體是有致遠之用，未聞以牛為體以馬為用者也。」[29]而且這樣做的結果，不是體限制了用，就是用破壞了體。封建專制的體制肯定不利於近代資本主義的發展和科技的進步，而資本主義的發展和科技進步最終要導致封建專制的解體。同時，那種從政治到科學技術全部向西方學習的做法，在辜鴻銘看來比中體西用的理論還危險，會喪失中國的特色步入西方正在走進的死胡同去。辜鴻銘文化哲學的精髓實際上來自於西方學術本身，他用阿諾德、卡萊爾和其他浪漫詩人的理論，用部分西方的標準來評判中國的歐化。這在西方也許會被認為是合理的批評，而在中國卻不合時宜，因為中國的急務不是杜絕資本主義進一步

27　《讀易草堂文集・廣學解》。
28　《張文襄幕府紀聞・權》。
29　嚴復：《與外交報主人論教育書》，《幾道文抄》，臺北世界書局，1971年影印。

發展可能出現的弊端，而是資本主義在中國由於封建社會的體制根本得不到足夠的發展。除了《中國牛津運動故事》這一段稍為明朗地表達出他的較為合理的觀點以外，在他所有文章與論著中，幾乎毫無例外地持一種絕對反對學習西方的偏激論點，故而遭到大多數人的白眼與批評，辜鴻銘成為一個與時代格格不入的「落伍者」。從洋務運動改良維新，到辛亥革命，再到五四新文化運動，他看到歷史每前進一步，傳統就越來越被西方的新思想所取代，感到中國文化傳統淪失的危機，認為這個社會是每況愈下，不斷著文激烈地加以批評，從不稍稍改變自己的立場，一路與時代相對抗，尤其是辛亥革命時，他公然跳出來大罵革命黨，並寫信給上海《字林西報》表明他的意見，引起青年學生對他的圍攻，他憤而辭去南洋公學教職。幾年後他任北京大學教授，又因反對學生運動而引起學生的不滿，又憤而辭去北京大學教職。這就是《清史稿》本傳中說的「國變後，悲憤尤甚，窮無所之」的緣故。

應該說辜鴻銘是有一腔火熱的愛國之情的，在當時的學者中，只有他專力用英文向世界輿論尋求正義。在教案迭起時，他向世界申明：正是因為西方列強對華政策的錯誤和教士的為非作惡，才引起中國人民的反抗。在義和團運動時，他也強烈譴責八國聯軍的入侵。他對通商口岸的外國人從來都持詛咒和批判的態度……不能不說辜鴻銘是一個愛國者。但是，他卻因不合時代的潮流而遭遺棄，他不能理解時代，時代亦不能理解他，一腔熱情遇到的是遍世冷眼，形成了他憤世嫉俗的善罵氣質。他罵慈禧太后「萬壽無疆，百姓遭殃」，罵袁世凱為「賤種」，罵清末五大臣出洋考察憲政為「出洋看洋畫耳」，罵

上海的蘇班妓女「非賣娼也，賣窮也」，罵各地的報館的「爛報紙」與「出爛報紙之主筆」該被焚被坑，罵中國社會「人人欲施教育無一人肯求學問」，充斥著「四體不勤五穀不分，而妄冀公卿之士人」，罵中國各省督撫「吹牛皮」誤國，罵中國政治「狗屁不通」，罵辛亥革命後「頑石不靈神經錯亂之民國華人」（imbecile，demented Republican China man）。過於負才地使氣罵座，使他持論欠客觀冷靜的理論分析。勃蘭克斯說：「試以精神分析言之，亦是一種壓迫之反對而已。辜既憤世嫉俗必出之以過激之辭，然在此過激辭氣，便可看出精神壓迫來。」[30]所以儘管他是西方文化保守主義大師在中國的唯一傳人，他比梁啟超、梁漱溟、張君勱更精通西方思想，是中國最早腳踏東西方的文化保守主義者，但是由於他的偏激，不像後者折中調和，往往被人視為怪僻之論。

辜鴻銘所處的特殊的文化背景和所受的教育影響，決定了他學術路徑的特殊性。他接受了西方的高等教育，他的治學方式也是西方式，與中國傳統治國學法大不相同。他對中國文化的學習基本全靠自學，沒有師承，沒有家法，不守漢學、宋學樊籬，也不受古文、今文約束，全憑自己博覽群籍，融會貫通，點化出中國文化精髓。他嘗自敘其治學經歷：「自少出遊泰西諸邦，遍歷其名山大川，博覽其古今書籍，十年始近中土。時欲從鄉黨士人求通經史而不得。士人不與之遊，謂其習夷學也。先生乃獨自奮志，諷詠詩書百家之言，雖不能盡解，亦得觀其大略，數年間於道亦無所不見。」[31]他的好友趙鳳昌《惜

30　林語堂譯：《辜鴻銘論》，見《辜鴻銘傳記資料輯》，臺北天一出版社。
31　《讀易草堂文集‧廣學解》。

陰雜記》說他：「學成歸里，聞塾師講《論語》、《孟子》有所入。最耽古聖經訓，玩索之。篤信孔孟之學，謂理非西方人所及。四部書、騷賦、詩文，無所不覽。」他沒有傳統學者如康有為、章太炎、王國維等人雄厚的舊學功底，對訓詁考據、義理心性之學似也不甚關心。他對宋明以後的漢學、宋學多有不滿，他在《張文襄幕府紀聞》中引用日本岡千仞《觀光紀遊》中櫻泉氏論中國弊風一則，就表現出他對漢學、宋學的批評。在《春秋大義》中他又說：「中國的老學究和他們的八股文只是一種無害的胡話。」他對儒家典籍的理解全憑閱讀經傳注疏，以義為主，擇善而從，如對《春秋》「尊王」之旨，對《易傳》的辯證思想，對《四書》倫理精神等理解，能在前人注疏的基礎上獨立思考，大膽創新。在他所譯的《論語》、《中庸》中，他基本上遵守朱注，但許多地方又多有闡發，對經義理解頗有創獲。也許索之於訓詁未必盡然，但他力求的是經義上的圓通。他沒有傳統經學之所長，也就避免了傳統經學之所短，他的研究是建立在通覽基礎上的宏觀研究，研究的目的不是「整理國故」，而是從中把握出中國文化「精髓」，也就是他所謂的「春秋大義」—中國國民的精神。如果我們撇開他政治上的保守觀點，他的這種研究應該說在近代有其開創之功。

　　辜鴻銘國學研究的獨創性是把中國文化放在世界文化的大背景下加以研究，他開創了國學比較研究的方法。與其同時期的康有為、梁啟超、嚴復或更早一些的如容閎、王韜都有一些中西對比的論述，但這些都是極零碎的比較，並且只是為了引進西方某些先進東西的比較，並不是自覺的比較研究。辜鴻銘的所有著作幾乎都是比較式的。

在《讀易草堂文集》中他對東西方的政治、學術的差別有多處對比評價，肯定中國傳統的優越性。《清流傳》（即《中國牛津運動故事》）一書中他把張之洞對歐化思潮的抵制與其失敗與英國牛津大學紅衣主教紐曼在英格蘭教會攻擊自由主義的牛津運動的失敗作了詳細比較，對傳統的失敗深感惋惜。在其最有名的代表作《春秋大義》中涉及對東西文化的各個方面的比較，集其大成。

　　辜鴻銘對西方社會的精通為他的比較研究提供了有利條件，這是近代其他國學家所難以望其項背的。在近代精通西方學術的學者中，容閎、王韜、嚴復走的是西化的道路，陳寅恪在學術上是純傳統式的，辜鴻銘卻是以其西方的知識來認識中國文化的價值的，他的一句名言是「我不知西人之學，亦無以知吾周孔之道之大且極矣」。應當承認，他中文的水準不如康有為、梁啟超、嚴復，但他的英文則在近代中國是最一流的，孫中山說他是中國精通英文第一人；林語堂說「其英文文字超越出眾，二百年來未見出其右者，選詞用字皆屬上乘」。[32]其英文風格深受卡萊爾、阿諾德等浪漫詩人影響，為純維多利亞中期的文風，這使他的學術研究獨樹一幟，即向西方、向世界宣揚中國文化，辜鴻銘對國學的最大貢獻即在此。他的功績主要表現在三個方面。一是把儒家重要經典翻譯到西方。二是向西方宣揚中國傳統文化和中華民族的精神。三是對西方中國學的批評。在這三方面所作的貢獻，近代沒有一個人能同辜氏比肩。辜鴻銘是第一個把儒家經典《論語》、《中庸》、《大學》等翻譯為英文的中國人。中國《四書》介紹到西方，基本上都是由在中國的西方傳教士翻譯的，這些人雖然

32　《辜鴻銘譯〈論語〉序》。

西文好，但對中國文化的認識欠深刻，往往存在著曲解、誤解和字面直譯等錯誤。中國人中懂得西文的人常常熱心西化，對這種「不識時務」的工作不甚關心。只有辜鴻銘具備了兩方面的條件，擔當起了中國文化向西傳播的任務。辜鴻銘對中國經典的外文譯本大多讀過，認為譯作品質不高，即使像理雅各所譯的皇皇十二大卷包括《四書》、《五經》多種書籍的《中國經典叢書》，他也挑出許多毛病，他的《論語》、《中庸》英譯就是有感於此而譯的。而這兩個譯本確實更能傳達儒家的思想，在西方多次重印暢銷不衰，後又被臺灣20世紀80年代新出的《四書英譯》定為底本。辜鴻銘幾乎閱讀了西方國家學者出版的「中國學」的所有論著，深感所謂的「中國學」的研究儘管在表面上很熱鬧、繁榮，被這些「中國學」學者不恰當地炫耀為進入了一個新的階段，但是實際上卻常常是誤解中國，有不少研究者僅僅是克服了「中國學」研究的大部分語言障礙而已，並不能算是進入了中國學問的堂奧。他向西方指出：中國的文明與歐洲文明從起源到發展都是不同的，沒有聯繫的，連最起碼的觀點和想法也與歐洲不完全一致，因此要研究中國，對這些西方學者來說不僅要掌握這些屬於「外國人」的觀念和思想，而且要在歐洲的語言中找到對應的概念和思想，如果這種對應在歐洲的語言中並不存在，那麼有必要加以分析，然後找到人類共有特性，這才是正確的態度和方法。然而現代的西方學者，尤其是通商口岸的教士們，根本沒有做到這一點，他們要麼完全是從歐洲人的思想觀念出發來理解中國，想當然對中國文化妄加價估；要麼是毫無計畫毫無章法支離破碎地學習，並不是把中國文化當作一個有機整體系統加以研究，甚或搜集中國百條成語警句或小故事就可以堂而皇之大言不慚地自稱為「漢學家」的。辜鴻銘在剛回國伊

始，即於1883年底在《華北日報》上發表《中國學》（Chinese Sholarship）一文，這為他以後四十餘年的研究寫作定下了基調，他一生都獻身於這一領域，向西方宣揚中國傳統文化，澄清西方人因不瞭解中國傳統而產生的各種誤解。這篇文章被補充修改後分為二部分附在1915年出版的《春秋大義》書後。在這篇文章中，他對「中國學」這門在當時幾乎沒有人注意到的學科的發展奠定了基礎，他的《中國學》可以看成是「中國學」研究「發凡」，對它的範圍界定、歷史概況、研究現狀、研究的目的、態度、對象以及正確的做法等都有精闢的見解，已具備現代中國學的基本理論框架。他的一連串有關的論文對海外中國學的批評，及時糾正了海外對中國社會和文化研究中存在的各種錯誤思想傾向和做法，一定程度提高了中國學研究在國際上的地位。

辜鴻銘在這方面的貢獻，近代實在找不出第二人來。不過有人因他未受過傳統學術訓練而對他的中文造詣提出過懷疑，這種懷疑不能說沒有道理，從辜氏的著述中看不出其考據義理方面的貢獻。這也許是他的弱項，但是從他受的十餘年西方教育，二十餘年經史百家著作的鑽研，駕馭東西方文化的分析力對於鳥瞰、理解中國文化的真髓和中國人的精神，對於比較研究，他的知識應當是足夠的了。博學、審問、慎思、明辨、篤行，辜鴻銘可以說能構成其體系、自圓其說了。我認為他的不足不是他中文造詣的問題，是他先入為主的主觀成見驅使他對中國儒家傳統不加分析一概說好，這同康有為一樣武斷和大言欺人，這又是氣質秉性問題，可不必苛求古人了。

第一章

西方社會裡的混血兒

浪跡天涯的遊子，不管走到哪裡，都不會忘記，葉之根、水之源在祖國。

華僑，中華民族的海外遊子，不管在世界上任何一個角落，都不會忘記，自己是民族之樹上的一枝一葉，不管被風雨吹到何處，根永遠在中國，儘管她還在飽受蹂躪與踐踏！

1.1　中華流浪兒

辜鴻銘，名湯生，字鴻銘，後以字行，號立誠，自稱傭人。後來因為出生於南洋，讀書於西洋，做著北洋政府的官，娶了東洋的姨太太，自稱東西南北人，別署漢濱讀易者。其西文姓名初用閩南音Koh Hong-beng，回國後改拼Ku Hwng-Ming。

1857年（清咸豐七年）7月19日辜鴻銘出生於南洋英屬馬來西亞的檳榔嶼（今檳城）的一個華僑之家。[1]

他的祖籍是福建省同安縣。同安在明清兩代屬泉州府（泉州府轄晉江、南安、惠安、同安、安溪五縣），所以或稱祖籍泉州。在清末民初屬廈門道，他又自稱廈門人，他的英文名即Amoy Ku（辜廈門）。

梁實秋《辜鴻銘先生軼事》說：「其先人因被辜自悔，以辜為

1　辜鴻銘的生年，一說1856年，一說1857年。日文版《辜顯榮傳》載辜鴻銘贈辜顯榮照片，自署「辛酉（1921年）十二月湯生題贈，時年六十有五」。辜氏後人辜能以、辜文綿等於1956年6月在臺灣省臺北縣永和鎮為其舉行「先祖百年冥誕」紀念，誤。據閔爾昌《碑傳補》卷五十三趙鳳昌《國學辜湯生傳》引楊歆谷為辜氏怕撰墓表云「生於咸豐七年丁巳閏五月廿八日」。

氏，如救氏、赦氏、譴氏之類。」辜鴻銘對此確信不疑，「常告人以姓辜之故，謂始祖先為罪犯，又言始祖犯罪，不足引以為羞；若數典忘祖，方屬可恥云」。不過，現在同安縣很少有辜姓，偶有也皆非其祖族，林語堂譯丹麥勃蘭得斯《辜鴻銘論》譯按曰：「按《元和姓纂》有此辜姓，相傳辜為廈門同安人，其望出於晉江。」

據辜鴻銘堂弟辜顯榮的傳記載：第十三世祖仁蓀約於清康熙初年移居臺灣鹿港（他又常自稱「臺灣人」）。約在乾隆初年又作為華僑勞工移民到馬來西亞。當時，臺灣、福建的邊海農民漁民為生計所迫，漂洋過海外出謀生，這些一無所有的「豬仔」因為嚮往能找到地方糊口，被成群地拐騙上了海船，然後被運到東南亞賤賣給馬來西亞半島上的葡萄牙和荷蘭商人，這種交易叫「賣豬仔」。辜鴻銘的祖輩大概就是以這種方式來到馬來西亞的。我們現在無從考證他的上代具體什麼時間到那裏的，只知道到他的曾祖父辜禮歡是一個很窮的勞工，靠捕魚過活。[2]不過辜禮歡是一個很厚道樸實、勤勞能幹的人，大概也是一個基督教徒，因此，在當地土著、華僑、印度人和一些四處湧來定居的海盜中，辜禮歡是一個頗有威望備受尊敬的首領。在那時愚昧的華人心目中，還根本沒有西洋侵略殖民的概念。那時統治馬來西亞的荷蘭人因為與英國競爭失利，已不打算在此久住，準備向更有利可圖的印尼各地發展，這裏顯得很荒涼，除了海岸與森林居人寥寥可數外，荒無人煙。乾隆五十一年（1786）7月，一支以船長賴特（Light）率領的殖民隊伍—東印度公司先遣隊，首次由印度駛進檳榔嶼，在比那加角（Point Pennager）登陸。次日，辜禮歡帶領幾名印度

2　吳相湘：《辜鴻銘比較東西文化》，臺灣《傳記文學》，第17卷1期。

基督教徒，從吉打州趕來歡迎，向其致意，並送給賴特一張漁網。賴特大為高興與感激。因此，這一年8月11日賴特佔據檳榔嶼，並把它改名為威爾斯王子島，在此設立甲必丹（Capitain），即正式委任辜禮歡為首任甲必丹。這裏所謂的甲必丹，並不是英語中通常指的「船長」或「陸軍上尉」，而是一種民族的首領或頭目，其職責在協助殖民政府處理當地小型的刑事案件，這是用以華制華的方法以實行間接的統治。辜禮歡就此而成了當地的貴族，賴特很欣賞辜禮歡的才幹與樸實品性，在他1787年5月7日致東印度公司的信函上說：「在威爾斯王子島，本人已正式委任最可尊敬之華人辜禮歡為甲必丹。」辜禮歡在任甲必丹之後，改而經商，兼事墾殖。乾隆五十五年（1790），賴特給他一筆東印度公司的開發款，並且在東印度公司的指導和協助下，由蘇門答臘北端的亞齊（Acheen）首度輸入胡椒種子，在檳榔嶼開闢胡椒園。同時他又經投標獲得承包檳榔嶼與吉打兩處市鎮的酒稅，由此，辜禮歡的地位、財富與聲望大增，他成為威爾斯王子島公路委員會中唯一的非英國籍委員。辜禮歡於道光六年（1826）逝世後，留下八男三女，其中較為有名的有辜國材、辜安平、辜龍池等。

辜國材曾是東印度公司主要人物萊佛士（Stamford Raffles）的得力助手，在嘉慶二十四年（1819）萊佛士率領船艦登陸新加坡時，辜國材即是隨行要員之一。他曾協助萊佛士開闢新加坡，大興建設，宣佈新加坡為自由港，在短暫的半年時間內與英人一同佔領了新加坡。

辜安平在青少年時代即被辜禮歡送回國內讀書，後進士及第，曾為林則徐的部下，後奉調到臺灣，現在臺灣辜氏家族即為其後輩，其孫子辜顯榮被日本封為貴族，是有名的實業家。

辜龍池即是辜鴻銘祖父，他由檳榔嶼又移居吉打州，在當地政府中任職，工作很有建樹，獲吉打蘇丹所賜拿督（Datok）勳銜，後由吉打定居檳榔嶼。其子辜紫雲便是辜鴻銘的生父。辜紫雲供職於檳榔嶼呂蒙雙溪（Sungei Nibong）的牛汝莪橡膠園（Glugor Estate），[3]為人勤勞，忠厚誠實，深得英國牧師布朗（F. S. Brown）的信任，被委任橡膠園的負責人。

根據有關材料，可大致理出辜鴻銘家族世系：

辜仁蓀（發）……辜禮歡 ⎰ 辜國材（後代居福州）
　　　　　　　　　　　辜安平（後居臺灣）——？——辜顯榮——辜振甫
　　　　　　　　　　　辜龍池——辜紫雲——辜鴻銘

辜鴻銘就出生在這樣一個「二等公民」的「貴族」之家。他是辜紫雲的次子，其母親是西洋人，因此也遺傳西洋人的某些特徵，大眼睛高鼻子深眼窩，個雖不高，但聰明伶俐，深得布朗夫婦的喜愛，把他收為養子。不用說，他的生活是相當優裕的，不過在他心目中，只知道這連片的橡膠園、幢幢別墅洋房，知道層層疊疊、翠蔓拂綴的熱帶叢林，知道那靜謐的田間小道和兩邊的高大的椰子樹，知道那被蔚藍大海擁抱著的白沙灘、大海裏的幾片白帆、沙灘上的一串腳印，知道那最悠揚動聽的鄉間小調、縴夫船歌，這些成為後來飽經滄桑的夢裏家鄉，多年以後對此還充滿深情，回味無窮。他還不知道在這片土地上有多少同胞在這裏灑幹血汗和淚水。

3　高令印：《辜鴻銘生平家事考》，《廈門大學學報》1994年「哲學專號」。

辜鴻銘少年時，從他父祖輩口中聽到過一些有關中國人到馬來西亞的古老而神奇的傳說。據說，在很久很久以前，那時這裏還沒有葡萄牙人和荷蘭人的時候，這裏只有印度人在稱霸，拒絕外人上島。後來一隊中國人駕一艘大船來到這裏，船上載著一棵粗壯高大的樹，放著一些生銹的鐵杵，船上的人化裝得鬚髮皆白，浩浩蕩蕩地到檳榔嶼。守在這裏的印度人驚奇地問這些人從哪裡來，船上人回答：「我們是中國的欽差大臣。」印度人問：「中國在哪裡，中國離這裏有多遠？」船上的中國人回答：「有多遠我們記不得了，只知道當初啟程時，我們都是青壯年，現在頭髮都變白了。船上的樹是當時落在船上的一粒種子，現在都長成了大樹，我們用的鐵杵已經鏽成這般模樣了，你說從中國到這裏有多遠呢？」這些印度人非常佩服和害怕，就悄悄撤走了。這是當地流行很廣的傳說，這裏的華僑談起來也引為自豪，為中國人的毅力和智慧而自豪。這種傳說在辜鴻銘幼小的心靈中引起朦朦朧朧的嚮往祖國之情。但他還不知道在那充滿神奇的地方此刻正遭受著西方列強的宰割。

　　東南亞的華僑，不管是農民還是商人，都念念不忘祖國傳統文化，像辜禮歡把兒子辜安平送回國內學習一樣，這些華僑在南洋大多沒有落地生根的打算，與內地常保持密切的聯繫。他們籍貫常常寫大陸祖籍。辜紫雲和布朗因往來經商或公差，常常往返於中國與南洋之間，辜鴻銘幼時在大陸和臺灣不少地方小住過，據有關辜鴻銘的傳記材料可知，他少年時在香港短期學過英文，在廈門進過教會學校，在廣州、臺灣都住過。他有時也對人說他是臺灣人，他在臺灣肯定住過一段時間且比較熟悉。王國維在1917年12月21日《致羅振玉書》中曾

說「辜氏貧不能自存，擬往臺灣依其族人，大樹（指馮國璋）遣人留之」可證。

大約在1867年，布朗夫婦離開了馬來西亞，把牛汝莪膠園全權委託給辜紫雲代管，並徵得辜紫雲同意，把辜鴻銘帶到蘇格蘭。從此，辜鴻銘在英國接受正統、全面的歐洲式教育。

1.2 時代與背景

歐洲在經歷了14—17世紀的文藝復興運動之後，資本主義得到極大的發展。隨著資產階級工廠手工業的發展繁榮，工廠手工業者要求經濟上有自由平等的競爭，同時資產階級也渴望改革傳統經濟政策，提高自己的政治社會地位，這同君主專制、貴族特權的矛盾激化，因此在17—18世紀中葉又掀起啟蒙運動。為期百年的啟蒙時代，歐洲各國首先是法、德、英等國的思想家，倡議理性主義，普及自然科學的研究成果，宣揚自由、平等、民主和法制思想，反對封建制度和宗教迷信，要求建立一種新的社會制度。啟蒙思想家們用理性進行思考與判斷，用科學的態度解釋自然和社會現象，把理性當作反封建反蒙昧的武器和一切現成事物的最高裁判。正如恩格斯所說：「他們不承認任何外界的權威，不管這種權威是什麼樣的。宗教、自然觀、社會、國家制度，一切都受到最無情的批判；一切都必須在理性的法庭面前為自己的存在作辯護或者放棄存在的權利。……以往的一切社會形式和國家形式、一切傳統觀念，都被當作不合理的東西扔到垃圾堆裏去

了。」[4]其中最突出的，一是反對宗教蒙昧主義，宣揚理性與科學。啟蒙思想家認為社會之所以不進步，一個重要的原因是宗教勢力特別是天主教對人民精神的長期束縛。他們宣稱，人的理性是衡量一切判斷一切的尺度，不合乎理性的東西如神學—基督教就沒有存在的權利，應該打倒。二是反對封建專制，宣揚民主與法制。他們舉起「民主」與「科學」、「自由、平等、博愛」的旗幟，宣揚「天賦人權」，認為每一個人都有其不可侵犯的權利，思想言論自由，准予人民參與政治，政治上三權分立，法律面前人人平等。啟蒙主義思潮的狂飆席捲了西方各國，尤其是英、法、德等國，從宗教、哲學、倫理學、經濟學、政治學、史學各個領域向封建社會發難。這對資本主義的大發展起了極大的推動作用。

在這個時期先後發生四次資產階級革命：即1566—1609年的尼德蘭革命，英國17世紀中期的資產階級革命，1775年的美國獨立戰爭和1789年的法國大革命。英國的資產階級革命把國王查理一世推上斷頭臺，逐步確立了君主立憲制；法國革命不僅摧毀了法國的封建制度，也震撼了整個歐洲的封建統治。馬克思說：「1648年的革命和1789年的革命，並不是英國的革命和法國的革命，這是歐洲範圍內的革命。它們不是社會中某一階級對舊政治制度的勝利，它們宣告了歐洲新社會的政治制度。」[5]

這些新建立起來的政權為歐洲的工業革命奠定了社會經濟基礎。

4　《社會主義從空想到科學的發展》，《馬克思恩格斯選集》第3卷，人民出版社，1972年版，第404、405頁。
5　《資產階級和反革命》，《馬克思恩格斯選集》第1卷，人民出版社，1972年版，第321頁。

英國在資產階級革命後，議會通過了大量圈地的法令。圈地運動在18世紀末、19世紀初對拿破崙戰爭的年代達到高潮，對農民土地的剝奪是原始積累過程的基礎，大批被剝奪了土地的農民成為雇傭工人。從17世紀下半期，在佔領市場的同時，英國積極地把魔掌伸向亞洲、美洲和非洲，從事殖民戰爭和殖民掠奪，採取直接掠奪、種植鴉片、販賣奴隸和推行奴隸制度等手段牟取暴利。由於市場的擴大和競爭的加強，資本家日益增長的利潤欲望，迫切需要大機器生產。英國擁有當時歐洲最先進的手工工廠，工廠有精密的分工，為工業革命準備好了熟練的機械工人。於是從18世紀60年代開始，英國進入了工業革命階段，從這時起出現了一系列的科技發明，發明促進發展，輕工業方面，紡織機不斷推陳出新。到1782年機械修理工出身的詹姆斯‧瓦特製成了複式蒸汽機，解決了所有機器的動力問題，具有巨大的歷史意義。蒸汽機被廣泛用於生產，使生產衝破自然條件的限制，把動力機、傳動機、工作機組成機器系列，加速了工業革命的進程。與機器有關的冶金和採煤工業也應運得到發展。19世紀最初的三十年間，輪船（1780年）、火車（1814年）、鐵路（1825年）相繼在英國出現，從而使交通運輸業發生根本性的革命。火車開闢了陸上交通的新紀元，形成了水陸交通網。大機器工業使生產規模越來越大。工業革命帶來了巨大的經濟成果，由於技術的提高，英國工人每個工作日的生產率提高了20倍。1850年英國占世界工業總產值的39％，占世界貿易總額的21％。英國國內的經濟不斷地發展壯大，形成了許多新的工業中心。原來經濟落後、人煙稀少的西北地方也崛起了，如曼徹斯特、伯明罕、利物浦、格拉斯哥等地都迅速地發展起來。

在整個歐洲，科學技術得到了全面發展。1842年德國科學家羅・邁爾研究了機械運動轉化為熱能的問題。英國科學家焦耳精確地測定了在機械、電、熱等不同能量形式之間的轉化，提出能量守恆定律，「揭示了熱、機械、電、化學等各種運動形式之間的統一性，達到了物理科學的第二次大綜合」。[6]19世紀後半期，英國的法拉第和麥克斯韋揭示了光、電、磁現象的本質統一，發明了發電機，電力應用是近代以來第二次技術革命的主要標誌。德國從這個時候起，充分利用英法的科技成果，加上普法戰爭中獲得的賠款，雖然起步晚，但發展速度卻極快，在英法各國科技成果的基礎上發展新興的電氣、化學及機械工業。19世紀的後五十年，德國取得的重大科技成果要遠比英、法、美多。現代化工業的發展為歐洲帶來了世界上空前的繁榮與強大。

辜鴻銘隨布朗來到這個世界上當時最先進強大的國度，成為蘇格蘭的一名亞裔公民。這裏先進的科學技術、發達的社會經濟、高度的物質文明，與南洋殖民地社會的落後不啻天壤之別，對辜鴻銘來說無疑進入了另一個世界。辜鴻銘與布朗一家生活在一起，布朗是一位很有教養的牧師，一位文質彬彬的紳士，也是一位大富翁。作為其養子，辜鴻銘的生活、享受以及受到的教育是很優越的，與當時的英國貴族一模一樣，他以此自稱「假洋人」。

辜鴻銘在繼南洋所受啟蒙教育之後，進入了蘇格蘭公學繼續學習，接受完全西方式的教育，這所貴族學校為他以後的人生之路奠定

6　　錢三強：《科技發展的簡況》，見《科壇漫話》，知識出版社，1984年版，第78頁。

了基礎，對他人格的形成起著重要的作用。西方的紳士教育對於他熱愛正義、反對武力有著巨大的影響。例如蘇格蘭公學的兒童們在遊戲時，有一套遊戲的規則，要講究公平、正義、人人平等，不准合夥鬥毆，哪怕是學校裏最頑劣的差生，在人格上也同別人一樣平等，別人不能欺負弱者，幾個人聯合欺凌弱小，即使戰勝了，也遭到別人的白眼。[7]但這在南洋華人兒童中卻沒有這種良好的觀念，不說兒童，即使南洋的成年華人也往往缺乏這種觀念。團結觀念淡薄，同是華人勞工，卻不能一視同仁，海峽殖民地的華人自恃優越，不甘與其他馬來西亞華僑為伍。這對辜鴻銘是一次人格上的觸動。他在西方看到，這些被中國人視為蠻夷之邦的西方人，其實非常文明，不管到哪個大戲園裏，總是很乾淨、整潔，坐客近萬人，也肅然無聲，人與人之間很講究禮儀。這些也與華人的舉止囂張、語言粗鄙形成顯明的對比。郭嵩燾當年出使西洋，見各國風俗之整齊，大歎「孔孟欺我也」。辜鴻銘後來也得出結論：「由此觀之，中國比西洋各國之有教無教即可概見也。」[8]

但是在這個高度物質文明的國度裏卻蘊含著深刻的文化危機，社會的大工業化破壞了人與人之間自然的關聯性，現代化帶來了社會規範的逐漸崩潰。當然，這些抽象的內容對於一個不更世事的少年來說還沒有切膚的感受，如同西方本土生長的少年一樣，僅對這些外表事物好奇，看不出這些花花綠綠的背後隱含的意義。他走在蘇格蘭的都市街道上看到衣服華麗、花簇綴冠的「貴人」與衣著樸素的「僕人」

7　《讀易草堂文集・義利辯》，《辜鴻銘文集》，嶽麓書社，1985年版。下同。
8　《張文襄幕府紀聞・上流人物》。

同乘一車，驚奇自己見到「貴人」，並為布朗先生述其狀，哪知布朗說：「汝誤矣，彼冠簪花衣金縷衣者，僕也；服舊服者，此僕之主，貴人也」，「凡貴人欲觀人者也，故衣樸素；賤者欲取觀於人也，故衣華麗。汝謹志之」。[9]在這些小小的事例中，逐漸培養了辜鴻銘的個性。

蘇格蘭公學畢業後，他又考入愛丁堡文法學校，學習初等課程。這個中等學校對於拉丁文、希臘文以及英國古典文學的教授都十分認真而徹底，對學生要求相當嚴格。因此，辜鴻銘在這些課程尤其是英國古典文學方面具備了雄厚的基礎，對他這樣一個在西方成長的青少年來說，中國傳統文化和語文知識幾乎為零，又處在可塑性極強的年齡，所以，他這時的思想、知識、人生觀、價值觀等等，可以說是完全西方式的。與其說他是中國最早接受完全西方教育的留學生，倒不如把他歸為一個純西方的學者更為貼切。這樣說的目的，是為了在下文更清楚地表明他是如何從西方思想的坐標系中發生一百八十度的轉變投身中國傳統的，也可以看出傳統中國文化的同化力，以區別於那些把他籠統地歸為「守舊」或「頑固派」的簡單化批評。

在這一段時間的學習中，辜鴻銘的思想還沒有形成，也許是文獻不足徵的緣故，沒有更多的材料來勾勒出他最初的思想胚胎，但是有一點是可以完全肯定的，那就是他對宗教的崇拜。從多種材料跡象表明，他的父親辜紫雲極可能是一個基督教徒，至少是對基督教有堅誠的信仰，而他的養父布朗先生又是一個雲遊世界傳教佈道的牧師。在

9　《張文襄幕府紀聞‧上流人物》。

這樣的家庭環境中耳濡目染，他從小就熟悉基督教《聖經》，基督教對他有很大的影響，他後來對西方的一切東西無不抨擊，唯獨基督教例外。他正是出於對宗教的崇拜，當他發現基督教在西方現代化的過程中已經無法克服和制裁歐洲人的性情時，才轉入儒家文化（辜鴻銘把它作為一個廣義上的宗教）。他一生對《聖經》有很高的評價。他認為，希伯來《聖經》是建設現代歐洲文明的計畫，要人愛護正義。他後來在《春秋大義》中還把《聖經》作為與中國文學一樣是世界上最優秀的文學範本。「要具有中國文學這種意念—在極其簡單的語言裏富有深邃的思想和深邃的感覺—你非要讀希伯來的《聖經》不可，在世界文學中，希伯來《聖經》是最有深度的幾本書之一，然而語言文學上卻又那麼平易簡單……真的，假如你要獲得能夠變化氣質、美化人生的文學，你一定要親嘗希伯來文學或是希臘文學，或是中國文學。」[10]

當然，這些都是後話了。

1.3　反現代化思想的初步形成

14歲那年，辜鴻銘從蘇格蘭到了德國，他父親的一位英國朋友把他帶到柏林家中住下。[11]在他的恩公的教育下開始學習德國文學。他

10　《中國的語文》，見《春秋大義》（*The Spirite of Chinese People*），1915年，Peking。
11　兆文鈞：《辜鴻銘先生給我講述的往事》，載《文史資料選集》第8輯，中國文史出版社，1986年版。這篇文章，有人懷疑為偽造，見陳勇勤：《辜鴻銘往事辨偽》，《福建史志》1993年第3期；朱維錚：《辜鴻銘生平及其它非考證》，《讀書》1994年第4期。懷疑辜氏參加《辛丑合約》的情況不可靠。但作為回憶錄，有關辜氏在西方生活的經歷及思想的變化，還是可信的。如此文中所講背誦歌德《浮士德》，在民國間鎮岳著《辜湯生外傳》中說辜氏「最專著戈德之詩，

首先學習的是《浮士德》。他的恩公說：「我們西方有神人，沒有聖人，神人生而知之，聖人學而知之。只有歌德是文聖，毛奇是武聖。這本書就是歌德的名著—《浮士德》。要想把德文學好，非把這本書背熟不成。讓我說一句，你背一句試試。」恩公便指手畫腳地說一句，辜鴻銘便學著他的姿勢，邊比畫邊說。辜鴻銘對這高深的德文名著並不懂，恩公對他說：「沒關係，只求你說得熟，不求你聽得懂，聽得懂再背，心就亂了，背不熟了。等你把這本書背得—用你們中國一句話—倒背如流—我再講給你聽。」這樣，如同念咒一般的機械地模仿背誦，這樣堅持了半年多。辜鴻銘提出來：「《浮士德》我背得夠熟了，給我講講吧。」他的恩公卻說：「夠熟不成，越熟越好。等過半年或一年後，我再給你講。越晚講，瞭解越深。經典著作與一般著作不同，一般著作誰都一聽就懂，經典著作誰也不能一聽就懂。何況你的德國語言文學基礎還不夠用呢，別急。」又說：「數學、物理、化學好懂，讓我先教你數學，然後再教你物理和化學。」又說：「我計畫讓你在德國學科學，再送你去英國學文史哲學及社會學。學成之後就送你回中國，你再把中國的經典背得熟熟的，學深學透。然後將中國學術思想與歐洲學術思想融會貫通，得出正確的結論，給人類指出一條光明大道，讓人能過人的生活！要知道，現在歐洲各國和美國都已變成野獸國家，他們仗恃輪船、火車、槍炮，殺人放火，瘋狂侵略別的國家。最慘的是非洲的黑種人，成千上萬地被抓走，當作奴隸賣給美國，美洲的紅種人，快被殺光滅種了，我如有你的聰明，

康得之性理」。後來辜氏曾在德國使館召開紀念歌德演講會上講歌德的詩學。由此知兆文鈞文所述絕非向壁鑿空。從文中的敘述看這裏所述他父親的英國朋友他稱之為「恩公」的當是布朗，但因為缺乏足夠的證據，姑仍按兆文稱「恩公」。

甘願做一個學者，拯救人類，不做一個百萬富翁，造福自己。讓我告訴你，現在歐洲國家和美國都想侵略中國，但是歐洲各國和美國的學者多想學習中國。我希望你學通中西，就是為了教你擔起強化中國和亞洲的重任。」辜鴻銘在背誦《浮士德》之餘，恩公也教他學數學，又專門為他請來一位教授做家教，學習數、理、化理論及實驗課。這樣文、理並學，互相促進。在學習過《浮士德》之後，辜鴻銘談了他的感想：「科學知識是物質世界的變化規律，越研究，越細密，越清楚。文學的知識是物質世界的變化動態，越研究，越渺茫，越渺茫，越糊塗。我看浮士德這個人，不是什麼好人，上帝不應該派天使救他。至於文學詞句的深奧難懂，與科學詞句的顯明易懂，差別就更大了。」這番話令他的兩位老師倒吸一口冷氣，陷入長時間的沉思。

接著，他又正式學習英國文學名著，學莎士比亞的戲劇，隨講隨背，學了一年多，辜鴻銘把莎士比亞的37本戲劇都學完背熟了。他覺得：「莎士比亞反映現實生活，是是非非，清清楚楚，一望而了，但莎士比亞作品比較好懂，《浮士德》不好懂。」這使他的老師大為欣賞，他的恩公說，能背誦英、德這麼多文學經典著作，基礎已牢，將來的造詣成就未可限量。但莎士比亞作品、《浮士德》都是戲劇，還得學散文，從第二天起，開始讀卡萊爾（Thomas Carlyle）的《法國革命史》，要辜鴻銘自學，慢慢讀，慢慢背。第三天，他讀了三頁就哭了。原來因為散文不像戲劇那樣好背。他的恩公告訴他說：「你讀得太多了，每天讀一頁或半頁就成，要熟而不要快；快而不熟，等於沒學。」

辜鴻銘不久考入了德國柏林的一所學院攻讀哲學。[12]可能在差不多的時間裏或稍後，他還進入了萊比錫大學讀工科，[13]因為他的數學基礎好，家中又有專門教授指導，因此，功課幾乎沒費一點勁就很順利地通過了。使他最苦惱的不是功課，而是讀《法國革命史》。卡萊爾的這本名著對他太有吸引力了，他越讀越愛讀，讀多了就背不熟，他總是控制不住自己。經他的恩公同意，允許辜鴻銘隨便翻閱家中所藏的文學書籍，他涉獵了很多內容，由於他的雄厚的知識和傑出的語言天賦，有些書籍、文章，不求背熟，反而背得很熟。據淩叔華說辜氏在古稀之年仍能完整地背誦多種西方名著（《檳城》），這與早年打下的基礎大有關係。

　　四年後，他從柏林大學畢業了。他的恩公從海外歸來為他祝賀，帶他到巴黎觀光，然後帶他到倫敦。辜鴻銘曾到牛津大學念讀一段時間哲學，[14]後又正式轉到愛丁堡大學，[15]去拜謁大學者湯瑪斯・卡萊爾，從此他又成為他最崇拜的卡萊爾的弟子。辜鴻銘是我們所知道的中國唯一的卡萊爾的入室弟子。卡萊爾對辜鴻銘說：「世界已經走上了一條錯誤的道路，人的行徑、社會組織—典章、文物—是根本錯誤的。」他又說：「人類的一線希望，是中國的民主思想，可歎！據我

12　毛姆《辜鴻銘訪問記》中，辜鴻銘對他說：「你曉得我是在柏林得到哲學博士學位的。」
13　趙鳳昌《惜陰雜記》：「湯生曾出奧國工程師文憑。」奧國實為德國之誤。
14　毛姆：《辜鴻銘訪問記》，載《辜鴻銘傳記資料輯》，臺北天一出版社出版。
15　一般認為辜鴻銘在愛丁堡文法學校畢業後，即考入愛丁堡大學，四年後獲得碩士學位，然後再到德國、法國留學，這與史實不符。辜鴻銘在愛丁堡大學獲得碩士學位時間是1877年，時年二十一歲。他十歲左右入蘇格蘭，緣何二十一歲始獲愛丁堡大學文憑？中間十一年時間在哪裡學習？合理的解釋是他回憶錄自敘：在德國學科學，再送去英國學文史哲及社會學。他對毛姆也是說在德國柏林得到哲學博士，然後到英國牛津念書一段時間。他對日本清水安三也說：在德國學了工科，在英國學了文學，學成回國的時候正好二十一歲。可為證。

所知，民主思想，在中國始終沒有實現。待傳播到歐洲而後，掀起了法國大革命，又好像一根火柴一陣風吹滅了，徒有民主制度，沒有民族精神。」辜鴻銘進入愛丁堡大學時，卡萊爾年事已高，不能登臺給學生講課，由其大女兒代講，他坐在講臺旁聽著，有時卡萊爾登臺作總結和回答問題。恩公在愛丁堡住了三個月，辜鴻銘每晚隨他到卡萊爾家中請教，聽他們父女講話。在三個月時間中，卡萊爾父女解答了上百個問題，遍及文史哲社會科學各方面。他的恩公臨走前告訴他說：「你們中國有兩句話，『盛世難逢，名師難遇』，自從有人類社會到現在，還沒有逢過盛世；可是，你遇見了名師。」「我知道，你不定還要哭多少次。你哭吧！等你眼淚哭夠數了，你的學習就夠份了。」又說：「天地間，沒有不費吹灰之力就能獲得的學問，沒有不費吹灰之力就能做好的事情，何況學通中西、拯救人類的大事業呢。」

辜鴻銘在這裏所修的主課是英國語言文學，但他同時又兼修了拉丁文、希臘文、數學、形上學、道德哲學、自然哲學和修辭學等許多課，這些課一半是由於他的愛好和在柏林打下的廣博而深厚的基礎，一半也是學校裏的規定。因為凡是肄業愛丁堡大學而欲攻讀文學碩士學位的，必須通過其餘各科的考試方能畢業。在辜鴻銘，由於受他的恩公治學的訓練，任何學問都要求熟透甚至背會，要學這麼多內容又要達到那種熟練程度確實需要一種毅力。

據說，在愛丁堡時，每個星期日，輒挾鉛筆入藏書樓讀書，凡遇到外間看不到的孤本秘笈，即以鉛筆抄錄，數年之間竟抄書數十種。

因此西人每畏與他談話，因有不少書別人未嘗寓目。[16]他說：「我學習希臘、拉丁文文史哲名著，吃不消了，我堅持背下去。說也奇怪，一通百通，像一條機械線，一拉開到頭。後來，不但希臘、拉丁文，其他各國語言、文學，一學習就會，會就能記得住。」

他憑著自己的語言天賦通過了所有課程的考試，獲得了愛丁堡大學的文學碩士學位。在愛丁堡大學畢業前半個月，他的父親辜紫雲去世。辜紫雲臨死前致函他的恩公（時恩公在柏林家中），要他保守秘密，不要告訴兒子，叮囑等辜鴻銘在歐洲學業完成後再說，免得兒子因回國奔喪而輟學。

辜鴻銘畢業後，又被恩公送到法國巴黎，入巴黎大學學法學和政治學。恩公在巴黎給他租了三間很好的宿舍，這三間房是恩公徵得巴黎一位名妓的同意，從名妓的住宅中讓給辜鴻銘的。恩公要辜鴻銘住在這裏，不僅要學習書本知識，還要接觸上層社會，瞭解人生，他不是要辜鴻銘做個于連・索賴爾那樣的人物，而是要他看清西方社會所謂「進步」、「文明」、「民主」的實質。恩公對他說：「倫敦、巴黎、華盛頓、紐約是世界上強盜的大本營，什麼英皇、英後、法國總統、美國總統，他們都想掠奪世界的資財，奴役世界人民，包括本國人民。我特選這個住處讓你住，是因為只有在這個住所中，你才能見到大批形形色色的強盜，前來拜倒在這位名妓—不—聖母的裙下。只有在這個住所中，你才能徹底瞭解人生。」

一天，卡萊爾的老友、法國巴黎大學某教授到辜鴻銘這裏，對他

16　《辜鴻銘》，《人間世》1924年12月20日。

說：「你們中國的《易經》是最有價值的經典，可惜我不通中文，這是我終身的遺憾。我所讀到的是一些法文和拉丁文翻譯片斷，雖然不全面，未能將《易經》的真價值全盤托出，但是已經感到《易經》哲學光芒萬丈，炳如日月星辰！你只通西學不成，歸國後要深入研究《易經》。」他又說：「人最大的罪惡就是自欺……黑格爾就是一個自欺的學者。他的論理學就是根據《易經》『是故易有太極，是生兩儀，兩儀生四象，四象生八卦，八卦成列，象在其中矣』寫出的，他竟攫為己有，說是他自己的發明創造，又掉過頭來，批評《易經》理論不值一文錢，賣弄他自己的著作。我希望你到我家去閱讀那些譯文，有的詞句很明顯，沒有問題；有的詞句很模糊，可能是翻譯的人未能徹底瞭解原文，問題很多。我們可以討論討論，等你歸國深造時，也會起到一些作用的。」[17]這是他一生最愛讀《易經》，並自稱漢濱讀易者的最初緣由。

　　辜鴻銘在歐洲求學的時代，一方面是歐洲英、德、法經過工業革命，社會現代化空前高度發達的時候，另一方面，也是反現代化思潮最為風靡的時候，正是在這個社會環境中，在反現代化思潮的哲學家的影響下，辜鴻銘形成了文化保守主義的思想。

　　在工業化以前的社會裡，人們與生產過程有著自然的關聯性，人是生產的主人，參與生產的全過程。隨著工業化程度的提高，為了提高效率，分工越來越細密，專業化越來越深進，人們不再是機械的主人，而成為機器的附庸，或者說是受害者。人與自然被無情地分離開

17　兆文鈞：《辜鴻銘先生對我講述的往事》。

來。工作過程變得越來越單調，工人們不像前現代社會裡的人那樣個性能得到全面的發展，而是被剝奪了全面發展的機會，除單調枯燥的工作，其他的能力和個性日益萎縮。

人的改變也導致了社會人際關係以及社會倫理規範的崩潰。在前現代社會裡，雖然生產力相對較為低下，但不以生產力為唯一的衡量標準，而以道德原則為人與人之間的關聯。建基於人與人道德關係之上的社會規範有其穩定的秩序。自啟蒙運動和工業革命之後，這種等級制度和家長式的統治秩序被打破，人得到解放、自由，人與人之間獲得平等，每個人都有其天賦的人權，這是進步的。但同時，這種進步又是以放棄傳統的人與人之間、人與社會之間的道德關係為代價的。人與人之間喪失了道德的義務與情感，日益變得單單靠經濟利益而維繫，社會的倫理規範也徹底瓦解。

人們由於分工而失去以往的道德上的關聯，由於競爭而產生焦慮感，失去以前的那種田園或牧場、作坊式的寧靜淡泊；由於競爭而出現暴富與赤貧，無產者與資本家貧富差距愈拉愈大。正如上文所說，現代化的發展以啟蒙運動為其理論上的發源。啟蒙思想家對封建制度和宗教神學進行全面而猛烈地批判，他們宣傳民主與法制，批判封建專制和等級制度對人們思想自由的扼殺，提出天賦人權，法律面前人人平等。把長久以來統治西方思想的宗教神學斥為愚昧主義，宣稱理性是衡量一切判斷一切的標準，唯有科學才能使人增長知識，獲得進步，基督教神學應當被扔進垃圾堆裏去了。伏爾泰的「天賦人權論」，孟德斯鳩的「三權分立」學說，盧梭的「社會契約論」成為歐洲反封建、反對神學的指導思想。18—19世紀英、德、法的工業化發

展便是啟蒙思想家勾畫藍圖的實施與實現，雖然工業化的發展帶來了科學技術與社會物質文明的高度發達，社會生產力突飛猛進地發展，人們也從封建專制中得到解放，但是這一切都以犧牲傳統的道德關係和社會規範為代價。大工業生產的後果使人們越來越感到精神的危機和社會文化危機，這些後果使不少人甚至有些激進的啟蒙思想家們也感到失望。

早在啟蒙運動時，就有一些思想家對此表示憂慮，到後來，現代化步伐在歐洲全面推開時，文化保守主義思想家們更是從理論和實踐上對現代化進行批判和抵制，形成一個持續的浪漫主義運動。早期歐洲反現代化思想家，主要有德國的哈曼（Johann George Hamann）、謝林（Frederick von Schelling）、赫德（J. G. vonHerder）和穆涉（Justus Moser），英國的柏克（Edmnund Burke）、科柏特（William Cobbett）、柯勒律治（Samuel Taylon Coleridge）、浪漫詩人如華茲華斯（William Wordsworth）、布萊克（William Blake）、雪萊（Percy Bysshe Shelly）、騷狄（Robert Southey）等以及法國的「復辟論者」。[18]當辜鴻銘在此求學時，正是文化保守主義思潮興盛時期，第二代的浪漫詩人如納斯欽、愛默生、阿諾德、紐曼、卡萊爾都給予辜鴻銘以深刻的影響。這對形成辜氏獨特的思想起著第一步的作用。我們試以這些西方思想家的論點來看辜鴻銘早期思想的概貌。

所有以上的思想家們對歐洲現代化的結果不是心懷疑慮就是徹底反對。浪漫主義詩人柯勒律治、華茲華斯、雪萊對現代社會那些無知

18　這一節主要參考〔美〕艾愷（Guy. S. Alitto）：《文化守成主義論》，臺北時報出版公司，1986年版。

而又自私自利的「機械人」有一種近乎本能的厭惡，他們對功利個人主義、庸俗的商業化人生，把所有的人類關係簡化為金錢關係痛心疾首，他們認為現代社會是違反自然的，它造成了嚴重的社會惡果：一是貧富懸殊；二是普遍的道德敗壞，個人主義的自私撕了社會的經緯。正像辜鴻銘師事的卡萊爾的那句名言：「現金交易是唯一的聯繫。」卡萊爾否認在現代社會下，貧富懸殊的社會問題能通過社會福利而消弭，因為社會福利是根本不能僅僅由外部社會立法而達到。這一點也許當時的辜鴻銘由於其社會閱歷和感受的原因可能不是太深，但歐洲現代社會群起瓜分亞洲、非洲的罪惡現實他確是有刻骨體會的。卡萊爾對他說─世界已經走上了一條錯誤的道路；恩公對他說「歐洲各國和美國都已經變成了野獸國家」；因此，他也本能地感到這個社會的危險性。

那麼如何拯救這個走入歧途的社會呢？現代化是整個世界大勢所趨的潮流，不是這些思想家憑他們的大聲疾呼所能阻止的，他們在不斷地批判之餘，也要考慮如何用一種方式來減輕或消除這個歷史車輪所軋過的破壞性的印痕。作為從整體上統治社會的封建君主制在實質上名存實亡甚至成為斷頭臺上招不回的迷魂，只能靠重建以往的倫理道德來改善現代化條件下人們的赤裸裸的金錢關係，然而建於封建社會基礎之上的倫理道德已失去存在的權利與基礎，這些道德就必須由宗教的神秘紐帶聯繫起來。但宗教神學被啟蒙思想家批得體無完膚，在理性與科學的挑戰面前敗下陣來。啟蒙思想家仿佛是個解剖家，把宗教信仰解剖成一個一個的零部件，以前那個有生機的（儘管不那麼令人滿意）充滿神秘色彩的宗教被理性與科學這把犀利的刀肢解開

來；他們又像化學家那樣——作試驗，驗證這每一部分是否合理。這當然是一個科學的態度，但問題是這種科學的、靜態而特殊的分析，然後把有益於現代社會的內容加以綜合，是否就能構成一個有機的社會？社會文化不是傢俱，可以分解拆卸再行組裝，這樣必然損害其整體的生機。文化保守主義思想家們意識到了這一點，要尋找出一種建立有機社會整體的方法。他們不約而同地找到了回擊現代化理論家的武器，那就是「直觀」、「全盤印象」、「民族精神」等。哈曼用啟蒙思想家休謨（David Hume）的觀點來攻擊啟蒙運動。啟蒙思想家嘗試將他們的哲學建立在無可否認的理性與科學的真理之上，大談純理性，但在哈曼看來，所有的真理只是特殊性的而不是普遍性的，要顯示任何事物的存在，理性有其重要作用，不過它只是將資料排成一個模式，作為便於分析分類的工具，和現實的存在並不相應。哈曼認為：所有的知識與信仰最終要建立於對直接感受的基本材料的熟悉上。人的信仰尤其是宗教信仰正如人的味覺與感官一樣，是一種精神體驗，基本材料所需證據非常少。對他們來說，宗教不是科學和三段論，而是人的本性在情感上的表現，是精神信仰。啟蒙思想家所謂的理性概念，在自然科學上可能有用，但對宗教信仰卻是完全不夠的，無論用如何準確的概念也無法使人瞭解一種人類或文化的精神。與此相近，謝林提出「直觀」論，現實是一個處在不停流轉中的整體，要瞭解它只能用「直覺」的力量，啟蒙思想家的知識性思考認識只是機械性的拆卸分類實驗，而靠人的能動性的「直覺」接觸到的卻是全體，一個不斷流轉的渾然整體。「直覺」與穆涉所謂的「全盤印象」差不多。而到後來法國柏格森（Henri Bergson）經過一番總結，以他的生機論集其大成，成為亞洲反現代思潮常援引的權威理論。當然幸

鴻銘沒有這種細入毫芒的思辨，他和其他浪漫詩人一樣，全憑自己的直覺，對宗教—基督教有一種熱誠的信仰，英國哲人柏克曾說過，基督教的價值不但對英國人，對全人類也是恒常而普遍適用的。他們之所以這樣抬舉宗教，無非是要在理性主義的破壞下，賦予道德以不朽的宗教理念以及形而上的尊嚴，使道德成為人們的精神信仰。辜氏與這些思想家相比更具有浪漫詩人的氣質，雖然在哲理思辨上沒有如此深入。在第一代的浪漫主義思想家中，對宗教遭受到批判理性主義的批判還未特別關心。但第二代思想家中，再也不相信宗教及其絕對價值能在這種批判下不受侵犯。牛津天主教大主教紐曼（John Henry Newman，1801—1890）為了維護宗教的傳統精神而發起的牛津運動，給辜鴻銘以極深刻的印象，成為他後來比較中西而作的《中國牛津運動故事》的最初動機。但由於啟蒙運動之後，宗教受到了廣泛的懷疑，因而造成人們對宗教信仰的冷漠。基督教一度令人信服的證據如上帝的存在等，被休謨並被康得從根本上加以否定，因此，基督教面臨著生存的危機，它的那些教士都試圖把浪漫主義的文學應用於神學方面，用能夠激發人們想像力的觀點來表達自己的信仰，新一代的辯護者由於受到對歷史發展意義的發現，或由於受到謝林和黑格爾所宣揚上帝存在於宇宙萬物之中的思想影響，力圖表現宗教不是已經過時的迷信，而是生活的表現，它與人們的心靈與美好的社會生活是不可分割的。教義不是新教的《聖經》或天主教傳統中一成不變的永恆主張，而是歷史中前進和發展的啟示。

通過浪漫主義，宗教找到了新的辯護者，許多浪漫主義者在天主教中找到了表達想像力的象徵，也為啟蒙運動所壓抑和大革命的災難

所激發起來的感情找到了宣洩的出路。夏多勃里昂《基督的真諦》把天主教義描繪成神秘、美好、富有愛心和詩意的活生生的宗教，是歐洲文明和藝術的源頭。他對宗教的信仰不是出於理性與推理，而是出於性格與感情：「我痛哭後便相信了。」傳統主義者如博納爾、德‧梅斯特爾和拉梅內等著意闡明宗教的價值觀念而不是它的真理。他們宣稱天主教對社會是必不可少的，世俗權威只能影響人的外部行為，而天主教卻能觸及人們的內心意志，在一個被啟蒙運動的自由主義和激進主義大革命的無政府狀態弄得支離破碎的社會中，天主教提供了道德和政治義務的基礎。

德意志在重建神學方面作了比較大膽的嘗試，湧現許多試圖為羅馬天主教提供更為牢固的思想基礎的學者，其中較正統的是蒙斯特、蘭茨胡特和慕尼克大學的天主教浪漫主義者的團體。在1830年慕尼克大學已擁有歷史學教授格雷斯特、思辨神學教授馬德爾、宗教法和教會史教授多林格爾，對羅馬天主教神學發展最具影響的蒂賓根大學天主教神學系，在那裏，受謝林影響的J. S. 賴德和《象徵主義》（1832）的作者J. A. 穆勒提出有關教規和教義發展的一套理論，成為紐曼理論的先驅。

到1830年，英國國教（聖公會）的統治地位已大為削弱，但是由於「英國是一個基督教聯邦」（伯克語），「教會與國家的自由結合」，英國的政治家們不論是輝格黨還是托利黨，都把教堂看做是英國政體的一部分。但是對將聖公會定為國教的異議越來越強烈，不信奉國教的人越來越多，這些所謂的「二等公民」儘管他們的理論不那麼深刻精細，但粗魯的講道卻打破了聖公會各教區沉悶的空氣，雖然他們爭

取到一些承認，但他們仍被排斥在牛津大學和劍橋大學之外，由教區牧師主持葬禮和婚禮，並向教會納稅。在這種情況下，不信奉國教者仍向聖公會爭奪勢力，爭奪對教育的控制權。到了1831年，對國教的攻擊達到了頂峰，反國教的人勢力很龐大，不信奉國教者、憲章派，功利主義者J. A. 穆勒的理論以及愛爾蘭的不願向外來教會繳納十一稅的天主教徒。[19]

紐曼（John Henry Newman，1801—1890），英國哲學家神學家，生於倫敦，1820年畢業於牛津三一學院，同年脫離英國聖公會，後來成為羅馬教會信徒。回國後，在英格蘭建立奧拉托利會，又任教柏林的愛爾蘭天主教大學教區長，一生中絕大多數時間都在英格蘭進行宗教和教育活動，1879年利奧十三世授予他紅衣大主教職位，紐曼被稱為天主教現代主義運動之父。他曾與基布耳、弗蒙德等人一同發起牛津運動，並親自撰寫《時代書冊》內容多種。牛津運動是1833—1845年英國國教會（聖公會）內強調聖公會公教性的宗教復興運動，旨在抵抗低派教會的自由主義的傾向，提倡恢復17世紀傳統的高派教會特點。面對現代化思潮在宗教界的挑戰，紐曼、弗洛德、凱布勒、皮由茲等提出改革聖公會，加強聖公會的公教性，保持其對教育的壟斷地位不受影響，認為必須繼承「使徒統緒」，堅持以《公禱書》作為信仰和崇拜意識的準則。在教義和禮儀方面，他們竭力謀求介於天主教與新教之間的中間路線，保持安立甘宗的特點，避免世俗權力干涉教會。弗羅德甚至主張恢復公教會各種傳統習俗，如禁食、懺悔、教士獨身、隱修、尊敬聖徒等。《時代書冊》的90種中，有23種為紐曼所

19　《新編劍橋世界近代史》第九卷第六章，中國社會科學出版社，1992年版。

著。1841年他在第90號書冊中完全以天主教觀點解釋英國國教會的《三十九條論稿》，在運動內部引起爭論，1843年紐曼退出領導層，並和其他成員於1845年改宗天主教。牛津運動失敗標誌著傳統道德的崩潰。

道德在人身上最直觀的體現就是教養。在道德規範崩潰的現代化社會裡，要想挽回頹波，教養不可等閒視之，正如柯勒律治所說：「文明的本身是一個混合體……如果文明不是植根於教養，不建立在作為我們人性的特色的種種能力和品質的協調發展之上，它就成了敗壞性的影響，病變的燥熱，而不是健康的發展。」[20]在他看來現代化的後果可以通過「教養」教育來彌補，用教育來作選擇與重塑，柯勒律治提倡設立「鴻儒院」，卡萊爾主張建立「有機的文士階級」都是一樣的目的。

在只有金錢崇拜而喪失信仰的現代社會裡，就是要使人們知道除了個人金錢之外還有人類的正義，除個人的權利之外尚有社會的義務，除了平等自由之外，還有人群的相互關懷，一句話：除了自己之外，知道有他人、有社會。他們弘揚宗教精神，捍衛宗教的傳統目的即在於此。他們捍衛的基督教並不是中世紀那種教父哲學，不是天主教所謂「人得救只能通過教會和教皇才能贖罪」的偶像崇拜，而是經過馬丁・路德改革之後的基督教哲學—「人靠信仰得救」—卡萊爾在《英雄與英雄崇拜》中把路德和清教領袖諾克斯列為他最崇拜的教士英雄，藉以在理性主義的破壞下喚起人們對道德的宗教般虔誠。

20　轉引自〔美〕艾愷（Guy. S. Alitto）：《文化守成主義論》。

卡萊爾對辜鴻銘影響的另一點，是他晚年對君主專制的讚揚。卡萊爾是一個思想極為複雜矛盾的人，他早年時候傾向於反對封建專制，寫了他的代表作《法國革命史》，對法國大革命給予一定程度的歌頌。但是，大革命的怒火在法國全面燃起，憤怒的人民把封建暴君路易十六送上了斷頭臺，緊接著引起全社會的無政府狀態，並且這股革命勢力的影響越過法國成為整個歐洲的歷史趨向。隨之而來的是自由主義、激進主義、無政府主義的高漲，這時他又深感憂慮，尤其是對1848—1849年來勢更大的歐洲革命—這個世界近代史上規模最大的革命運動，卡萊爾是不能容忍的，他便轉向保守和反對。這些無產階級革命的結果雖然失敗，但其意義卻推動歷史前進一步，民主思想得到進一步推進，作為資本家的對立面的工人無產者登上歷史舞臺，並在革命鬥爭中不斷壯大了力量，卡萊爾看這些他所謂的「群氓」的力量將會給社會帶來的危險，他內心潛藏的英雄主義史觀此時變成了對集權的要求，他老調重彈，希望借助於英雄崇拜來鞏固社會秩序。卡萊爾在《英雄與英雄崇拜》中認為世界的歷史就是偉人的傳記，歷史的發展就決定於偉人的意志，偉人是貫徹天命的使者。君主中的克倫威爾、拿破崙，教士中的馬丁‧路德和諾克斯，詩人中的但丁和莎士比亞，文人中的詹森、盧梭、彭斯都是各個領域中的英雄人物。至於一般的社會民眾，只是群氓，應該統一服從於真正英雄的意志。所謂天賦的自由、人權應當以英雄的崇拜與服從為前提，反之，如果每一個人都以天賦人權與自由為理由行事，這個世界必然陷入無政府狀態，對社會無疑是一種巨大的破壞。這些內容，都為辜鴻銘所接受，形成他定型的思想。辜氏在後來對義和團運動的評價中公開讚揚慈禧太后的「雄才大略」，千方百計為慈禧開脫，對立憲議院的反對，就

是一個明證。在第一次世界大戰時，辜鴻銘把大戰的倫理原因歸結為英國的「群氓崇拜」而引起的與德國的「武力崇拜」衝突，這更是卡萊爾論點的中國版。

卡萊爾以及文化保守主義思想家對辜鴻銘思想影響的第三點內容，即國民精神和民族文化主義的確立。國民精神（Spirite of the People）無疑是為了抵消現代社會那種商業人生和功利主義而得到空前弘揚的。這個觀點首次出現在法國思想家赫德的筆下，以後為文化保守主義者所普遍採用。國籍是人類種屬最自然的歷史劃分形式，不同的國家不同的民族，由於其歷史與地理條件不同，形成了不同的文化，也就形成了國民的精神與民族文化上的差異。這正如柏克所說：「一個國家絕非區區一處，或個人暫時結合的東西，而是在時間、空間及數量上的綿延持續，它不是一時、一群人的選擇，乃至無數世代的篩選；由無數特定場合、情況、傾向、癖性，與人民的道德、私人或社會習慣所造成，所有這些只能在極長時間中得以一一顯示。」

但是柏克、卡萊爾以及大部分的浪漫詩人對英國文化及其認定是不甚關心的，這是因為他們身處當時世界上最大的現代化國度，沒有民族的自卑感，也不為英國引進外來文化而產生認同危機。重要的是作為現代化策源地的現代化社會結果使他們產生文化憂患危機意識而尋找出路。

不少人把眼光不約而同地轉向東方的中國，在西方人厭惡了本國工業社會帶來的社會弊端、道德淪失以及戰爭擴張等等之後，東方閉關鎖國、與世無爭、超然世外的中國令他們產生很大的興趣。中國幾

千年來的優秀文化傳統，中國人的優雅、寧靜與謙讓好禮的精神生活，中國社會獨特的穩定，都給西方人士以巨大的吸引力。其實早在啟蒙時代就有狄德羅、萊布尼茨等向西方介紹中國，為後來者描繪出理想中的中國藍圖。啟蒙思想家伏爾泰說：「當我們還是野蠻人的時候，（中國）這個民族已有高度文化了。」他讚美中國的思想與政治：「中國是世界上唯一的將政治和倫理道德相結合的國家」，「中國人是所有的人中最有理性的人」。[21]萊布尼茨認識到中國文化對西方文化發展的重要性，認為它是醫治西方弊病的良藥，他說：「我們從前誰也不相信世界上還有比我們的倫理更美滿、立身處世更進步的民族存在，現在從東方的中國，給我們一大覺醒。」他對歐洲社會發出忠告：「在我看來，我們目前處於道德淪落難以自拔之境，我甚至認為必須請中國派遣人員，前來教導我們關於自然神學的目的和實踐，正如我們派遣教士到中國傳授上帝啟示的神學一樣。」[22]啟蒙思想家以理性的標準肯定中國的儒教，這些當是辜氏傳統思想形成的最早淵源。辜鴻銘所頂禮膜拜的歌德閱讀過拉丁文譯本《大學》、《中庸》、《論語》等中國經典，被稱為「魏瑪的孔夫子」。歌德在《威廉·麥斯特漫遊時代》「教育省」的描寫，就是受孔子「天、地、君、親、師」影響而勾畫的。奇特的是，在文化保守主義的思想家中也有不少這樣的論述，如謝林，他認為「中華民族是一個絕對沒有神話的民族」，沒有一個超驗的上帝，有的只是基於現實的儒教，然而，「從純粹歷史的角度，作為一個國家，中華帝國似乎是一個歷史的奇跡。

21　《伏爾泰全集》第3卷76頁、《伏爾泰小說選》第33頁，轉引自清華大學思想文化研究所編：《世界名人論中國文化》，湖北人民出版社，1991年版。
22　秦家懿：《德國哲學家論中國》，生活·讀書·新知三聯書店，1993年版。

在世界所有的國家中中國是最古老的帝國，它一直保持著自己的獨立，顯示其不可動搖的生活準則。中國雖然兩次被征服（一次是13世紀被西部的韃靼人或蒙古人所征服；另一次被東部的或是滿洲的韃靼人所征服），可是它的宗法制度、道德、習俗、國家機構在本質上沒有改變」。[23]這包括中國的語言、文化，在謝林看來似乎是一個深奧不可解的謎，引起他濃厚的興趣。

我們上文引用的卡萊爾對辜鴻銘的話中可以看到他對中國的某些嚮往，還可以再補充一個例子。卡萊爾在《過去與現在》（Past and Present）把中國皇帝比作主教，「他和他們三億臣民，每年都要去掃他們祖先的墓，這是他們的主要儀式，人人都要掃父母親的墓地；孤獨地站在墓前，無言相對，胸中或是對他們的崇拜，或是其他思想，頭頂是神聖而靜穆的天空，腳底是神聖而寂靜的墓群，還有這個最神聖的墓，只有他自己的靈魂在跳動─如果他有靈魂的話─發出聲響！可能這的確是一種崇拜！確實，如果一個人還不能通過這對永恆有所感受的話─他還須嘗試其他的途徑嗎？」「祭司皇帝」，「他是地球上一個統治者或教士，他作了一個獨創的、系統的嘗試，想獲得我們稱之為一切宗教的最終結果，實際的英雄崇拜」。「他們真正的熱情，盡其所能永無休止地從眾多的百姓中尋找並篩選最聰明的人；是這些最聰明的人、天生的國王統治著這三億人民，上天在某種程度上，似乎的確在幫助他，這三億人民如今還在製作陶瓷、小種毛尖紅茶，還有數不清的其他東西，並且，在上天的旗幟下，與必然性作鬥爭；一

23　轉引自清華大學思想文化研究所編：《世界名人論中國文化》，湖北人民出版社，1991年版，第229頁。

而且，他們不像其他幾百萬人一樣，有什麼七年戰爭，三十年戰爭，法國大革命戰爭，以及相互之間令人恐懼的戰爭。」[24]

在卡萊爾的富有浪漫主義的文筆下，中國具有著非常神秘的色彩，令人嚮往，但對辜鴻銘來說，不僅是誘於其師的描述，而是更決定於他的獨特的生活環境與感受。

辜鴻銘在這十一年的歷程中，遊學三國，由於其出色的語言天賦和接受能力，獲得文、理、工等十多個學位，可以說成績是相當優異的。然而，這些都不能解開他思想的困惑。是的，歐洲的現代化使它擁有世界最先進的科學技術和最發達的物質文明，但卻不能使他看到社會的前途。按理說作為一個落後國家的一員到發達的資本主義國家留學，應當學些先進的思想與技術，以圖報效祖國。辜鴻銘卻不然，和保守主義同時在歐洲興盛的達爾文的進化論學說、斯賓諾莎、尼采的哲學都沒有引起辜鴻銘的共鳴。他與中國其他出洋的人如馬建忠、嚴復不同，對中國的現實急務沒有感受。同時，也證明了毛姆所說的「哲學是一件性格的事情而不是邏輯的，哲學家的信仰不是依照明顯的根據而是依照他自己的氣質」。作為一個黃皮膚的中國人，辜鴻銘無疑是那個時代歐洲種族歧視的對象，儘管他的生活條件是相當優裕，成績也是相當不錯的。他的性格也是在那個時代那個環境下形成的，由自卑而形成自尊、自傲乃至自大，這種近於阿Q精神勝利法的心理，使他選擇了阿諾德、卡萊爾而師事之，而對其他鄙薄中國的哲學家不屑一顧或激烈抨擊。在他日後的論著中，大量徵引阿諾德、卡

24　轉引自清華大學思想文化研究所編：《世界名人論中國文化》，湖北人民出版社，1991年版，第369頁。

萊爾、愛默生的言論，同時也常引用歌德等啟蒙思想家的觀點，個中原因，一半出於理性，一半出於情感。

然而，他所心儀的中國文化的內涵究竟是什麼？中國文化的弘揚能不能拯救西方社會的危機？如何以中國的文化和民族精神來拯救危機？在這時的辜鴻銘實在還不甚了了。

第二章

在傳統文化中尋找出路

2.1　回歸東方——馬建忠改變了他的一生

光緒四年（1878），辜鴻銘結束了他十幾年的留學生涯，首途由歐洲返回檳榔嶼，不久即奉派到新加坡海峽殖民政府工作。[1]

辜鴻銘去歐洲留學的原因，在當初少年時的他，可能懵懵懂懂，無所謂什麼目的的。但在他的父親卻有其意圖。他的祖輩，作為華僑移民，由社會最底層的勞工到當地貴族，走過的是一條漫長而艱辛的創業之路。雖然他的一家，已經躋身上層社會之列，是有身份的人了，但說到底，這「身份」畢竟是「殖民」式的，是「華人」的身份，與「大英不列顛貴族」相比，自然還是矮人三分，而且在他的周圍和屬下，還有許多華僑的勞工度著比他們從前更艱難的生活。就在辜鴻銘出生的時代，大批中國沿海的貧苦農民、漁民作為「豬仔」被拐騙而來，上岸以後像牲口一樣賣給檳城的商人，每「頭」「豬仔」由3元到15元不等，先得同意為主人白乾一年，只求有食物糊口或主人賞幾個零花錢就心滿意足了。同樣是炎黃子孫，有著相同的民族血脈，辜紫雲能不為民族的尊嚴而慚愧嗎？他的伯父辜安平走了一條回國發展的路，他的兒子將要走一條什麼樣的路呢？這是他思考的一個問題。所以當布朗夫婦把培養辜鴻銘的想法告訴他時，他慨然應允，竭盡全力支持，他希望兒子能夠有出息，成為能夠溝通東西方文化，對祖國有益的人。辜紫雲甚至為了兒子在西洋安心讀書，在臨死前還囑咐朋友不要把自己的死訊告知兒子，直到其學成後才知道。父輩寄

1　吳相湘《辜鴻銘比較中西文化》謂1880年辜鴻銘返回南洋。辜鴻銘自敘在新加坡待三年之久（見溫源寧《一知半解・辜鴻銘》）。又云在歐洲遊歷十有一年，見《上德宗景皇帝條陳時事書》。1881-1882年，他即離開新加坡到中國雲遊，往上逆推應是1878年。

予他如此厚望，這是辜鴻銘回國的一個原因。

　　儘管辜鴻銘生活在一個貴族富翁家中，學習成績也相當優異，但是，在西方人眼中，他畢竟還是個「東亞病夫」。雖然不知道是否有人公開歧視他，但以他那絕對的孤高自傲的性格，不會對此沒有感覺。在那裏，他的生活可能是優越的，成績也是良好的，但心境一定很落寞。他本來遵照父親的囑咐穿長衫，留辮子，出入於西洋各場所，這一副東方式的打扮，說明他本是如何地以東方人自居，以作為中國人而驕傲，但在當時英國人看到這種模樣卻是何等的驚訝與好笑。因為辮子，他到英國住索贊普敦飯店時，女服務員把他當成一個小姑娘，他想進男廁所，卻被抓進女廁所方便，辜鴻銘在這個女服務員的勸說下才把辮子剪下送給了她。[2]但不管怎麼樣，他這種不合流俗的服飾是他孤傲之情的流露。再如，他在英國讀書時，每到冬至，一定在房間裏備好酒饌，向東遙祭祖先，以表達他不忘本的誠心。房東太太待他叩拜祖先完畢，嬉笑地問他：「你的祖先什麼時候來吃喝這些酒饌？」他隨即反唇相譏：「就是你們的祖先嗅到你們所獻鮮花香味的時候。」這些事例都說明他對東方對中國是多麼的嚮往。以他這種性格，他是絕不會在異國他邦長久待下去，日思夜想要早點回去。

　　但回去以後又怎麼樣呢？他謀職在這個海峽殖民政府，為英國殖民地效力，滿腹才學得不到發揮，嚮往中國卻又無法回去，他內心苦悶，找不到出路。

2　〔日本〕清水安三：《辜鴻銘》，《辜鴻銘傳記資料輯》，臺北天一出版社。

恰在此時，天假之緣，他居然與正由印度回航途經新加坡的馬建忠獲得了良晤。他慕名前往馬建忠下榻的海濱賓館（Strand Hotel）請教，兩人一見如故，長談三日，使辜鴻銘茅塞頓開，大有相見恨晚之感。馬建忠（1844—1900）字眉叔，江蘇丹徒人，少年時代在上海公學求學，因受西方資本主義影響，為探求「中外得失之故」，拋棄科舉道路，專門研究西學。1876年被派赴法國留學，兼任駐法公使郭嵩燾的翻譯。獲得了法國巴黎大學博士學位，回國在李鴻章門下效力。他從小生長在江南文風興盛之地，飽受傳統文化浸潤薰陶，又留學西方，「乃肆意於拉丁文字，上及希臘並英法語言」，[3]通曉西洋的政治、學術，可以說是學貫中西的大學者了。而辜鴻銘生於南洋，幼年即赴歐洲，雖然對西方文化很精通，但對他時刻標榜、念念不忘的中國文化，只是心嚮往之，實際上並未入門。他渴望中國文化，在新加坡這個早已被歐洲殖民化的中國文化的沙漠中，見到馬建忠，猶如見到了綠洲。對辜鴻銘來說，他所瞭解的東西，馬建忠都知道，而馬建忠腹中的另一部分中國學問，他卻一無所知。這長達三日的談話內容，因沒有記錄不得而知。但從溫源寧《一知半解‧辜鴻銘》一文中，我們可以約略知道馬建忠對他所講中國傳統文化對他的影響。他們談論文學的許多方面，辜鴻銘對西洋文學可以旁徵博引，但中國文學的知識幾近於零。在這之前，他實際上唯讀過翟理斯（Herbert Allen Griles，1845—1935）博士翻譯的《聊齋志異》。馬建忠說《聊齋》只是純粹的文學故事，並不是中國真正意義上的文學。馬氏讓他讀讀唐宋八大家的文章，並特別推薦唐代陸贄的文集給他讀。[4]由於

3　　《適可齋記言》卷四。
4　　《Ku Hung Ming》，Wen Yuanning（溫源寧）《Imperfect Understanding》（一知半

馬氏的介紹，他更瞭解了中國文化的博大精深，比起在卡萊爾門下耳食膚受的皮毛來，要精彩得多。

辜鴻銘雖然飽飫西方文化，榮膺多個博士學位，但屈居於新加坡海峽殖民政府，很難想像他這樣清高孤傲的人肯甘心做一個英人的屬吏，為殖民主義者統治當地人民和華僑賣力。他和馬建忠一樣，雖一介書生，長不滿七尺而心雄萬夫，馬建忠的理想是辦洋務、學西方、尋求強國之術；而辜鴻銘則有其更高的目標，學習東方文化，向世界宣傳儒家思想，「拯救整個人類」危機。此時的馬建忠正是學成歸國不久春風得意時，即梁啟超所說的「幼以郎中肄業法京，中國人以官為出洋學生者，惟建忠一人」。[5]而辜鴻銘卻還是一個「屬吏」，與馬氏相比，「主人」、「從屬」的地位身份與前途大不相同。馬建忠愛才心切，他有感於「通洋文者不達漢文，通漢文者又不達洋文」，「欲求一精通洋語洋文兼善華文造其堂奧，足當譯事之任者，橫覽中西，同心蓋寡」。[6]因此必有一番巧言雄辯，說得辜鴻銘心花怒放。欣慕之餘，炎黃華冑的榮譽心，師、父教育培養的使命感，以及馬氏勸說回國效力的可能性，遂使辜鴻銘信心大增，與馬建忠會晤後的第三日即突然向新加坡輔政司提出辭職，然後不等答覆即乘輪船返回檳榔嶼。

辜鴻銘說：「在新加坡與馬建忠的會晤，是我一生中最重要的經歷，正是馬建忠，使我改變成為一個真正的中國人，雖然我從歐洲回來已經三年多了，但我並未進入中國思想文化深處，還仍遺留著『假

　　　解）載 *TIEN HSIA* 第四卷第四期。
5　　梁啟超：《書目提要》。
6　　馬建忠：《擬設翻譯院章程》，1894年。

洋人』習氣。」[7]辜鴻銘返回家中，棄西裝革履，即開始留髮結辮，開始自學中國的書籍。1881—1882年，辜鴻銘參加一支英國探險隊，任翻譯，隨往廣州，擬往緬甸曼德拉（Mandalay），他本想借此機會領略一番中國名山大川的奇景，但到雲南時，他發現山峻林深，困難重重，便放棄這個計畫，轉往香港居留。他在香港、廈門和上海等地浪遊一番，在上海再次造訪馬建忠，馬建忠公務繁忙，無由會晤。他隨處旁聽一些塾師講授的四書。夏敬觀為《國史館刊》寫的《辜鴻銘傳》說他「年三十始歸國，聞鄉里塾師講《論語》、《孟子》有所悟，始致力於國學」即指此。

光緒十年（1884）5月，張之洞督兩廣，時法越戰事正緊，戰火已燃至中國。7月15日，法國遠征艦隊以「遊歷」為名駛入福建水師基地馬尾軍港。張之洞命知府楊汝澍赴閩偵事。楊在由閩返粵船上與正由上海到香港的辜鴻銘邂逅相遇，時辜氏正對同船一位德國人抵掌而談，大講論理學（邏輯學），他見辜氏的德語相當流利，時而插入英語、拉丁語，中文也很流利，便心中留意辜氏。當時張之洞幕府德文翻譯水準太差，正需這樣人才，楊汝澍回去後便把這情況報告了廣東督撫趙鳳昌，趙鳳昌再稟給張之洞，張之洞大喜，即派人前往香港邀請辜鴻銘。在張之洞這個名滿天下的封疆大吏面前，他極其自然瀟灑，不卑不亢，對張之洞激昂慷慨地高談闊論，顯示出才子名士的風度，使張之洞既生氣又好笑，討厭他的沒大沒小的隨便，又欣賞他的性格與學識，便聘他為洋文秘書。從此賓主際遇，決定了辜鴻銘一生的道路，開始他長達20餘年的文襄幕府生涯。

7　　《Ku Hungming》，Wen Yuanning，*TIEN HSIA*第四卷第四期。

張之洞（1837—1909），直隸南皮人，字孝達，號香濤，又號廣雅，卒諡文襄。同治進士，歷任翰林院侍講學士、內閣學士等職。1884年中法戰爭時，由山西巡撫升兩廣總督，他起用馮子材，擊敗法侵略軍。他是清代洋務運動的主要人物，功績卓著。他的業績主要表現在兩方面。一是興辦洋務，所到之處都辦了很多兵農工商實業，在廣東創設槍炮廠，開辦礦務局；在籌議海防中，主張購船籌款，練兵，設船廠，造炮臺，大治水軍。在湖廣任上開辦漢陽鐵廠和湖北槍炮廠，設織布、紡紗、繅絲、制麻四局，籌辦蘆漢鐵路。在兩江任上，巡閱江防，購新式膛炮，改築西式炮臺，訓練江南自強軍，創建江甯馬路。二是廣開學堂、書院，改革傳統的封建教育，興辦新式教育，為國家培養有真才實學振興積弱局面的洋務人才，先後設立過廣東水師學堂、廣雅書院、兩湖書院、兩江師範學堂等近代學校，選派優秀學子到西洋留學。1906年，晉協辦大學士，體仁閣大學士，授軍機大臣，兼管學部。他對清末教育影響最大，在洋務大臣中，也數張之洞最有遠見，有才識，有魄力，既重儒家禮教，又向西方學習，提出著名的「中學為體、西學為用」的主張。辜鴻銘評價張之洞「是一個了不起的政治家，一個了不起的學者，不愧為儒臣」。辜鴻銘與張之洞這對賓主在二十餘年的合作中比較融洽，在觀點上既各有己見，又互相影響。

　　辜鴻銘進入張之洞幕府，被委以洋文案及禮賓諸務，其職責主要是張之洞的外事顧問秘書、翻譯以及對外交涉等事務。

　　張之洞在兩廣操練新軍，用德軍操練法，張之洞先後致電駐德大使李鳳苞、許景澄雇德軍教練，德皇威廉二世選上材數人至，張之洞

根據中德官品，奏請給予四、五、六品職銜，令用中國頂戴、軍服，行拜跪半跪諸禮儀。德國教官因為平素未習，且擔心半跪有失體面與身份，很覺為難。辜鴻銘就用德文旁徵博引一番，這大概也像康有為所論的人有膝關節不跪何用的道理，歪理正說，也奇怪，向來主張平等的德國人竟被他說得服服帖帖。以至於後來清朝遺老們撰「國史」時欣然讚曰：「客卿改章服禮節，此為創見。」[8]

光緒十五年（1889）張之洞改督湖廣，辜鴻銘作為五名隨員之一奉調隨節赴鄂。光緒十七年（1891）沙俄皇儲與其內戚希臘世子兩國皇太子一道到中國，外務部因中俄交好關係重大，致電張之洞宜盛禮優特，泊船漢口，張之洞以地主之禮往訪。俄儲問張之洞兩從官職名，辜譯以對，並對皇儲說，希望他們自報官職姓名，以示尊敬張督。不久，張之洞又邀宴於晴川閣，辜鴻銘以法語通譯。席間，皇儲與希臘世子小聲談話，改用俄語說今晚另有他約，宜節食，沒想辜鴻銘馬上用俄語說，此餐頗合健康標準，客人大驚。文襄煙癮上來吸鼻煙，希臘世子驚奇，用希臘語問俄皇儲：主人鼻吸何物？辜鴻銘與張之洞耳語，張即以鼻煙遞給希臘世子，兩位太子更是驚駭。由於辜鴻銘的翻譯，宴會大為生色。臨別，俄皇儲鄭重地與辜鴻銘握手，約如至俄國，定當敬待，並贈以鏤刻皇冠的金表，並對張之洞說：「各國皆無此異才。」[9]因此，辜鴻銘備受張之洞的讚譽，嘗語人曰：「是精於別國方言，遂於西學西政者也。」「鴻銘精神滿腹，確是傑出之才。」辜鴻銘也說過：「余為張文襄屬吏，粵鄂相隨二十餘年，雖未

8　《辜湯生傳》，《中國近代學人像傳初輯》，臺北大陸雜誌社，1960年9月。
9　趙鳳昌：《惜陰雜記》。

敢云以國士相待，然始終禮遇不少衰。」但張氏之用人，「宏獎知名士無不羅致，然不與謀政事。所用多雜流奔走承意旨之人，亦無薦剡為公卿大臣者」。[10]他用辜鴻銘，也是因為「奇其才」─對西洋語言典章制度的精通，對外交事務的熟悉─而用其所長。至於辦事的謹慎穩重，說話的老練圓通，像辜鴻銘這樣不知世事大言不慚的書生，用之不唯無益，反而可能壞事，這也許是張之洞知人善任的表現。因此，雖說對辜鴻銘二十餘年「禮遇未嘗稍衰」，但也僅止「禮遇」呵護而已，如薦以公卿、分符一方則不可。根據辜鴻銘的個性，張氏薦之外務部員外郎擢至左丞，亦是人盡其才，才盡其用了。

2.2　儒家文化的新認識

辜鴻銘進張之洞幕府之初，漢文水準還很低，張之洞得暇便親自教他，「讀論語，查字典」，他用那個時代許多人學習西方語言的方法─讀字典─來學中文。他把《康熙字典》作為初入中文的課本來讀，從前到後一字一字地啃，因此，他認識的漢字比一般的人還要多。他憑著對語言文字的特別稟賦，努力自修，學問大進。[11]同時刻苦鑽研儒家經典，但有一件事，對他有很大刺激，促使他發憤讀中國典籍二十年。據他自述，他入文襄幕府之初，恰逢張之洞壽辰，許多名流前來祝壽，大儒沈曾植也來了。張之洞對辜鴻銘說：「沈公是當代泰山北斗，名儒大儒，他的聰明學力無人能及」，要辜鴻銘向沈曾植學習。沈曾植確實是清末學識最淵博之人，他精通佛道律令、金石

10　見《碑集傳補》卷五十三。
11　沈來秋：《略談辜鴻銘》，《福建文史資料選集》第五集。

書畫、宋遼金史、西北輿地和南洋貿遷，王國維對他也頂禮膜拜，被公認為同光間的「碩學通儒」。張之洞介紹辜鴻銘與沈曾植見面後，辜鴻銘便向沈曾植高談闊論西學西法，但很久沈曾植卻一言不發。辜問沈為何不說話，沈曾植十分嚴肅地說：「你說的話我都懂；你要懂我的話，還須讀二十年中國書。」這件事對辜鴻銘的刺激非常大，他立志從此讀二十年中國書，自此，他「窮四書、五經之奧，兼涉群籍」。經過二十年刻苦學習，他對中國文化終於融會貫通了。

　　恰好二十年後，沈曾植又來為張之洞祝壽，辜鴻銘聽他大駕光臨，便令差役將張制軍藏書往前廳搬。隨後，便進入大廳，向沈曾植問好。沈曾植問辜鴻銘：「搬書做什麼？」辜鴻銘回答說：「請教老前輩，哪一部書老前輩能背，我不能背；老前輩懂，我不懂？」沈曾植語重心長地對他說：「我知道你能背能懂。我老了，快離開這個舞臺了，你正走上這個舞臺。今後中國文化這個重擔子，要挑在你的肩上。他人通中學不通西學；通西學不通中學。皆非其選也。」[12]可見沈曾植對他期許之高。

　　在這二十年中，他是如何吸收中國文化的呢？當初的情形極為尷尬。中國傳統的儒生很瞧不起他這個西裝革履習夷學的「假洋鬼子」。他說：「時欲從鄉黨士人求通經史而不得，士人不與之遊，謂其習夷學也。先生始乃獨自奮志，諷誦詩書百家之言，雖不能盡解，亦得觀其大略，數年間於道亦無所不見。」[13]張之洞周圍的學者如朱一新、梁鼎芬、沈曾植對他學習中國文化有深刻影響。

12　兆文鈞：《辜鴻銘先生對我講述的往事》。
13　《讀易草堂文集‧廣學解》。

羅振玉在為其《讀易草堂文集》所作的序中稱：「我國有醇儒曰辜鴻銘外部，其早歲遊學歐洲列邦，博通別國方言及其政學，其聲譽已藉甚。及返國，則返而求我六經子史，爽然曰：『道故在是矣，無待旁求』，於是沉酣寢饋其中，積有歲年學以大成。」以「醇儒」目辜氏，甚是知言。從他所受教育看，並非「醇儒」，亦非儒家思想，然而辜鴻銘對中國傳統文化頂禮膜拜，絕對信奉，以為是世界上最純粹博大而精深的文化體系。這正如後來毛姆對他的評價：「他對歐西哲學研究的最後結果是說，總而言之，智慧只能在孔子聖典範圍內找到，他深信不疑地接受了孔子書上的哲學。」[14]他對中西文化的比較評判，容俟下文詳論，這裏討論他對傳統文化的吸收和認識。

他對中國文化所持的是極為正統的觀點，以「傳統文化」來概括仍顯得不精確，準確地講，主要是儒家文化。他所取極嚴格而謹慎，儘管其所涉獵是那麼廣泛而博雜。在六經子史中，他並不是均等用力，而是有所側重，有所取捨，他的取捨全以孔孟思想為依據，側重「通經致用」。在六經中，他取《易經》、《春秋》為重點。因為本諸其師卡萊爾觀點，《周易》是東方文化的核心，是中國傳統文化的哲學依據。《春秋》是中國國民的精神之所在，是明義利之分、尊王之旨的圭臬。「四書」體現了中國文化的政教觀念，尤以《中庸》、《論語》為關鍵（當然辜鴻銘對四書並無任何軒輊，他晚年本欲全譯，其尚有《大學》譯本，只是未能付梓而已），是瞭解博大精神的儒家文化和中國民族優良傳統的最直接簡易的必讀書。在諸子中，除《論語》、《孟子》而外，所取極有限。這從他對荀子的批評即可看出。

14　毛姆：《辜鴻銘訪問記》。

他不認為荀子是先秦儒學的集大成者。韓愈說荀子「大醇而小疵」，辜鴻銘認為荀子之學「務外」，非聖人之學。荀子的話如「我欲賤而貴、愚而智、貧而富，可乎？曰：其唯學乎？」等話，「不免歆學者以功利」，是「務外」，「荀子之學所以不純粹也」。[15]辜鴻銘尤為不滿的是荀子性惡之說也有悖於儒家之原意。尤其是荀子之徒李斯、呂不韋以「其學亂天下」，所以不取。辜鴻銘對後世諸子持論更嚴，當然也不以人廢言，也常摘取其認為符合孔孟之道的言語來立論。

由於辜鴻銘青年時期所受西洋學術薰陶，故其為學的方式也是西方式的。他沒有乾嘉學者的漢學功底，不注重章句、名物的訓詁考據，他對經書的內容和字句，往往是從意義上或哲學上的解釋。著力於對經義的闡釋會通，似與宋儒相近。但也只是形式上「相近」而已，實際上卻存在很大不同。他既非古文學家，又非今文學家，既非漢學，又非宋學，不名一家，不守一法，完全出於己意，不需要訓詁考據作後盾，他以西方的思辨哲學為指導來吸收傳統的儒家文化，以西方先哲之言論作佐證，把中國文化作為一個有其內核有其系統的整體來看待，放到世界文化的大背景下來研究，表現其對中國文化的獨特看法。他這方面的作品雖然不多，但卻表現了他對中國文化的系統理解。更重要的是，他發現了儒家文化在彌補現代化社會缺陷方面所獨具的作用。

一、《易經》是中國文化的核心與哲學依據

辜鴻銘研讀《易經》一輩子，這是他受其師的影響所致。在他的

15　《張文襄幕府紀聞·務外》。

思想裏，《易經》是中國文化的核心和哲學的依據。只有通《易經》才能通中國文化，也就是說一切文化的哲學淵源都能在《易經》中找到。他對羅振玉給他學「大成」評價有些不好意思地接受下來。說「『大成』是過譽之詞，因為《易經》一書，我始終未著邊際」，但他曾自負地批評「泰戈爾對中國的《易經》是不太精通的」，不要他「再講演東方文化了，把講演東方文化的任務交給我」。說明至少他自認為還是比較精通的。中國文化最大的特點是天人合一。人的一切倫理原則取法於天地，這些原則的哲學依據即是《易經》。據兆文鈞回憶，他曾對兆文鈞說：「在《十三經》中，你能挑選出最好的話嗎？」兆文鈞想選「窮理盡性以至於命」或「知物而後知人，知人而後知天」，又想選「大道之行也，天下為公」，拿不定主意。辜鴻銘就說：「當推『天不愛其道，地不愛其寶，人不愛其情』三句最好。」這三句話見於《禮記‧禮運第九》，孔穎達疏：「故天不愛其道者，此以下明天地為至順之主，下瑞應也，四時和、甘露降，是天不愛其道也。地不愛其寶者，謂五穀豐、醴泉生、器車出也。人不愛其情者，皆盡孝悌及越裳至也。」按：「不愛」即不隱藏（王引之《經義述聞》）。辜鴻銘認為這三句話最好，有他一定的道理。這三句是天地至順之境界，是孔子大同世界的極致。天、地、人「三才」，各依其位，各順其德，有序不紊，是中國文化最圓渾充分的表述，這也體現了辜氏頭腦中的理想：人果能像古代聖人那樣「治人七情，修十義，講信修睦，尚辭讓，去爭奪」，那麼天地自然也順遂人意，社會五穀豐登，人民安居樂業，舟車器械也自然生出，國家也富強了。這是儒家最高理想，而這個理想境界的理論依據即源於《周易》。《周易》就是貫通天、地、人「三才」之道的。《易‧說卦傳》：「昔者，聖人

之作易也，將以順性命之理，是以立天之道，曰陰與陽；立地之道，曰剛與柔；立人之道，曰仁與義。兼三才而兩之，故易有六畫而成卦，分陰分陽，迭用柔剛，故易六位而成章。」陰陽的交感而有四季，四季流布而為五行，五行結合而生萬物，萬物之靈即為人類。人之所以為人而有別於萬物，即在於能得天理之正，上通天地之理。陰與陽反映在萬物之上即剛與柔，體現在人身上即仁與義。仁是柔在社會上的德性，即仁慈、愛人，義是表現在社會上的德性，即正義。由仁、義而衍生出仁、義、禮、智、信的五常和君臣、父子、兄弟、夫婦、朋友的倫理關係。這樣一整套以天人合一為中心的倫理道德都是由《易經》乾與坤兩卦之四德（即元、亨、利、貞）推演出的，也就是說儒教倫理具有貫通天地的神聖性。所以辜鴻銘在為李鴻章講《易經》「六爻發揮，旁通情也」兩句之義時，說：「古《河圖》告訴我們，『庚金一元情義』，『元情』為宇宙本體，貫通天地人三才之道，故云『六爻發揮，旁通情也』。」按此即「乾卦：『剛健中正，純粹精也，六爻發揮，旁通情也』」之意。[16]這種解釋對《易經》並無什麼創新，古聖相傳皆是此旨。辜鴻銘對《易經》的發明並不在此，而在於他對《易經》指導整個中國文化的認識。他說《易經》中包含著整個哲學思想，辯證法只是《易經》的一枝一葉。「易」一名三義，一是簡易，二是變易，三是不易，這涵蓋了整個哲學內容，他相信這種取法於天之道是中華民族永遠屹立於世界的根本所在。當有人問他：「世劇變矣，關懷時局能無抱莫大之殷憂乎？歐西各國智術日益巧，製造日益精，水火、木金、土石、聲光、化電之學，槍炮、戰

16　兆文鈞：《辜鴻銘先生對我講述的往事》。

艦、飛機神幻不可測之器,上薄九天,下縋九淵,剝剔造化,震駭神鬼,可謂極古今未有之奇變矣。苟一旦協以謀,吾何恃而不恐?」他回答說:「恃天地不變之正氣。」「堯、舜、禹、湯、文、武之所以治,周、孔、顏、曾、思、孟之所以教焉。我中國既有此道,即有此天地不變之正氣,吾何為而恐乎?」[17]看來這是很迂腐的道學先生的話,人們很難相信這話出於一個在國外接受十多年高等教育的人士之口。他闡述《易經》的意蘊,說《易經》中的智慧足以極世界包括西方任何之巧智與製造之術,只不過中國聖人以禮治天下,以仁為治之本。擔心這種智術能導致天下的覆滅,他說:「《易傳》言聖人制器以前民利用,此則謂教之相生相養之道也。然吾聖人有憂天下之深,故其於陰陽五行之學,言之略而不詳,其于制器利民之術,亦言其然而不言其所以然。蓋恐後世之人,有竊其術,以為不義,而不善學其學以為天下亂者矣。故《傳》曰:『作《易》者,其有憂患乎?』」[18]《易經》中既有此神秘精深變化莫測之智慧機巧,又以天地「正道」—以仁、義、禮、智、信和君臣、父子、兄弟、夫婦、朋友—來統馭之,使之不被用來傷天害理,如西方科學技術的誤用,便決定了中國文化一以貫之的優秀傳統。

二、孔孟是中國人生的榜樣與行為準則

羅振玉稱辜鴻銘是「醇儒」,在今天看來這個詞多少有點可笑,是有點迂腐的稱謂,但在古代「醇儒」可是一種很少有人能有資格戴得起的桂冠。所謂「醇儒」,顧名思義,即最純粹無瑕的儒者。「醇

17　《讀易草堂文集‧正氣集序》。
18　《讀易草堂文集‧廣學解》。

儒」，是朱子的理想。朱熹認為當時永嘉事功之學的陳亮「義利雙行，王霸並用」之說太雜，勸陳亮「粹然以醇儒之道自律」。[19]他又認陸九淵的「心學」流於虛空的參禪打坐，告誡陸氏：「舊學商量加邃密，新知培養轉深沉。」甚至連對「文起百代之衰，道濟千年之溺」的「韓文公」也不輕易許以「醇儒」的稱號。朱子所謂的「醇儒」是能「存天理去人欲」的聖賢，如孔子、顏子、曾子以及程顥、程頤兄弟。辜鴻銘相信孔子學說近於迷信地步。伊藤博文問他：「聞君素精西學，尚不知孔子之教能行於數千年前，不能行於今日之二十世紀乎？」辜鴻銘回答：「孔子教人之法，譬如數學家之加減乘除，前數千年其法為三三如九；至今二十世紀，其法亦仍是三三如九，固不能改如九為如八也。」[20]他把孔孟之道當做了萬世不易的科學法則與絕對真理。因此，他以孔子自居。

何謂孔子之道？「曰君臣、父子、夫婦、兄弟、朋友而已。何以行此道，曰忠與義而已。」（《正氣集序》）試分而疏之，一是定名分。他說：「孔道以名分二字，為萬事之根本。大而一國，小而一家，皆必有名分，始能成立，實人人所不可須臾離者也。」[21]人與人要各安於自己的名分。君君、臣臣、父父、子子，國君要盡國君之責，要仁；臣要盡臣之責，要忠；父要盡父之責，要慈；子要盡子之責，要孝。安於尊卑名分，各盡其責，推而廣之，夫婦兄弟都有名分在，朋友之間是平等的，「四海之內皆兄弟」，相處以信。二是孝悌。孝是孝順父母，悌是尊敬兄長。社會的細胞是家庭，家庭的兩種血緣

19　《與陳同甫書》，《朱文公文集》卷三十六。
20　《張文襄幕府紀聞・新算學》。
21　轉引自馬克鋒：《辜鴻銘思想初探》，《福建論壇》1987年2期。

關係即父子、兄弟，每個人不是父便是子，不是兄便是弟，都逃不出父慈子孝，兄讓弟敬的倫理規範。基於這種血緣之上的宗法社會的倫理，便是君父、臣子，為子盡孝，為臣盡忠。這便是忠、孝觀念。三是恕。即孔子所謂的「己欲立而立人，己欲達而達人」，「己所不欲，勿施於人」。（《論語》）每個人都要設身處地地為別人著想：自己所願的事情，也是別人所願；自己所不願的，別人亦不願。這種恕道是調節人與人之間關係的潤滑劑。這種特有的倫理道德正是西方資本主義社會所最缺乏的，辜鴻銘讚揚的是中國的倫理，而不是讚揚中國科學的落後。

三、春秋大義─重義與尊王

他對中國文化傳統的認識，也體現出他「醇儒」的看法。在義與利的關係上，毫無例外地「先義而後利」。人於世間不可存功利之心。張之洞以「作官」為釣餌誘導留洋生，他認為是「務外」，社會上興洋務，他認為是急功近利的行為。辜鴻銘認為，一個人不論做學問也好，興洋務也好，甚至生子傳宗接代都不能夠先有功利之念存於胸中。方苞有位弟子年逾商瞿，戚戚然以無子為慮，方苞對他說：「汝能學禽獸則有子矣」，「蓋禽獸無生子之心，為陰陽之所鼓蕩，行乎其所不得不行，止乎其所不得不止，遂生乎其所不得不生」。辜鴻銘對此大為欣賞，並引申出「吾人當求學之時，不可存有國家之念，猶如人欲生子不可存有祖宗之心……正其誼不謀其利，則可以生子；明其道不計其功，則可以得真學問」。[22]「當此求理之時，吾心只知

---

22   《張文襄幕府紀聞‧生子》。

有理，雖堯舜之功不暇計，況榮辱、貧富、貴賤乎？」[23]他認為《春秋》的「大義」就在這裏。「當時孔子憂民心之無所系，故作《春秋》明尊王之旨。要在明義利之分，而本乎忠恕之教。利義之分明，故中國之士知君臣之相屬以義也，非以利也。忠恕之教行，故中國士人知責己而不責人，責人猶不可，況家國有艱難，而敢以責其君父乎？」[24]在當時國家處於生死存亡之際，先進之士競辦洋務，謀圖富強之時，他的這番話顯然是不合時宜或不識時務的，宜乎辜氏不見用於世。但是先義後利、重義輕利的民族文化傳統不能不說是中華民族的精神所在，是中華民族的優秀之處。辜鴻銘並不是盲目反對辦洋務，學西方，他的意思不過是說辦洋務學西方不能捨棄民族文化先義後利的傳統，僅止學習西方的輪船鐵艦、洋槍洋炮。但問題是，要遵循傳統不言功利，就不可能興洋務學西方；興洋務學西方，就必須講實效、求功利。義與利、傳統與新學永遠是一對不能調合的矛盾。傳統文化與現代化成為近代以來至今未能解得開的難題。不同的人士對此各執一端不及其餘，或執其兩端而用其中的結合，像張之洞「中學為體、西學為用」一樣—勿寧說糅合—從表面看來似有先進與守舊之分，就實際而論實都無補於事。

基於義與利的關係之上，是經與權、理與勢的矛盾。張之洞曾經有一次對客人論辜鴻銘，說辜鴻銘「知經而不知權」。即是說辜氏只知道中國文化傳統，而不知根據時事稍作權變。言下之意是只知固守傳統，而不能理解興洋務辦新學是特殊情況下的權變。

23　《張文襄幕府紀聞・務外》。
24　《讀易草堂文集・上湖廣總督張書》。

辜鴻銘對文襄的評價甚不以為然，反唇相譏：「余謂文襄實不知所謂權者。」接下來，他根據《易傳》之言，引經據典從道與器─理與勢─權與術上，條分縷析：

　　《易傳》曰：「形而上者謂之道，形而下者謂之器。」道者，理之全體也；器者，勢之總名也。小人重勢不重理，君子重理不重勢。小人重勢，故常以勢滅理；君子重理，而能以理制勢；欲以理制勢，要必知所以用理。權也者，知所以用理之謂也。孔子曰：「可與共學，未可與適道；可與適道，未可與立；可與立，未可與權。」所謂可與適道者，明理也。可與立者，明理之全體而有以自信也。可與權者，知所以用理也。蓋天下事非明理之為難，知所以用理之為難。權之為義，大矣哉。譬如治水，知土能克水，此理也。然但執此理以治水患，則必徒為堵禦之防，如此水愈積，愈不可防，一旦決堤而溢，其為害尤甚於無防也，此治水者知經而不知權也。知權者，必察其地勢之高下，水力之大小，或不與水爭地而疏通之；或別開溝渠河道而引導之，隨時立制，因地制宜，無拘於一定成見，此之謂知所以用理也。竊謂用理得其正為權，不得其正為術。若張文襄之所謂權，是乃術也，非權也。

　　他衡量「權」與「術」的標準是如此嚴格，如果辦事處處能以理制勢，行動符合孔孟之道的義方，即是行正道─權。反之，不從理出發而以勢滅理，即是術，是旁門左道，他對府主也不稍寬假。

　　這裏的理，是天理，是孔孟直到程朱道統相承傳的物理、事理以

及一切倫理的結合。理是先於天地而生亙古不變的形而上的東西。它體現於人世，即是人們所遵循的法則—禮。「禮者，理也」，[25]「禮也者，理之不可易也」，[26]一言以蔽之，禮就是根據天理所制定出的禮儀或禮節。從孔子、子思、孟子到程朱、陸王，繁文縟節，代代薪積，從灑掃應對到修齊治平，邇之事父，遠之事君，無不以禮調控，構成了一整套龐大、繁複無所不備的禮儀規則，所以中國人向來自豪地以禮儀之邦自居。辜鴻銘更對此津津樂道，認為中國這一套禮制，即中國的「法律」，其規模雖取法於前明，而體制實徵驗於清代，曆今已千百餘年。[27]這是遠非西方所可比擬的長處。在這套禮的系統中，尊王忠君自然是禮，重義輕利是禮，外交上「禮讓之道，修文德之義」[28]也是禮，「天下有道，庶人不議」也無不是禮，總之，社會上的一切尊先王既成之道無不是禮，都是歷代聖主明君的制度，沒有不遵守的道理。這些都是「大綱要領，豈有不足為治者哉？」[29]辜鴻銘認為中國的禮教沒有不好的，都應當全盤接受，甚至對女人纏足、男子納妾也要保留。

他從對儒家傳統文化這樣的認識出發，對他認為好的和壞的人與事作出批判。他對忠君的人物一概褒揚，如彭玉麟（1816—1890）駐守廣東時，慈禧太后時常給彭玉麟這位老臣賞賜些如參貂、食物等，每逢賞品送至，彭玉麟「一睹天家物，輒感激涕零，哭失聲」。對文祥（1818—1876）禮賢下士溫恭愷悌的風度和遠見給予讚賞。對那些

25　《孔子家語・論理》，《禮記・仲尼燕居》。
26　《禮記・樂記》。
27　《讀易草堂文集・上德宗景皇帝條陳時事書》。
28　《義利辯》。
29　《讀易草堂文集・上德宗景皇帝條陳時事書》。

見利忘義、以勢滅理的人，如袁世凱、盛宣懷則多貶辭。對義和團反洋教運動認為是重義尊王的精神體現，給予很高的評價，在當時實是獨到之見。

四、辜鴻銘對傳統文化的理解

日本名士岡千仞振衣氏（號鹿門）1884年到中國，曾在上海的三井洋行邀請張之洞、辜鴻銘座談。後撰有《觀光紀遊》一書，內載其友櫻泉氏論中國弊風，對中國傳統學術提出尖銳的批評，其詞為：

（中國）人士講經藝，耗百年有限之力于白首無得之舉業，及其博一科第，致身顯貴，耽財賄肥，身家喜得憂失，廉恥蕩然，不復知國家之為何物。而名儒大家，負泰斗盛名者，日夜穿鑿經疏，講究謬異。金石說文二學，宋明以前之所無，顧炎武、錢大昕諸家，以考證為學以來，競出新意，務壓宋明，紛亂拉雜，其為無用百倍。宋儒其少有才氣者，以詩文書畫為釣名譽、博貨賄之具，玩物喪志，無補身心。風雲月露，不益當世，此亦與晉時老莊相距幾何？

辜鴻銘認為「其論弊風極為的切」。[30]可見辜氏對傳統儒學還是有所批判的。不過，他批判的只是漢儒、宋儒中誤入歧途，即皓首窮經、尋章摘句或以學術為沽名譽、博貨賄之具的末世流弊，而對闡釋經義真學篤行的儒者還是持讚賞的態度。由於他所受教育的偏限，傳統的訓詁考據非其所長。像鄭眾、鄭玄、孔穎達乃至戴震這些赫赫有

30　《張文襄幕府紀聞・自大》。

名的經學大師在他的著作中連名字都難以尋到。他對陷入專制的宋代理學不管是程朱還是陸九淵都不贊成，在文章中時有微詞，對明代王陽明的學說也不大提及，對乾嘉樸學更覺得是無用之學。他說宗儒尚知講明、踐履，當今學者不以國無學術、無人才、無風俗為憂，只知辦實業，講功利，他認為這是不良的風氣。他嚮往的是漢唐時代的傳統精神和學說，他所強調的傳統文化也主要是從孔孟的道統和漢唐精神的結合。

　　嚴復翻譯西方著作時，感歎漢語中沒有「自由」一詞，辜鴻銘卻認為：「漢語中不僅有表達『自由』的詞，而且這個詞十分精確地表達了美國人的本意，表達『自由』的真正含義。」這個表達「自由」的字就是「道」，「天命之謂性，率性之謂道」，因此「自由」即是「率性之道」，即「服從天命的自由」。「民主」的觀念亦是集中下的民主，辜鴻銘把卡萊爾與孔子的「民主」、「自由」觀有機地結合在一起，成為他一生反對西化的基本觀點。

　　辜鴻銘由於東西方知識的淵博，且沒有傳統的門戶之見和師法之守，對經籍的解釋往往跳出窠臼不受束縛，像韓愈所說的「春秋三傳束高閣，獨抱遺經究終始」（《贈盧仝》）做法，自由大膽地發揮，時有創獲。如《張文襄幕府紀聞》中對《論語》「踐跡」的解釋。

　　「子張問善人之道，子曰：『不踐跡。』」朱子解曰：「善人質美而未學。」又引程子言曰：「踐跡如雲循途守轍，善人雖不必踐舊跡，而自不為惡。」余竊以為，踐跡一解蓋謂行善事不出諸心，而徒行其外面之行跡，即宋儒所謂客氣。如「有事，弟子服其勞，有酒

食，先生饌」。此皆所謂踐跡之孝也，故孔子不謂之孝。曾子論子張曰：「堂堂乎張也，難與並為仁矣。」朱子謂：「堂堂，容貌之盛。」言其務外自高，務外自高而欲學為聖人之道，其學必不能化其弊，必至於踐跡。故子張問善人之道，子曰：「不踐跡。」此孔子對症下藥也。蓋學聖人之道而踐跡，即欲求為善人而不可得，況聖人乎？

朱子解釋為，「善人質美而未學，我必進於禮樂，乃可入室」，於義可通。辜氏別解似更具新意，且引曾子論子張「堂堂乎張也，難與並為仁矣」為佐證。鄭玄《論語集注》「堂堂乎張」注：「言子張容儀盛而于仁道薄也。」（劉寶楠《論語正義》引）言子張為人一定是過於注重外表，孔子因材施教，對症下藥，才告誡他「不踐跡」，辜氏的解釋似更勝一籌。

他常常從哲學的意義上引申發揮，賦舊典以新的含義，這是辜鴻銘與傳統儒學很大不同的地方。「唐棣之華，翩其反而，豈不爾思，室是遠而。」子曰：「未之思也，夫何遠之有？」（《論語·子罕》）辜鴻銘解：「余謂此章，即道不遠人之意，」引自己所譯歌德詩《自強不息箴》「不趨不停，譬如星辰，進德修業，力行近仁」作比，以證明「異途同歸，中西一轍」。他具體的學術思想，我將在後面詳論。

辜鴻銘對中國經典的理解與解釋許多是用西方的思維方式進行的，從旁觀者角度來看可能受限制較少，但不受限制的理解有時又導致誤解乃至曲解。《論語》首句「學而時習之」，朱子注「學之為言效也」。辜氏解：「余竊謂，學之義甚廣，不當作效字解。」其言雖

正確，但誤朱熹「之為言」的聲訓為義訓。在《學術》裏他稱引陸象山論為學的「講明然後踐履」的一大段話後說：「余謂宋代學者，偏重踐履而不知講明，故象山當日乃有此論。」殊不知宋代理學中正是這個陸象山「只知踐履而不知講明」，象山這一番話是受到朱熹師弟攻擊後的自我辯爭。他認為義與利是一對永遠不可調和的矛盾。只要是利，不管公利也好，私利也罷，都不是義。（參見《張文襄幕府紀聞》中《公利私利》、《務外》等內容）這些也過於墨守孔孟、食古不化，連最為「醇儒」的程伊川也說過「義與利，只是個公私也」。利如果是一己之私，是私利。如果利的是天下國家，是天下國家的公利，那麼這個「利」，就相當於義。這也就是「義公天下之利」的道理。

　　辜鴻銘嬉笑怒罵式的態度，使他常有驚人的怪論，有的入木三分，一針見血，而有些又有嘩眾取寵、使氣罵座的嫌疑。他說：「西人動欲教我以國際法，不知我國自孔子以來自有真實切用之國際法，其言曰：『以禮讓國。』又曰：『遠人不服，則修文德以來之。』又曰：『師出必以名。』」這話很有道理，只有他能說出來。另有一些是誤解，如謂「西洋考物制器之術即吾儒之所謂格物」（《廣學解》）誤解宋明理學格物之義。又如以諸葛亮的《前出師表》即西人所謂的「國會請願書」；《中庸》裏的「栽者培之，傾者覆之」即赫胥黎《天演論》中的「物競天擇，適者生存」的進化之旨，[31]都是大言欺人之論。

31　《張文襄幕府紀聞·費解》。

辜鴻銘最反對功利主義，但是他在學術上卻最講功利，他的「通經」完全是為了「致用」，以古聖先賢的經典言論來批判時事。像康有為一樣，為了達到借古諷今、借古論世的目的，不惜違背歷史公論甚至常識，憑藉自己豐富的知識和無礙的辯才廣徵博引，曲為解說，大言不慚，表現為名士派頭、學術霸氣。只不過是他站在傳統上原地不動，而曾經被他咬牙切齒咒罵過的康有為卻在西化的路上走了一遭又回到了辜鴻銘的位置。

2.3　對西化思潮的忠告

一、對洋務的批評

在張文襄幕府裏，辜鴻銘由於其對西方語言的精通，對歐洲政治學術的瞭解，成為張之洞得力的翻譯和外事顧問，深受器重。張之洞洋務活動中，凡有關學習西洋的內容，多請辜鴻銘譯介供其參考，對辜鴻銘而言，儘管感激知遇之恩，對府主盡心盡職，但並非一味苟同張之洞的意見，他的剛愎自用的個性使得他常常對張氏直率而毫無保留地提出批評意見。對張之洞的洋務運動，他既有肯定的一面，同時也多有所否定，不管是對洋務的本身，還是對洋務大臣，他都頗有批評。

鴉片戰爭之後西方列強對華入侵日甚一日，落後的中國在西方的槍炮威儡之下處處挨打，清政府步步退讓，賠款割地，喪權辱國，至斯而極。朝廷腐敗、社會落後、民生凋敝、動盪不安，亡國之危迫在眉睫。面對這樣嚴峻的事實，中國許多有識之士想通過學習西方先進

科學技術來富國強兵，藉以抵制列強的入侵。從19世紀60年代開始，洋務運動得到蓬勃發展。曾國藩、李鴻章、張之洞、左宗棠這些身任要職的官僚以及對西方資本主義世界瞭解較深的王韜、鄭觀應、郭嵩燾等先進的知識份子推動了洋務的發展。儘管史學界對洋務運動的性質褒貶不一，但洋務運動對中國近代社會的巨大影響卻是客觀的事實。（一）洋務運動創辦了近代工業。不管是軍事工業還是民用企業在這一段時間裏都達到前所未有的發展。從1861—1894年，洋務派在各地創辦20個兵工廠，11個大型煤礦，2個鋼鐵廠，12個金屬礦，14個紡織廠，修築364公里的鐵路，創辦近代電信事業。（二）創辦新式學堂，帶動近代教育的發展。除了前面所述張之洞辦的學堂、書院外，洋務派還設立了類似近代學校的同文館和上海廣方言館等，隨後又有江南機器製造局附設的上海機器學堂、福建馬尾造船廠附設的福建船政學堂、天津電報學堂和上海電報學堂、北洋水師學堂、天津武備學堂等等，30餘年間共設22所近代學堂。（三）派遣留學生。從1872年曾國藩、李鴻章首批派出30名幼童，以後三年每年都派出一批，還有赴歐洲學習科學技術及接受軍事訓練的人員，共有200多名，這些留學生對中國近代化有不小的影響，不論在軍政、外交還是科技方面都發揮舉足輕重的作用，如詹天佑、嚴復、徐建寅等。（四）翻譯西方科技書籍。據統計，從1868—1880年間共翻譯西書（主要是自然科學方面）162種，出版76種。（五）創辦報紙，如武昌的《昭文新報》、上海的《彙報》、《新報》等。對這些，辜鴻銘大不以為然。

辜鴻銘對洋務運動的看法是極為複雜的，他內心很矛盾，從他的

思想上看，他內心是不贊成洋務的。這種機械地模仿西方，走的仍是西方資本主義的老路，發展的結果必定是拋棄甚至沖毀中國的傳統，出現類似西方的社會危機，走到他不願意看到的境地。但是洋務運動在當時是大勢所趨，勢在必行，且已成為無可更易的事實，他又不得不正視洋務。他想借上奏把洋務運動限制在封建的統治與傳統的約束之下，這有點近似於張之洞的「中學為體，西學為用」的觀點，然而又不等同於這個觀點。他的意思是用中國傳統文化的精神即傳統的道德和綱常來吸收消化現代的科學技術，使之融為一體。形成不失傳統的精神血脈，又具有強大的力量。這不是體與用的簡單結合，更不是亦步亦趨的西化路線。故他對洋務的看法是不單學習西方的先進技術，對西方的社會的一切都要有深透的瞭解，瞭解其利弊得失，然後經自己的機制消化吐納。但他這種苦心孤詣的書齋哲學是不被大多數人接受的，他才不得已而求其次，強調內政是根本，洋務為外事，使洋務的發展不至於衝擊傳統的根本。他認為：

一、洋務的根本性政策失誤在於：當時中興人才曾國藩所定天下之計，僅計及政治而不計及於文教，認為「西人所以強盛而狃侮我者，因其有鐵艦槍炮耳。至彼邦學術制度文物皆不過問，一若得鐵艦槍炮即可以抵禦彼族」，[32]導致了洋務發展的偏向。

二、洋務的發展導致了「內輕外重之勢」。這是因為：洋務大臣辦工廠、練新兵、身資巨萬，擁兵自固可能造成朝廷無力控制的局面。湘鄉曾國藩辦洋務、剿太平軍後「兵權在握，天下豪傑之士半屬

32　《張文襄幕府紀聞·曹參代蕭何》。

門下；部曲及昆弟輩，又皆梟雄，恃功驕恣，朝廷褒賞未能滿意，輒出怨言。當日情形，與東漢末季黃巾起事，何大將軍領袖群雄，袁紹、董卓輩飛揚跋扈無少異。倘使文正公稍有猜忌，微萌不臣之心，則天下之決裂必將有甚於三國者。天下既決裂，彼眈眈環而伺我者，有不續兆五胡亂華之禍也哉」。因此辜鴻銘甚讚歎曾文正：「微曾文正，吾其剪髮短衣矣！」[33]這是因為曾國藩「秉性忠貞，學術純粹，能明大體」，「是以卒成大功，河山重奠」。「及前督臣李鴻章為北洋大臣，適值中外交訌，外患孔亟，故凡辦理外事，朝廷不得不委以重權，一若前督臣曾國藩督軍之時，由此以來北洋權勢愈重，幾與日本幕府專政時不相上下。故當時言及洋務者，中外幾知有李鴻章而不知有朝廷也。且該督臣李鴻章，品行學誼不如曾國藩之純粹，故德望不能感服人心、號召天下，是以甲午之役天下解心，一敗幾不可收拾。北洋既敗，而各省督撫亦遂爭言辦理洋務，則雖動支百萬金，而度支部不敢過問，雖招之私人，聲勢震一省，而吏部或有不知其誰何者矣。」[34]這都是洋務大臣辦工廠、練新兵，身資巨萬，擁兵自固，導致國家「內輕外重」之勢。

三、洋務大臣重功利而輕氣節。曾國藩所定的天下大計「僅計及於政，而不計及於教，而文忠（李鴻章）步趨文正（曾國藩），更不知有所謂教者，故一切行政用人，但論功利而不論氣節，但論材能而不論人品」，[35]因此導致同（治）光（緒）清流黨的不滿。辜鴻銘說，當時以軍機大臣李鴻藻為首，張之洞等為代表的清流黨，「尚知六經

33　《張文襄幕府紀聞・不排滿》。
34　《讀易草堂文集・上德宗景皇帝條陳時政書》。
35　《張文襄幕府紀聞・清流黨》。

大旨，以維持名教為己任」，批評時政，以道統彌補政統的缺失，糾正曾李洋務的偏向，張之洞在朝廷時精神學術無非注意及此，就是做了湖廣總督時還是欲行此志。但是很可惜，甲申馬江一敗，張之洞的宗旨也起了變化，「其意以為非效西法圖強無以保中國，無以保中國即無以保名教，雖然，文襄之效西法也，非慕歐化也；文襄之圖富強，志不在富強也，蓋欲借富強以保中國，保中國即所以保名教」。[36]張之洞的目的是為了把傳統文化的精神與洋務結合起來，以中國傳統為根本而謀求富強，富強的同時而穩固儒家思想。然而張之洞缺乏對東西方文化的全面理解，並未瞭解認識新學、舊學中所包含的真正價值，常常陷入「務外」和「功利」之中。正因為「圖富強保名教」，所以張之洞在光緒二十二年（1896）即囑辜鴻銘廣譯西方報刊有關中國的論說作為洋務運動的參考，隔了兩日辜鴻銘即寫了《上湖廣總督張書》，申訴他的意見：

前日湯生辱蒙重問譯西報事，造次未能盡言，今反覆熟思，竊謂西人報館之議論，多屬彼國黨人之言，與中國無甚關係，偶有議論及中國政事民情，背誇詐隔膜，支離可笑，實不足為輕重。在中國辦理交涉事，當局偶爾采譯之，以觀西人動靜，亦或未嘗無補益，然若使常譯之刊於民間，誠恐徒以亂人心志。

他為張之洞譯了不少有關洋務實際的西方報刊內容。他借這個機會，不僅為府主譯介西方軍事、工業的文章，更不失時機地向張氏灌

36　《張文襄幕府紀聞・清流黨》。

輸「彼邦學術制度」的內容。在兩湖時，訂外文報紙30餘種，英美雜誌500餘種，整日披閱擇譯，送給張之洞參考。梁鼎芬以為辜鴻銘好充場面，有一天下午候謁張之洞，屢候不出，乃躡足走近書齋，從視窗向裏張望，發現總督大人正襟危坐，靜聽辜鴻銘譯述有關西方軍政科學的內容，近兩三個小時之久毫無倦意。

　　四、對洋務應統籌規制。洋務「勢至今日，我中國又不能不漸次仿行舉辦」，「故凡興辦此事等，又不可不嚴定限制」，辦洋務不患無新而患不守法，現在辦洋務這些外事由於不加限制，不統籌全域，漫無定章可守，遂至於「內政舊法也廢弛不守」，這是天下大亂的主要原因。對辦洋務的人，不能一切任意自為，應區別對待，要分兩種人：「一種身曆重任，明于治理，關心民瘼，凡西法之有關於國計民生者，莫不欲次第仿行，至其事有所不便者，則屏之不用。一種少年浮躁好事之輩，徒慕西人奢靡，不知其政治之原，逢朝廷急思改弦易轍之秋，謬襲西人之唾餘，紛陳條議，冀緣捷徑以幹榮利。」[37]前者如張之洞即是；後者最多，如「彼好大喜功之督撫、遇事攬權之劣紳，欲借此以徼名利耳」。他說，「用小人辦外事其禍更烈，這些人「率皆樹立私黨，非其故舊屬吏，即系采聽虛聲，羅致門下，彼此藉以自固，故奔競貪緣者，易以幸進」，「此外事所以日形荊棘，幾幾乎無從下手者。」這倒是事實，所有洋務廠礦中機構龐雜，冗員充斥，以江南製造局、福建船政局為例，江南製造局每換一次總辦即添用心腹委員司事三四十人，陳陳相因，有增無減。華洋員司薪水，常占總經費十分之一以上，甚至十分之二以上。福建船政局造船費被薪

37　《讀易草堂文集・尊王篇釋疑解禍論》。

水占去大宗，不能用於生產。他提出，方今國家財力緊張、民生凋敝之時，「凡百設施，當以於民無擾為主，務去其害人者而已」，要杜絕那種動支百金，而度支部不敢過問的現象。「至今日時勢，所有不得不辦之事，如練兵，設專門學堂、興製造及各種凡用西法之事，必俟朝廷統籌熟議，定立規制，特降諭旨指省飭辦，始准恪遵所定規制舉行辦理。如未奉此旨，已前業已舉辦，能停止者，即行停止；若勢實未便即行停止者，則不准擴充，並將現辦情形奏明，請旨定奪。」「所有辦理外事用人用款，應如何嚴定規制之處，應請特諭軍機大臣會同外務部通籌熟議，俾辦理外事之大臣，人人知有限制之當守，然後籌一辦理外事之款，則款皆實銷，用一辦理外理之人而人收實效矣。」這是針對李鴻章等而言的。如李鴻章利用上海月收二三十萬兩稅釐購買洋槍炮，裝備他的淮軍。買艦艇20艘，用銀700餘萬兩，他們所辦的大小廠局，少則數萬，多則數百萬甚至近千萬，全由官款撥充，生產從來不計成本，更不講求效益。因此，辜鴻銘提出限制洋務用款是有其針對性的。

五、辦洋務要以學兼東西的人才為關鍵。辦洋務不能急功近利，關鍵是辦好教育，培養通曉西方學術制度的人才。這絕不僅僅是精通製造技術的專才，而是懂得以理制勢，修邦交之道，能銷外患的人才。他很讚賞文祥（1818—1876，曾任軍機大臣，大學士，諡文忠）的遠略。在曾國藩惶惶以辦製造廠、船政局為急務時，而文祥卻獨創設同文館，「欲培洋務人才，以通西洋語言文字、學術制度為銷外患之要策。由此觀之，文忠之遠略，有非曾文正諸賢所可及也」。張之洞也算是有遠略的人了，在開辦學堂培養人才上沒有人能出其右，美

中不足的是，他務外，以功利相誘導，他送湖北學生出洋留學，臨別贈言說：「生等到西洋宜努力求學，將來學成歸國，代國家效力，帶紅頂、作大官，可操券而獲，生等其勉之。」辜鴻銘批評他「未脫功利之念」，像荀子一樣未免「大醇而小疵」。[38]雖然，張文襄畢竟是一個清官，一輩子講求「公利」，從不求一己之私利，「文襄作古後，竟至囊橐蕭然，無以為子孫後輩計」。而當時一般的洋務大臣很少能有這樣廉潔奉公的品質，「袁世凱輩欲富其國，必先謀富身」。[39]「營造洋樓、廣置姬妾」，「置園囿、窮奢極欲」。如盛宣懷的僚屬，即一小翻譯，亦皆身擁厚資、富雄一方。這些洋務大臣只有富其身家之術，很難富國強兵。辜鴻銘對洋務的不滿，也是針對這些洋務「小人」而發的。

值得注意的是，辜鴻銘雖然對洋務運動多所批評，但在張之洞的洋務活動中，還是出了很大力的。他積極為張之洞辦「鐵艦輪船」與兵工廠出力。張之洞修築京漢鐵路，開挖大冶崇通煤礦，籌辦漢陽兵工廠等卓著的「實政」，都需要向西方學習，與西人交涉，而他本人對西方一知半解，這些具體的事，無不要諮詢辜鴻銘，或請他提出意見，自己再斟酌決定。辜鴻銘以他對西方的瞭解，也確確實實地為張之洞洋務立下汗馬功勞，也作出了他一生中最有裨補於國家的業績。尤其是漢陽兵工廠，在當時有「中國的克虜伯」之稱。它規模宏大，設備齊全，管理嚴密，在東方首屈一指。漢陽兵工廠的籌畫與佈置，多是辜鴻銘為之安排的。芝翁《辜湯生文壇怪傑》中曾記敘籌辦的經

38　《張文襄幕府紀聞・務外》。
39　《張文襄幕府紀聞・廉吏不可為》。

過：

　　籌辦之初，盛宣懷（杏蓀）介紹了一位名叫華德伍爾滋的外國人給張之洞，說這位是英國的兵工專家。華德伍爾滋到漢陽之後，見了張之洞誇誇其談一番。張之洞大為高興，安排在賓館裏住下，相當優厚禮遇。過兩天，張之洞叫人傳見華氏，戈什哈（清代高級官員的侍衛官）回來稟告：「那西洋人，昨天被辜師爺打發回上海去了。」張之洞大為吃驚，急傳辜鴻銘來問。辜鴻銘一到便說：「盛宮保薦來辦兵工廠的華德伍爾滋，和我敘起來，算是我的同校後輩，比我低了五六年級。他是學商科的，現在上海開設洋行，是個地地道道的只知道漁利的商人，根本不懂兵工，因此，我就打發他回去了。」還未容張之洞說話，他不慌不忙從袖子裏摸出一個洋信封，取出一封信說：「我這裏有個威廉福克斯，是我的同學，這才是真正研究兵工學的，現任德國克虜伯兵工廠的監督。我國不辦兵工廠則已，要辦的話，就要找這樣的專家，絕不能含糊，一見碧眼黃髮的外國人就認為專家。盛宮保辦洋務，只是利用洋人作招牌，不管阿貓阿狗，拿來充幌子作招牌，赫唬朝廷誇示新政的。」能夠找到世界第一流的兵工廠的專家這真是大喜過望，張之洞聽了他的話，但請他函邀來華協助建兵工廠。

　　威廉福克斯是德皇威廉二世的親戚，學生時代便與辜鴻銘交往頗深，得函後便前來中國，規劃籌辦兵工廠，但約明以半年為限。張之洞尊重他的意見，一切照允。福克斯到武昌後，張之洞盛宴洗塵。洋人素尚豪飲，張之洞酒量也大，辜鴻銘恭陪末坐，盡情酬酢，舊雨新知，相見恨晚，不消一會，威廉福克斯便醉態可掬，信口縱談，把克

虜伯廠的機密，通盤洩露。言者無心，聽者有意，一一記錄下來。不久，英國泰晤士報忽然登了出來，福克斯大為驚恐，手足無措，找到辜鴻銘，自悔酒後失言，給記者聽去捅了出來。辜鴻銘含笑安慰他，拿出柏林的電報給他看，原來辜鴻銘早已以中國政府的名義邀請了他夫人子女，即日即首途東來，並告訴他，督署早已在黃土浦為他建造了豪華巨宅，威廉福克斯感激不盡，遂接受了總辦之任，悉心為漢陽兵工廠籌畫了。

辜鴻銘以他不同常人的「怪招」穩住了這個難得的人才。這也是辜對張之洞、對中國兵工建設的一大貢獻。

張之洞任湖廣總督，除了講究「實政」之外，更講究求「實學」，舉辦新式教育，致力於培養國家有用之英才。他的教育政策是文武並重，新舊相容。首創速成師範、兩湖師範及普通中小學學堂。又大量選派青年學生，留學於東西各國。在全國範圍來說，張之洞最重教育，辦得也最多最好。湖北教育的主管是梁鼎芬，但在幕後為之出謀劃策的卻是辜鴻銘。辜鴻銘經常向張之洞鼓吹「歐美主富強，務其外也；中國主禮教，務其內也」，以及不僅學西方技術，更要重視西方文物制度的話，對張之洞「中學為體，西學為用」也有一定的影響。張之洞後來兼管學部後，奉旨釐定學堂程章，那套「端正趨身，造就通才。忠孝為敷教之本，禮法為訓俗之方，練習技能臻用治生之具，愛眾親仁，恕己及物，希賢慕善，訖于成才，為立教之大本；申

其要義，以為強生於力，力生於知，知生於學」的基本原則，也體現了辜鴻銘的平日理想，這恐怕也是這對賓主互相影響的結果。

二、對維新的批評

張之洞在清末可謂眼界開闊、尊賢重士、開明有容、知人善任的洋務人物。他與李鴻章、盛宣懷不同，他不僅辦洋務有所成就，更著意興辦教育培養人才，頗有戰國四公子的愛才遺風，因此「士人歸之，如水就壑」，門下人才濟濟，扛鼎擊劍、雞鳴狗盜之徒，尊經習禮、改良維新之士，不一而足，新舊雜陳，聚集於張之洞這個保持舊傳統兼有新思想的人物門下。這些人可約略分為三類：一類是以辜鴻銘、梁鼎芬為代表的守舊派，固守中國傳統不主變異，可以說是右派；一類是以康有為、梁啟超、章太炎為代表的維新派，鼓吹學習西方；再者即以張之洞本人參之中外，中學為體西學為用的折中派。傳統派和維新派雖被張之洞籠絡駕馭，但兩派之間則相互不滿，時有攻擊，都想盡力爭得府主的支持。於是，張之洞常常在兩派之間動搖不定。在中法戰爭之前，社會局勢相比於後來要稍為「好」些，張之洞作為清流黨的重要成員，立場偏於右，尊「六經大旨」，「以維持名教為己任」；馬江之役失敗，尤其是甲午以後，亡國之危迫在眉睫，他意識到不學西方的先進技術就無法圖存，就急思辦洋務求新學，又近於維新一派；當康有為等倡設議院立憲時，他又意識到其危險，再偏於保守。

維新運動是洋務運動發展的邏輯結果。洋務運動向西方學習先進技術知識的同時，西方資本主義的思潮也不可避免地影響到一部分激

進的知識份子。從19世紀的七八十年代開始，以康有為、梁啟超、譚嗣同、嚴復等一批激進分子的大力宣傳，維新思潮越來越壯大。和辜鴻銘同樣武斷和剛愎的康有為在1891年出版了《新學偽經考》，把所謂的河間獻王獻書及孔壁中所藏古文經書《周禮》、《逸禮》、《毛詩》、《左氏春秋》、《易經》、《書經》一概斥為劉歆所造的偽經，目的是為王莽的新朝服務，古文經學也不是孔子之學，而是新朝之學，應稱「新學」。從漢唐到乾嘉的經學都是「新學」，就是宋儒所遵述之經，也多偽經。康有為把歷代奉為天經地義的經典宣佈為亂臣賊子們偽造的假古董，為他的改良維新掃清障礙。然後康有為隆重地請出「真正的」孔子來，說今文經學才是孔子的原本。他用今文經學觀點，說《詩》、《書》、《禮》、《易》、《春秋》都是孔子所作，是孔子托古改制論述自己改革理想的巨著。康有為認為六經中舜、禹都是孔子的假託，是借這些古代聖王為宣傳自己的政治觀點和改革服務的。經康有為這麼一說，孔子儼然成了穿著聖王的合法外衣，打著聖王的招牌的改良家。然後康有為再堂而皇之地打著孔子的招牌來宣傳維新變法。梁啟超與乃師一唱一和，康有為借古說今，梁啟超借西說中，「變亦變，不變亦變」，要麼自己主動變化，則可以保國、保種、保教，要麼像印度那樣被瓜分，由列強代自己變法。嚴復在理論上造輿論，搖旗吶喊，在天津《直報》上發表《論世變之亟》、《原強》、《辟韓》、《救亡決論》等政論，根據斯賓塞的社會學說，提出鼓民力、開民智、新民德的強國之路。他影響更大的是翻譯赫胥黎《天演論》，用「物競天擇，適者生存」的道理來警醒世人：如果不維新變法，在優勝劣敗的競爭面前，中國只能亡種。1895年康有為在公車上書後，經帝黨要員翁同龢推薦，深得光緒帝賞識，在北京創辦報紙

《中外紀聞》，又組織強學會討論國事。張之洞和兩江總督劉坤一、直隸總督王文韶一樣，列名加入，公開支持，並捐銀5000兩作為會費，附和康有為振興實業、創辦學堂的創議。張氏為隆重接待康有為而「隔日張宴，申旦高談」。張之洞又寫信給梁啟超「甚盼卓老中秋前後來鄂一遊，有要事奉商」（所謂的卓老梁啟超不過二十多歲，而他自己已近六十了）。當沒名沒位的「卓老」到武昌來時，張之洞竟想用迎接欽差大臣的禮節，鳴炮並在中門及暖閣相迎，改良派看到張之洞這樣的「天下之大賢」，簡直欣喜若狂，紛紛歸其門下。

辜鴻銘對張之洞如此對待康梁深感不安，他倒不是為厚彼薄此而爭風吃醋，而是擔心改良派議論時事，開設報館、倡立議院和立憲制，會導致大亂。他告誡張之洞：

近日中國士人不知西洋亂政之所由來，好論時事，開報館，倡立議院。湯生竊謂此非盛事。至於《時務報》載有君權太重之論，尤駭人聽聞……竊恐中國士人開報館論時事之風漸盛，其勢必至無知好事之輩創立異說，以惑亂民心，甚至奸民借此誹謗朝廷，要脅官長，種種辯言亂政之弊，將不可收拾。諺有云：其父殺人報仇，其子必且行劫。願大人留意，甚幸，甚幸！[40]

他知道張之洞學西方圖富強是借富強保名教，而不是想改良變法，但是張之洞門下的康、梁卻是想借改良而廢棄名教。他打個並不恰當的比方，如果張之洞洋務尚屬「殺人報仇」性質的話，那麼康、

40　《讀易草堂文集・上湖廣總督張書》。

梁維新已無疑是「行劫」的「不孝孽種」了。

針對康有為假託孔子實行改良維新，辜鴻銘偏推出孔子與康氏對抗。康有為說，孔子改制的精義主要體現在《春秋》一書中，而《春秋》唯一正確的解釋，則是《公羊傳》。《公羊傳》有「通三世」、「張三世」之說。「通三世」是說夏、商、週三世代時不同，而主因時變革。「張三世」論述中國歷史的發展有據亂世、升平世、太平世三個階段，越變越進步，並認為據亂世就如西方的君主專制時代，升平世即君主立憲時代，太平世即民主共和時代。現在的改良就是由據亂世到升平世，他認為人民應當有自主自立與言論自由，把陳涉吳廣起義比作湯武革命。而辜鴻銘則針鋒相對：孔子《春秋》的大義是「尊王」，而《春秋》尊王之旨，「要在明義利之分而本乎忠恕之教。故中國之士人知君臣之相屬以義也，非以利也；忠恕之教行，故中國士人知責己而不責人，責人猶不可，況國家有艱難，而敢以責其君父乎？自是中國尊王之義存，故自春秋至今二千餘年，雖有治亂，然政體未聞有立民主之國，而士習亦未聞有開報館之事，此殆中國之民所以賴以存至今日也」。康有為對傳統經典於己無用的全斥為偽經，對於變法有利的又曲為解釋，辜鴻銘則把所有的中國儒家經典都一概呵護，奉為圭臬。

改良派等以西方的制度和理論作為中國改良與維新的依據，這是最有說服力的。當時守舊派絕大多數夜郎自大，對西方茫無所知或所知甚少，無所置喙，而辜鴻銘作為在西方長大、受完整西方教育的人毫無疑問可以用他的知識來攻擊改良派。他借為張之洞翻譯秘書的工作，時常向張灌輸他的「權威」性的看法。他既認「中國士子不知西

洋亂政所由來」，那麼他就要詳細地敘述分析一番，他先後用中文寫了《西洋禮教考略》、《西洋官制考略》、《西洋議院考略》等數篇專論。《西洋禮教考略》、《西洋官制考略》，探討西方禮教制度及得失，他把歐洲的禮教官制與中國作對比，鄙夷歐洲開化比中國晚，禮教官制皆沒有中國完整成系統。《西洋議院考略》探討的是西洋議院的由來，以及議院施行後的種種弊端。這一切莫不是針對維新而言。他通過比較中西社會制度來證明變法不可。

一、設議院問題

辜鴻銘認為，西洋自古羅馬後，有事其酋長集各部落以決定可否。西洋分為列邦後，猶循舊俗，國主集群酋議事。群酋之會曰國會。12—13世紀初，英吉利國王約翰好講兵，徵賦無厭，英國群酋逼約翰立《大盟冊》（即今通譯之《大憲章》），規定凡以後征賦，必得集國會議可才行，這時的國會成員大多是酋長世族。後來各地平民有才能德行者或由群酋推舉，或由國主召入國會，於是國會乃分為上下議院。16世紀後英俗罷戰獵，重耕織工商貿易，國家財稅大多依賴商賈富戶捐輸，各地富翁因經濟地位高，許多人被公舉加入下議院，議院的勢力大盛，國主漸被架空，終於造成議院與國主分庭抗禮，動起干戈。1649年克倫威爾處死查理一世，宣佈共和，撤上議院，亂乃定。查理一世死後，英國人複立查理二世，又盟重立議院，議院勢力又興盛起來。查理二世之弟即位後，又失民望而被驅逐，又召其婿荷蘭國主，重新盟約，議院於是勢力大增。英國如此，法國人殺了國主，也仿英制設議院，國家遂大亂，到了拿破崙起兵、閉議院，才得到安定。美國也仿英制成立「民主國，設立上、下議院，且國主由民

選舉……」。辜鴻銘借此歸納出議院對國家統治的危害：「夫西洋自議院盛，國主遂比諸餼羊，政皆由國人也。」「噫！西洋之亂，於斯已極！」而中國則不需要這些，從孔子至今兩千多年沒有議院，不也是好好的嗎？辜鴻銘拿孔子的「天下有道，庶人不議」的話作結。他甚至把諸葛亮的《前出師表》譽為真正的「國會請願書」，「何言之？武侯謂後主曰『誠宜開張聖聽』云云，即是請開國會。又曰：『宮中府中，俱為一體，陟罰臧否不宜異同，若有作奸犯科及為忠善者，宜付有司論其刑賞，以昭陛下平明之理』云云，即是請立憲。蓋西洋各國當日之所以開國會立憲者，其命意所在亦只欲得平明之治耳。今朝廷果能開張聖聽，則治自明。如此，雖無國會，亦有國會；不如此，雖有國會，不如無國會矣。朝廷能視官民上下貴賤大小俱為一體，陟罰臧否無有異同，則治自平。如此，雖不立憲，亦立憲也；不如此，雖立憲，亦非立憲。故吾曰：武侯之《前出師表》是一篇真國會請願書。」[41]

二、開報館問題

辜鴻銘認為，關於開報館，也不能唯西人是學。西洋報館由來與議院相關，西洋「政體未定，列邦無所統屬，互相爭強，各國君長欲濟其貪忿之志，乃利商賈富人之捐輸，故使入議院列為朝士議政事，由是權遂下移，國多秕政，於是其士人又忿激時事，開報館，議政事，其要路朝臣，亦各結黨互相標榜，以爭權勢，此西洋各國近日政治之所以外強而實彌亂矣」。他把當時改良派開報館、議時政比作戰

41　《張文襄幕府紀聞・國會請願書》。

國時策士的遊說權謀，這不適合中國國情，對中國的統治非但無益，不恐「使民心無所系」。[42]

三、民主與權利

民主、自由、平等、博愛，這是西方資本主義社會的一貫信條，這也是改良派資產階級革命乃至新文化運動大聲疾呼的內容。他們想通過呼籲使封建專制下的中國人知道自己應得的自由與權利。但辜鴻銘擔心，如果人人都要起來爭取自由、平等、民主、權利，都不服從統治，天下豈不亂套了？他對這些尤其嫉恨，說這些都是西方的弊端，絕對不足效法。他說：「西方政刑之病，亦本乎其禮教之弊，其書多言智術，而不言道德；專重勢利，而不言義理。嘗見西人《萬國公法》一書，其首篇曰：粵自造物，降衷人之秉性，莫不自具應享有之權利。夫其所謂權利者，勢也。荀子曰：生也，皆有可也，知愚同；所可異也，知愚分。可者，遂其意之謂也。此即西人之所謂權利也。然荀子之言君子猶病之，何也？夫既曰人生智愚皆有可，而其所可異也，試問定其同異而分其所可者誰與？必曰賢者，必曰君子，然此即所謂智者也。智者自定其所可，其所謂愚者豈能安之？不能安則必爭矣。由是天下之人必以權利相衡，認定其名分也。權利之所在，則曰賢者，則曰君子；權利之所不在，則曰愚者，則曰不肖。夫如此而為天下，其亦危矣。」[43]這種觀點全是孔子「民可使由之，不可使知之」或孟子「有大人之事，有小人之事，勞心者治人，勞力者治於人」的論調，也是卡萊爾鼓吹英雄與英雄崇拜的遺風。

42　《讀易草堂文集・上湖廣總督張書》。
43　《讀易草堂文集・廣學解》。

這樣，辜鴻銘對康有為、梁啟超的改良維新從根本上全盤否定了。他猛烈地批判康、梁的維新活動。由於他用西方社會弊端來攻擊康、梁，比一般的守舊派要更有說服力，又因為他作為張之洞的幕僚與秘書，對張之洞的影響要更大一些。張之洞也越來越覺得康、梁的行為過分，深怕發展下去會動搖清政府的統治，由拉攏康、梁而轉為漸漸的勸告、威脅甚至於斷絕往來。提出要康有為放棄孔子改制和立憲說。他資助康有為的活動設了前提條件：「頻勸勿言此學，必供養」，要康有為放棄改良主義的立場。當康有為拒絕後，他解散了上海的強學分會，通過梁鼎芬向上海《時務報》經理汪康年、主筆梁啟超施加壓力，控制了《時務報》，對其他方面的維新運動也發起了告誡。1898年4月，張之洞發表《勸學篇》一書，提出「舊學為體，新學為用」的主張。全書分內外兩部分24篇文章。「內篇務本，以正人心」，宣揚傳統儒學、綱常名教。列舉清朝的十幾項「仁政」，鼓吹「三綱為中國神聖相傳之至教、禮教之原本，人禽之大防」，反對改良派民權、平等之說與君主立憲政治。「外篇務通，以開風氣」，講西學，向西方學習先進的科學技術，興辦工商業，對設學校開報館可以變通舉辦，不必一概排斥。但「必先通經，以明我中國先師立教之旨……然後擇西學之可以補吾闕者用之」。反之，如果「不先以中學固其根基，端其識趣，則強者為亂首，弱者為人奴，其禍更烈於不通西學者矣」。張之洞意識到康有為的維新改良儘管其初衷是富強中國，與洋務派目標相近，但由改良而立憲，任其發展下去，勢必動搖君主集權與統治。他通過《勸學篇》提出「舊學為體，新學為用」的目的，是把康梁維新活動限制於不危害這個封建王朝命運根基的軌道上來，既別於辜鴻銘等保守派觀點，又稍採改良派的一些觀點，折衷

二者之間，看似不偏不倚，當時得到大多數人的同意。連決定維新的光緒皇帝看後也大為讚賞，下論說它：「持論平正通達，于學術人心大有補益。著將所備副本40部，由軍機處頒發各省督撫學正各一部，俾得廣為刊佈，實力勸導，以重名教而杜卮言。」此書「挾朝廷之力而行之，不脛而遍於海內」。

很難說張之洞的這些觀點，對康、梁的排斥沒有受到辜鴻銘的影響。康有為的《新學偽經考》1891年即已刊行，次年起又開始撰寫《孔子改制考》，已經有不少守舊派人士群起反對，紛紛上奏毀禁書版，彈劾維新人士，但張之洞在1895─1896年，還如此禮遇康有為、梁啟超，後來卻突然態度轉變，向康、梁施加壓力。對這種轉變的原因的解釋可能有兩個：一是看到康、梁的維新可能導致帝黨和後黨的矛盾激化而見風使舵；二是張之洞受到周圍人的影響改變了看法。前者有一定道理，只不過此時慈禧太后與光緒的矛盾還沒有激化，慈禧還抱著「由他辦去，俟辦不出模樣再說」，「不禁皇上辦事」的態度。張之洞受影響而轉變的可能性也不能排除。張之洞對西方的批評言論與辜鴻銘的話有著驚人的相似之處。辜鴻銘後來說：「文襄門下如康有為輩誤會宗旨，不知文襄一片不得已之苦心，遂倡言變法行新政，卒釀戊戌庚子之禍……嗚呼！文襄作《勸學篇》，文襄之不得已也，絕康梁並以謝天下耳。」[44]

但是失敗的還是張之洞。康有為上清帝五書，鼓勵光緒即早革舊圖新，反之，「恐皇上與諸臣求為長安布衣而不可得矣！」並上自己

44　《張文襄幕府紀聞・清流黨》。

最近所著《日本變政考》、《俄大彼得變政記》，要皇上「采法俄、日以定國是，願皇上以俄國大彼得之心為心法，以日本明治之政為政法」，實行全面變法。這使光緒皇帝大為感動，1898年6月11日，頒佈明定國是上諭，表示變法決心。戊戌變法雖然由於那拉氏的干預而失敗，但這百日維新的意義卻極為長遠，標誌著現代化思想在洋務的基礎上又前進一步，從思想史的意義上講，失敗的仍然是張之洞。

19世紀後30年中國的發展軌跡是，由於近代中國的衰敗，有識志士奮發圖強，向西方學習，中國由夜郎自大、閉關鎖國，開始向西方學習先進技術，發展到學習西方的某些社會制度。西方的現代化思潮進入中國並改變了一部分國人的思想，儒家傳統的以夏化夷現在翻了個，成為「以夷變夏」。總而言之，即西方的現代物質文明在東方迅速破壞著固有的傳統文化和社會組織結構。張之洞所走過的正是這樣一條軌跡，張之洞的失敗的悲劇也正是傳統派的悲劇。

三、論清流黨

張之洞本是前清流黨的重要成員。清流黨是19世紀七八十年代出現的統治階級內部的政治派別。李鴻藻、張之洞不滿曾國藩在國事上所定天下大計，即辜氏所說的「僅計及於政，而不計及於教」。李鴻章步趨曾國藩所定大計，「更不知有所謂教者。」在用人上就表現為「但論功利而不論氣節，但論才能而不論人品」。舉國急功近利，對綱常名教一概不問。因此李鴻藻、張之洞等人在清廷內外評議時政，上書言事，彈劾大臣，指斥宦官，對外反對列強蠶食，對內主張整飭綱紀，清流人物憤懣不平，大聲疾呼，亟欲改弦更張以挽回天下之風

化，純化儒家道統。張之洞作為清流人物，尚知六經大旨，以維持名教為己任。中法之戰、馬江一敗，亡國之危迫在眉睫，天下大局一變，於是清流黨悚然一驚紛紛轉入洋務，這以張之洞最具代表性。傳統中國的忠信篤敬，只是形而上的「德」，永遠抵擋不了西方列強的巨艦大炮的轟擊。怎麼生存？答案不外兩個：要麼死守著傳統不變；要麼向西方學習先進技術增強實力。張之洞選擇的是折中妥協：堅持傳統的根本，適當地學習西方先進兵工科技以圖富強。這是面對嚴峻現實他不得不從實際出發的選擇。洋務的單純學習西方技術，只是治標，而不是治本，無法從根本上擺脫落後，因為技術掌握在不同人的手中，會產生截然不同的效果，而這些掌握技術的人作用的發揮，又取決於社會與政治的因素。在學習人家的先進發達技術同時，適當地吸收西方社會、政治的某些有利於現代化的因素，成為洋務發展到一定階段後一代激進知識份子關心的問題。他們關心的不僅是單純的技術問題，而是涉及政治體制方面。從客觀上看，當時洋務中一些帶有現代工業生產性質的企業，不管是洋務官辦還是私營企業，生產力發展到一個新的高度，而生產關係仍然基本上固步不前，限制了這些企業的發展，大多數洋務企業是做賠本買賣，入不敷出，虧損倒閉。經濟實力的弱小也代表著政治的弱小，從改革政治的某些方面弊端入手，增強經濟實力，是東方的強國之路，康有為所上《日本變政考》和《俄大彼得變政記》就是這個目標。但這涉及到政治與傳統的根本性的問題，張之洞絕康、梁以謝天下，也是因為此故。他的《勸學篇》極力想把現代化的步子納入傳統的軌道，使之不構成對傳統文化和統治制度的危害。但他還是失敗了。

辜鴻銘充分看到了張之洞的悲劇，也是傳統派的悲劇，因此，十年以後，他借悼念張之洞寫了《中國牛津運動故事》（*The Story of a Chinese Oxford Movement*，中文名《清流傳》），對東西方的反現代化思潮及其失敗作了對比分析。

　　他認為19世紀英國發起於牛津大學教堂內部的以紅衣大主教紐曼為代表的改革運動，即恢復17世紀原有的教理意識、保存羅馬天主教義的所謂的「牛津運動」，與以張之洞為代表的清流運動，具有相近的性質。兩者所反對和攻擊的是同一個敵人—現代歐洲高度物質文明的破壞力量。這兩個阻止現代化之潮的運動都出現了相同的失敗命運，原因是各自的思想領袖對其自身文化的瞭解都太褊狹了，他們都缺乏一個純正思想家的活躍思想與堅定不移的信仰，英國的紐曼只知基督教，而張之洞只知儒學，他們應瞭解並認識兩者的價值。辜鴻銘的意思包括兩個方面：一是真正的西方文化—歐洲17世紀以前的文化—與中國的傳統文化具有同等的最終價值。二是只有對東西文化有充分瞭解的人，才能拯救東西文化。張之洞知六經大旨，以扶持綱常名教自勵，但其缺點在知道學習巨艦大炮，而對「真」西方文化的價值一無所知。張之洞「中學為體、西學為用」只是籠統的模糊的概念，它的弊端是，人必須具有雙重的品德原則，作為個人，必須信奉並堅持孔教，但作為一個民族必須放棄孔教，採納歐洲的做法，「成為食肉獸」的民族。因而「中體西用」是從表面上對西方的模仿，抄襲了西方社會的缺點，並不是真正意義上的西方文化。辜鴻銘在此書中想表達的觀點是中國學習瞭解西方，不單單是學槍炮機械，而是要培養精通東西文明的人才，這種人才，「既沒有中國學者學歷過長、

自高自大、炫耀博學的毛病，也沒有滿族、貴族驕傲不遜的階級偏見，對古老的中國文明之美及其品德價值的深刻瞭解和對現代歐洲文明的廣泛進步理念的敏捷體會，他能夠把兩者結合起來」。辜鴻銘認為，「只有這樣我們才可以期望中國真正的革新，一個新中國，還不單是中國人的新中國，而是人類的文明的新中國」。[45]這裏辜鴻銘儼然認為只有自己，一個對東方、西方文化都能充分瞭解的人物，才能擔當起挽救兩個文化的使命。

四、對新政立憲的批評

光緒三十二年（1906），張之洞由晉協辦大學士，擢體仁閣大學士，授軍機大臣兼管學部。而辜鴻銘此時還在上海黃浦江浚治局任職，張之洞不忘舊情，又招之入京，1908年辜鴻銘被任命為外務部員外郎，旋由員外郎、郎中而晉左丞，這是辜氏政治生涯的頂峰期。

然而，這時的政治、社會的局勢對他來說卻很不如意。自從《辛丑合約》後，清政府處於內外交困、危機深重的境地，為了使這個日薄西山的皇朝命運不致被革命的力量淹沒，清政府宣佈從1901年開始實行所謂的「變法」與「新政」。大量編練新軍，命各省督撫將原有舊軍嚴行汰裁，從中精選若干營，分為常備、續備和巡警等軍，一律操習新式槍炮，並向全國推廣北洋和湖北訓練新軍的經驗，建立軍事學堂，培養新軍軍官。1903年設立練兵處，領導全國練兵事務。1904年，頒佈新軍營制、餉章。1905年又統一全國新軍番號。

45　見 *The Story of a Chinese Oxford Movement*（《清流傳》）。

同時對教育也做了改革。1901年，劉坤一、張之洞會奏變通政治，應先興學育才摺。1902年清政府頒發《欽定學堂章程》，次年又頒發《奏定學堂章程》，規定了第一個在全國範圍內實際推行的學制，初具近代教育的意義和規模。1905年9月清政府終於諭令停止八股科舉考試，成立學部，主管全國教育。先後派遣一批青年和官員到國外留學，其中去日本的人數尤多。這些都有利於西方自然科學與民主思想在中國的傳播。

　　但是清政府這些在「中體」上的小小改良已經落後於歷史發展，不能挽救其命運。以推翻清朝統治作為奮鬥目標的資產階級革命力量業已登上歷史舞臺。比康有為思想更激進的孫中山，組織了同盟會，成為這股革命力量的核心。同盟會的宗旨是「驅除韃虜，恢復中華，創立民國，平均地權」，不斷在全國各地發動武裝起義。清政府面臨的大敵已經不是康有為，而是具有武裝力量的孫中山革命軍了。因此反倒覺得原來恨之入骨的康有為提出的「君主立憲」與孫中山的「革命」相比還是溫和的，立憲的做法不失為延長自己「壽命」的辦法，與其被「革命」，還不如立憲的好。在這種刺激下，清政府的一些駐外使臣和地方督撫，也相繼籲請立憲。1904年夏，駐法公使孫寶琦就要求清政府仿效英、日等國實行君主立憲。兩江總督周馥、湖廣總督張之洞、兩廣總督岑春煊也放棄原來反對的立場，奏請立憲。直隸總督袁世凱請清政府派遣人員出國考察。清政府為了苟延殘喘，不得不決定「預備立憲」。

　　1905年7月，慈禧決定推行「預備立憲」，簡派鎮國公載澤、巡警部尚書徐世昌、戶部侍郎戴鴻慈、湖北巡撫端方、商部右丞紹英五

大臣出國考察憲政。慈禧告訴他們出國考察，憲政對清廷「若果無妨害，則必決意實行」，但就在他們出發那天卻被革命黨人吳樾炸傷，出國日期推遲至12月。待五大臣出洋「看洋畫」回來之後向慈禧陳請立憲。如載澤密奏慈禧，打著實行立憲的幌子可以「皇位永固」，清除「內亂」，至於「實行之期」可以隨意拖延。因此，1906年9月1日慈禧發佈「預備仿行憲政」的「上諭」。

推行「預備立憲」的措施主要有：改革中央與地方機構的官制，把各省督撫的軍權、財權收歸中央；中央籌設資政院，作為未來「國會」的基礎，各省籌設諮議局，為未來地方議會的基礎；頒佈《欽定憲法大綱》23條，規定皇帝擁有政治、經濟、軍事、法律等一切大權，而臣民有納稅、當兵、守法的義務。同時正式宣佈「預備」立憲以九年為期。

1908年，清政府向各部及地方官員下詔條陳時政，辜鴻銘應詔寫了《上德宗景皇帝條陳時事書》。在這長達5000餘言的文章中，辜氏對上述清政府所試行西法、新政提出了全面的不妥協的批判。

這篇文章的主旨是「內政宜申成憲，以存綱紀而固邦本；外事宜定規制，以責功實而振國勢」。他說：「草野之愚以為國之所以不立者，或由外患之所迫，或由內政之不修。獨是外患之憂，猶可以為計，若內政不修，則未有能立國者也。」他從這兩個方面批評清廷存在的問題。

其一，行內政而不守舊法

辜鴻銘說：「若今日我國之制度，其規模雖取法於前明，而體制實證驗於往代，歷今已千百餘年矣，分目細條，或須隨時刪定，而大綱要領，豈有不足為治者哉。」他認為中國的法令制度要遠比西方完善嚴密，西洋「行法施政，猶多偏駁繁擾，如商入議院，則政歸富人；民立報館，則處士橫議；官設員警，則以匪待民；訟請律師，則吏弄刀筆。諸如此類，皆其一時習俗之流弊，而實非治體之正大也」。但是現在中國士大夫「不知西洋亂政之所由來，遂至朝野皆倡言行西法與新政。在朝諸大臣又不知清靜無擾為治國的大體，或隨聲附和，或心雖知其不便，又不明辨是非，遂致近日各省督撫多借西洋、新政名目，為所欲為，而不管百姓怨苦」。

其二，辦外事無定章可守

西方的先進技術，如電報、輪船、鐵路等等，這些有利於國計民生的事，時至今日又不能不仿效。但天下事，有一利必有一弊，因此，對辦理外事要嚴定限制，現在的各省官吏一會兒辦學堂，一會兒興商務，百姓未受到一點好處，只有各種文告命令、苛捐雜稅，房捐、米捐、酒捐、糖捐，日加月增，使得民不聊生。此其一。各省督撫、封疆大吏爭言辦洋務，動支百萬金沒有敢過問，也不稟報朝廷，造成內輕外重之勢，此其二。這些都是辦外事無定章可守的弊端。

因此，辜鴻銘提出自己的見解。

一、內政宜申明成憲

辜鴻銘說：「擬請特諭軍機大臣會同各部院大臣並酌選久于外任

有學識之大小人員，隨同辦理，將該部現行事例，徹底推究，據實釐定，務使簡明易行……然後奏明為令甲，分別綱目，刊成簡明善本，頒行天下。以此成憲申明，則綱紀立，而庶事可以得其理矣。」

二、辦外事統籌全域

要嚴格按章辦事，朝廷大綱既定，不准輕易改動而行西洋新政。當今不得不辦的事情，如練兵、設專門學堂、製造以及各種用西法的地方，都要按朝廷制定的規則辦。「以與民無擾為本。凡用西法之事，必俟朝廷統籌熟議，定立規則，特降諭旨，指省飭辦，始准恪遵所定規制舉行辦理。如未奉此旨，以前業已舉辦，能停止者，即行停止，若勢實行未便即行停止者，則不准擴充，並將現辦情形奏明，請旨定奪。」

三、修邦交重於講武備

對中國來說，辦理外事，主要是防外患，國家因為汲汲於防外患而無餘力顧及內政。但外患越來越防不勝防，都是未得其肯要，防外患猶防水，徒為堵禦之防，而不設疏通之法，愈積愈不可防。那麼如何防外患呢？辜鴻銘說，「所以防外患者，唯在修邦交與講武備兩事最為緊要」，但修邦交與講武備要有輕重緩急，孰為輕重，孰為緩急，孰應先後，要有選擇。照他的意見，應重在修邦交，以練新兵為次，修邦交重於講武備。為什麼呢？他說：

我中國今日民生凋敝，士氣不振，若不體量民力，一意汲汲於籌餉練兵，慕奇功求速效，職之愚誠恐此非特不足以禦外患，而且必重

傷民生，適足以致內亂耳。古人有言，「兵猶火，不戢將自焚也」。即使我今日所練之兵固有奇效，若我不修邦交之道，則彼聯我孤，彼眾我寡，我或猶可以敵其一國，試問能敵其眾國耶？故臣之愚為，今日與其積力以防外患，而外患未去，內患已可虞，不如節兵費以裕民生，以治內政，以修邦交，而外患要無不可以銷也。

這也是發人所未發、道人所未道的觀點。

四、用人與用款

至於辦理外事，關鍵在於用人與用款兩端，尤以用人為要。辜鴻銘說：「用小人以辦外事，其禍為更烈，是尤不可不加慎重也。臣觀今日內外大臣所用一般辦理外事之員，率皆樹立私黨，非其故舊屬吏，即系采聽虛聲羅致門下，彼此藉以自固，故奔競貪緣者，易以幸進，而賢能廉退之士反無自而升。」因此，「辦理外事用人用款，應如何嚴定規則之處，應請特諭軍機大臣與外務部熟議，俾辦理外事之大臣，人人知有限制之當守，然後籌一辦理外事之款，則款皆實銷，用一辦理外事之人，而人收實效矣」。

辜鴻銘是極為大膽的狂生，他敢於直言。「用小人辦外事其禍為更烈」一話，是針對當時正擔任外務部尚書的袁世凱而言的。辜氏曾在多種場合甚至當面嘲諷袁世凱，在這個上奏中又說出如此這般的話，深為袁世凱憎恨。張之洞也同樣看不起袁世凱，但又為辜鴻銘這樣罵袁世凱擔心，告誡辜鴻銘說：「此奏鹿定興（即江蘇巡撫鹿傳霖）卻極欽佩，然何必爾。」辜鴻銘憤然答曰：「此時尚非袁之天下！」

張之洞為之默然。辜鴻銘認為正是袁世凱這一類小人斷送了清朝的命運，毀棄了中國文明。後來他說：「袁世凱的行為，連盜蹠賊徒之廉恥氣義且不如。袁世凱原奉命出山以扶清室。既出，乃背忠棄義，投降革命黨，百般狡計，使其士兵失了忠君之心，然後擁兵自衛，成了民國總統……袁世凱的行為不但毀棄了中國民族忠義的觀念，並且毀棄中國之政教，即中國之文明。」[46]

辜鴻銘對洋務運動的批評開始即堅持不變的看法，既認為時事如此，西方先進的東西不能不仿行，又認為學習西方有利有弊，西方的觀念，如自由、民主、平等的思潮，立憲、議會的制度甚至共和革命的意識都會隨之而來，這些不可避免地要衝擊清政府這個風燭殘年的病軀。現在除了洋務之外，朝廷決意實行西法、新政、預備立憲，更使他憂心忡忡。從這些看，辜鴻銘是頑固守舊的。但辜鴻銘與當時大批的頑固派封建官僚又不同，徐桐等封建官僚是出於盲目的自大，對西方社會一無所知，只知道「天不變，道亦不變」，死守住祖傳的三綱五常、詩書禮教的「大道」，認為如果廢「祖宗之法」，天下就會大亂。徐桐甚至把數學也斥為「洋鬼子的學問」加以排斥。辜鴻銘的反對西學、新政是立基於對西方資本主義國家透徹瞭解基礎上的批判，屬於西方世界文化保守主義理論體系的一部分，西方的文化保守主義看到資本主義社會的大工業生產造成的社會倫理規範的破壞、文化精神的危機、對內的兼併、對外的資本輸出、殖民侵略以及由此而引起的戰爭。他們不能接受馬克思的理論，又找不到出路，把東方的社會看做是未來的希望與出路。辜鴻銘正是從這個立場出發看待中國

46　見 *The Story of a Chinese Oxford Movement*（《清流傳》）。

的傳統文化，並形成「中國文化拯救世界」的自信心的。辜鴻銘的守舊，不是出於其頑固不化的立場，而是出於其思想體系的觀點。同時，哲學思想在很大程度上決定於氣質，這在辜鴻銘的身上體現得最明顯，也許作為一個東方殖民地的黃種青年在西方白人的世界裏受的冷遇太多，自己的性格又倔強高傲，所以激起他民族精神的自大狂傾向，以精神分析的觀點看，他對傳統文化無條件的讚美，對西學新政的攻擊，也是一種精神壓迫的表現而已。

辜鴻銘雖然於中西學問甚為淵博，見解敏銳，但是他畢竟只是一個書生，書生氣太重，對實際政治問題的看法很不實際，像他師事的英國浪漫詩人一樣，過於天真，拿書本知識來衡量社會現實，如他對清政府練新兵防外患，提出這樣的批評：「昔韓安國對漢武帝曰『高皇帝嘗困于平城，七日不食，及解困反而無忿怒之心』。聖人以天下為度者也，不以己怒傷天下之功也。蓋彼臥薪嚐膽之論，猶是當時戰國列邦之陋習，而非我帝王治天下之大度也。」在亡國之危迫在眉睫之時，還發這種不切實際的「高論」，近於道學家的迂腐了。但總體上說來，這篇文章的見解仍是深刻的。羅振玉譽之為：「探根索元，洞見癥結，余愛而讀之，竊以為賈長沙復生，不能過是，蓋天下之至文，沉疴之藥石也。」[47]並不全是溢美之詞。

1909年，辜鴻銘相隨二十餘年的府主張之洞去世，這對辜鴻銘是一個不小的打擊，因為在這二十年中，他這個不拘小節隨便臧否人物的狂生唯有文襄大度能容，處處愛護，褒揚有加，張文襄在清末諸大

47　《讀易草堂文集序》。

臣中最有遠見卓識，寬容好士，清正廉潔，政聲甚好，遠非盛宣懷、端方、袁世凱等可望其項背，尤其在維護國家利益上賓主甚為相得，他可為辜鴻銘一生唯一知己。因此，辜鴻銘寫了兩本書來紀念文襄。一是《張文襄幕府紀聞》，一是 *The Story of a Chinese Oxford Movement*（《中國牛津運動故事》，中文名《清流傳》）。在《張文襄幕府紀聞》的《序言》中說：

余為張文襄屬吏，粵鄂相隨二十餘年，雖未敢云以國士相待，然始終禮遇不少衰。去年文襄作古，不無今昔之慨。今夏多閒，摭拾舊聞，隨事紀錄，便爾成帙，亦見雪泥鴻爪之遺云爾。其間系慨當世之務，佞妄之罪固不敢辭。……余賦性疏野，動觸時諱，處茲時局，猶得苟存，亦自以為萬幸，又何憤焉？惟曆觀近十年來，時事滄桑，人道牛馬，其變遷又不知伊於何極，是不能不摧愴於懷。古人云：「作《易》者其有憂患手！」識者亮之。

可見這本書雖系「摭拾舊聞」，而實寓憂憤之意。涉及了當時社會許多方面，較全面地表現了辜氏的思想。其中對洋務和維新的批評尤多，這在前面已多徵引，此處不贅。除此之外，還有數端：

一、表現他堅持中國傳統文化的立場

辜鴻銘對孔子的學說是深信不疑的，他也處處以孔子教教人，常在笑談間闡發孔子之教。如他曾應邀參加一位朋友舉行的宴會。座中只有他為華人，眾推他居首座。宴談中西人問：「孔子之教有何好處？」他回答說：「頃者諸君推讓不肯居首座，此即是行孔子之教。

若行今日所謂爭況競之教，以優勝劣敗為主，勢必俟優勝劣敗決定後，然後舉箸，恐今日此餐大家都不能到口。」座客粲然。然後他借此事發揮：「傳曰：『道也者，不可須臾離也。』孔子六經之所謂道者，君子之道也。世必有君子道，然後人知相讓；若世無君子之道，人不知相讓，則飲食之間，獄訟興焉；樽俎之地，戈矛生焉。余謂教之有無關乎人類之存滅，蓋以此也。」這是針對西方競爭觀念而言的。[48]他在這些具體事例中，常常援引孔孟之道。如拿孔子之說批評荀子「務外」未脫功利之念；[49]以孔子「罕言利」、董仲舒「正其誼不謀其利，明其道不計其功」批評張文襄「私利不可講，公利卻不可不講」；[50]以《易傳》的「道」與「器」與孔子的「可與立，未可與權」批評張文襄的辦洋務是「術」而不是「權」；[51]以《中庸》「賤貨貴德」諷刺盛宣懷「《中庸》一書乃是有大經濟之書」的功利之說。[52]等等。

二、對社會現實的批判

辜鴻銘反對洋務，反對西學與新政，讚美中國傳統，甚至讚美蓄辮、纏足、納妾，以致給人們普遍的一種錯覺：他是頑固維護清朝政權的奴才，在為數寥寥的有關辜氏的文章中不少人持此觀點。辜鴻銘雖然為慈禧太后歌功頌德過，但又敢當眾多官僚面編《愛民歌》大罵慈禧太后，奢侈腐化，不顧百姓的死活。[53]辜鴻銘與一般人不同的是，他對下層百姓疾苦的深切同情，這從下文他對太平天國起義與義

48　《張文襄幕府紀聞・孔子教》。
49　《張文襄幕府紀聞・務外》。
50　《張文襄幕府紀聞・公利私利》。
51　《張文襄幕府紀聞・權》。
52　《張文襄幕府紀聞・王顧左右而言他》。
53　《張文襄幕府紀聞・愛國歌》。

和團運動的評價中即可看出。對清朝官場腐敗，他批評得更不留情，在他看來，清朝的官吏，除了曾國藩、彭玉麟、文祥、張之洞之外，沒有什麼好官了。他說：「中國之亡，不亡於實業，不亡於外交，而實亡於中國政府之好吹牛皮。」[54]簡直是破口大罵了。他認為朝廷上為國家理財的諸公「非理財也，乃爭財也。馴至言理財數十年，其得財者，惟洋場之買辦與勸業會之闊紳」，「蓋今日中國，大半官而劣則商，商而劣則官，此天下之民所以幾成餓殍也」。因此，他認為在孔子那句「君君、臣臣、父父、子子」的名言後邊，還應當再加一句「官官、商商」。[55]這真是對買辦官僚一針見血的揭露。他說李鴻章門下的幕僚羅豐祿輩「皆腰纏巨萬作富家翁」；[56]盛宣懷的僚屬「即一翻譯，亦皆身擁厚貲，雄富一方」。[57]做官的尋花問柳，放浪輕浮，張人駿乃將督部堂煌煌告示，貼在妓館娼寮「維持風化」；[58]他諷刺五大臣出洋考察就像文盲翻書「看書中之畫」一樣，「亦可謂之出洋看洋畫耳」。[59]諷刺中國向外國借款是「二十世紀數學改良」，「前數學三三如九，今則不然。我借洋款三三如九，則變作三三如七。俟我還洋款三三如九，則變作三三如十一」。[60]他對夜郎自大的頑固派和唯洋是學的洋務派都不滿，說：「猶憶道光末年，徐松龕中丞名繼畬撰《瀛寰志略》，當時見者譁然，謂其張大外夷，橫被訾議，因此落職。自來我中國士大夫夜郎自大，其貽譏外人固不足怪；惟今日慕歐

54　《張文襄幕府紀聞‧不吹牛皮》。
55　《張文襄幕府紀聞‧官官商商》。
56　《張文襄幕府紀聞‧貴族》。
57　《張文襄幕府紀聞‧理財》。
58　《張文襄幕府紀聞‧禁嫖賭》。
59　《張文襄幕府紀聞‧看畫》。
60　《張文襄幕府紀聞‧新算學》。

化者，又何倨而後恭也。」[61]總之，這個社會在辜鴻銘看來是沒有多大希望的，他說：

　　竊謂中國自咸同以來，經粵匪擾亂，內虛外感，紛至迭乘，如一叢病之軀，幾難著手。當時得一時髦郎中湘鄉曾姓者（即曾國藩），擬方名曰「洋務」清火湯，服若干劑未效。至甲午，症大變，有儒醫南皮張姓者（即張之洞）另擬方曰「新政」補元湯，性躁烈，服之恐中變，因就原方略刪減，名曰「憲政」和平調胃湯，自服此劑後，非特未見轉機，而病乃益將加劇焉。勢至今日，恐殆非別擬良方不可。[62]

　　三、對清末諸大臣的評騭

　　論曾國藩。辜鴻銘認為曾國藩是一個了不起的大臣，其最大的優點即秉性忠貞，學術純粹。在鎮壓太平天國時，曾握重兵，部將皆梟雄，這與東漢末董卓地位相同，但曾國藩沒有絲毫割據之心，「倘使文正稍有猜忌，微萌不臣之心，則天下之決裂必將有甚於三國者。天下既決裂，彼眈眈環而視我者，安肯袖手旁觀者不續兆五胡亂華之禍也哉？」因此，他感激地說：「微文正，吾其剪髮短衣矣！」[63]但他對曾文正又有微詞。曾文正雖然學術純粹，理學造詣很高，但他只是「計天下之安危，論行政之得失」的大臣，他為國家策劃方略只以倡辦製造廠、船政局等洋務運動為急務，對西方的語言文字、學術制度

61　《張文襄幕府紀聞・自大》。
62　《張文襄幕府紀聞・政體》。
63　《張文襄幕府紀聞・不排滿》。

皆不過問；僅計及於政，未計及於教；僅知以為國家謀功利，而不知六經大旨為立國之本，這正是曾文正的「陋處」，所以未能使清朝振興。然咸同間中興人才除曾氏之外無一人有大臣風度。[64]

論李鴻章。李鴻章的品行學誼不如曾國藩純粹，所以也沒有曾國藩的德望聲威。繼曾為相後，沿襲曾文正所定天下大計，沒有絲毫改進，只知辦洋務一事。所以李鴻章「不過一漢之曹參，事事追蕭何約束耳」。「只可謂之功臣而不可謂之大臣。」而且李鴻章正如梁啟超所謂的「不學無術」，根本不知「六經」大旨，「一切行政用人，但知功利，不論氣節，但論才能，不論人品」，所以導致清流黨的激烈批評，大聲疾呼，亟欲改弦更張以挽回風化。尤其是甲午中日一戰，大敗而歸，這與李鴻章大有關係，更使李的聲威掃地。在辛丑協議時，又不能為國家爭主權，誤國誤民，反認為張之洞的幹議是「書生見解」，因此「文襄門下論及李文忠，往往痛加詆諆」，辜鴻銘說，「今之李文忠，曾文正罪人也」，也不僅是出於門戶之見，而更多出於國家公心，大體上仍是符合實際的。

論張之洞。辜鴻銘對張之洞雖有感知遇之恩，但也有客觀批評。他把張之洞與曾國藩相提並論。曾國藩是「大臣」，張之洞是「儒臣」，「三公論道，此儒臣事也，計天下之安危，論行政之得失，此大臣事也」。「政之有無關乎國家之興亡，教之有無關乎人類之存滅，且無教之政終必至於無政也。」張之洞高於曾國藩者即在於「知六經大旨，以維持名教為己任」，懂得儒家政教合一的思想。但是辜鴻銘

64　《張文襄幕府紀聞·曹參代蕭何》。

對張之洞由清流而轉洋務略有不滿。雖然他知道張之洞的轉變是為了借富強而強中國、保名教的不得已的苦衷，但是其門下康、梁一出，導致了戊戌政變。說明張之洞的學術也不純粹，有點荀子的「務外自高」和「功利之心」的「小疵」。他說：「張文襄學問有餘而聰明不足，故其病在傲；端午橋（端方）聰明有餘而學問不足，故其病在浮」。譏張之洞「其學不化」。他在與張之洞關於公利私利、權與術等問題的爭論中也都表現了他的觀點。尤其不滿的是張在晚年也奏請「立憲」一事，深惜張之洞見解的狹隘。然而這些只是不贊成張的觀點而已，對張之洞的道德人品、知遇之恩他還是銘感不已的。感激而又不苟同，這正是辜鴻銘倔強的性格所在。

此外，對中法戰爭時虎門守將彭玉麟虎門哭失聲的忠愛之情給予讚揚，並說自己的《尊王篇》即是有感於此事而作。[65]對「創設同文館，欲培洋務人才，以通西洋語言文字、學術制度為銷外患之要策」的洋務大吏、內閣學士文祥譽之甚高，認為「文文忠之遠略，有非曾文正諸賢所可及也」。[66]為以經商成巨富後樂善好施興辦教育的葉澄衷專門作《葉君傳》。[67]

但是這些能夠被他讚美的畢竟只是少數，而大部分的官僚是受他唾棄的，他當面諷刺盛宣懷比張之洞更善於理財，理由是張之洞幕僚皆貧窮，而盛宣懷的僚屬即一小翻譯也身擁厚貲。[68]把袁世凱比作「賤種」：「余謂袁世凱甲午以前，本鄉曲一窮措無賴也，未幾暴富

65　《張文襄幕府紀聞‧虎門軼事》。
66　《張文襄幕府記聞‧大臣遠略》。
67　《張文襄幕府紀聞‧葉君傳》。
68　《張文襄幕府紀聞‧理財》。

貴，身至北洋大臣，於是營造洋樓廣置姬妾。及解職鄉居，又複構甲第，置園囿，究奢極欲，擅人生之樂事……人謂袁世凱為豪傑，吾以是知袁世凱為賤種也。」[69]辜鴻銘的憤世嫉俗的性格使其文章具有極大的批判精神和辛辣的諷刺力量。

辜鴻銘在全面吸收了中國文化之後，提出了中國人應如何依靠自己傳統文化的優勢，來抵禦消弭西方強大現代物質文明對中國傳統的破壞力量。他以一個上海的老百姓為了維護自己寧靜優雅的傳統生活方式反對租界修建電車道為譬喻，來說明對這個問題的解決方式。

在當時中國，解決這個問題有四種方式：

一是上海百姓可以公開抗議在上海街道上修築電車道，如果抗議無效，他自己也好，糾集一些志同道合的人也好，向電車司機抗議，要求停車。如果無效，那麼，就用拳頭和身子拼命抵擋正往前開的電車，這樣做，上海百姓就會粉身碎骨，而電車路卻原封不動。這是端王等一些頑固派利用義和團抵擋列強的方法。

另一種方法是，上海住戶自己或找幾個朋友建立一個對立的電車道公司，從財政方法和其他方面來搞垮外國的電車道公司。到這一步，且不說能不能夠搞垮對方，而原來的生活方式要被破壞，會把上海搞得亂糟糟的。這是張之洞用以抵抗歐洲物質文明侵入中國的方法。

第三種做法是上海百姓跟電車公司斷絕關係，但是斷絕關係與不

69　《張文襄幕府紀聞・賤種》。

合作並非精神上的力量，不能用來矯正或改革社會上的失誤，這是俄國托爾斯泰和印度的甘地所主張和建議的做法。辜鴻銘說托爾斯泰在給他的公開信上宣導的「跟一切歐洲的東西斷絕關係」來對付社會禍患的方法也絕不是新方法，與佛教改革社會的方法一般無二。

辜鴻銘認為以上的這些做法對保護中國傳統文明都是行不通的，然後提出了他的看法：這些百姓不必跟電車道公司脫離關係，甚至可以袒護它，不過在私人生活和公眾生活中，千萬要有充分的自尊和忠厚的表現，以得到上海全體人民的敬重，全體人民團結一致給予他精神和道義上的力量。他代表所有人民闡明電車道的危害，爭取一切正義的支持，來迫使電車道的作廢。辜鴻銘認為這是孔子抵制社會禍患和政治禍患、改造世界的辦法，也是促進世界和平、安定，促進真正世界文明的唯一動力。

第三章

尊王之旨——辜鴻銘的反洋教思想

辜鴻銘在認定了中國文化及其價值之後，便畢生致力於維護中國傳統文化，弘揚中國人民精神的事業。西方列強對中國的掠奪，不僅是經濟上赤裸裸的掠奪，更深層意義上也是對中國文化傳統、價值觀念的踐踏。辜鴻銘以他犀利的筆鋒向全世界揭露了西方帝國主義侵華的罪行。儘管有些觀點不一定正確，但動機無疑是善良的，立論也是深刻的。這是辜鴻銘對中國近代社會的重要貢獻。

3.1　東西方文化衝突與反洋教運動

　　清政府由於其軟弱與腐敗，導致外交上處處被動，屢屢失敗，靠割地賠款以換取暫時的苟安。西方列強對中國的侵略一是借助於洋槍巨艦發動直接的戰爭，另一則是派遣傳教士到中國，在洋槍洋炮的翼護下以傳教為名，實行間接的掠奪與統治。後者更具有欺騙性和隱蔽性。這正如英國諾爾斯所說：「事實證明，傳教士是英國了不起的尖兵。」「在擴大英國殖民地方面，有一個團體比其他任何人有更多的貢獻，那就是傳教士……所進行的工作。」[1]傳教士仗著他們武力的後盾，對整個中國進行無孔不入的滲透與侵略，雖然在傳播文化、興辦教育上有一些積極作用，但主要的剝削性質卻沒有改變。這些披著宗教外衣的帝國主義分子在侵略中受到中國人民的抵制，形成了中國近代史上特有的「教案」。從1840—1900年全國發生的大大小小教案400餘起。這些外國傳教士有的強佔民房、霸佔土地；有的勾結地痞流氓、土豪劣紳橫行鄉里、欺壓百姓；有的目無中國法紀胡作非為，

1　諾爾斯著、袁績藩譯：《英國海外帝國經濟史》第一卷，上海人民出版社，1966年版。

侮辱中國官員，干涉中國內政以至開槍殺人；有的不尊重中國風俗習慣，強行傳教或侵佔、毀壞中國廟宇；甚至有的借辦育嬰堂、孤兒院扼殺幼兒、拐賣兒童，激起了中國人民的義憤，起而自衛。每次教案的發生，傳教士都受到外國軍艦赤裸裸的武力支持，列強在「炮艦政策」的支持下迫使清政府懲處中國人民，答應一切無理的賠償要求。這裏值得一提的是1891年前後長江流域的反洋教鬥爭。這年4月，揚州人民發佈揭帖，揭露傳教士欺壓中國人民的罪行，五六千平民包圍教堂，被清政府派兵強行驅散、鎮壓。5月，蕪湖人民因教會迷拐幼童而焚毀教堂，包圍英國領事館，發生蕪湖教案。6月，湖北廣濟縣武穴鎮人民反對教會販賣嬰兒，焚毀教堂，殺死一名英國傳教士。在英德兩國威脅下，身為湖廣總督的張之洞處分地方官1名，捕殺民眾2人，判7人徒刑，賠白銀6.5萬兩結案。9月，湖北宜昌人民反對法國傳教士拐賣幼童和美國傳教士開槍傷人，焚毀英、美、法教堂，是謂「宜昌教案」。英、美、法等九國公使聯合威脅清政府，各國軍艦駛至武昌漢口進行武力威脅。張之洞判處12人徒刑，賠款175771兩白銀結案。這些反洋教的怒火很快擴大到蘇、浙、皖、贛、鄂等省的數十個城鎮，凡有外國教堂的地方，都有中國人民的憤怒反抗，「竟有一縣而焚毀數處者」。[2]當時美國駐華公使田貝連續向美國國會報告，「幾乎在長江各通商口岸都有騷亂發生，重慶、鎮江、揚州、漢口及蕪湖都受到它的禍害」，「沒有一個城市是安全的，上海也包括在內」。[3]

2　《張文襄公全集》卷十三。
3　轉引自卿汝楫：《美國侵華史》第二卷，生活・讀書・新知三聯書店，1956年版。

這些教案，大多發生在張之洞管轄的範圍內，張之洞明知這是中國人民不堪忍受外國傳教士的壓迫而自發的義舉，但是，作為一個清朝的封疆大吏，出於維護清朝的統治和儘量減少涉外事件的目的，又不得不採取嚴厲的懲罰措施。帝國主義列強往往以教案作為進一步侵略中國的藉口，如第二次鴉片戰爭就是法國利用1856年的西林教案為藉口而發動的，英國在1876年也是借馬嘉理案強迫清政府簽訂了《煙臺條約》的。張之洞因這樣的前車之鑒不敢堂堂正正地維護中國的尊嚴和保護教案中的百姓，自然有他的苦衷。但對於無名無位的辜鴻銘來說卻沒有這些顧慮，他能理解府主的難言之隱，又激於中華民族的正義，敢於仗義執言。他用英文寫成專論，從純客觀的角度分析傳教士在中國各地的公開目標和種種為所欲為的行動，逐項加以指責，立論公允，事實確鑿，義正辭嚴，送刊於上海《字林西報》，其文一經刊出，不僅為國人大伸屈抑之氣，而且傳之海外，英國倫敦《泰晤士報》摘要轉載並加以評論，立即引起廣泛的國際反響，許多英國人士對列強挾武器力量、借不平等條約種種特權在次殖民地為所欲為視為當然的侵略行徑感到激憤、震怒，直接投書公開表示同情中國人民。在當時，國際輿論控制在西方列強手中，他們以強盜的邏輯，不僅未對教案給以公正的批判，反而指責是中國人的不是，從而蠱惑西方人民的仇華情緒。在列強歪曲事實不願說，中國懾於威力不敢說，西方人民因受蒙蔽不曾說的情況下，一位元中國人敢於用英文向世界提出公開的控訴，呼籲公平與正義，辜鴻銘的言論無異於空谷足音甚至晴天霹靂。所以，辜鴻銘—這位西方培植起來的原冀為殖民統治服務的工具的中國人—其民族尊嚴與正義感，贏得西方人士的好評。

1900年，義和團運動興起。義和團運動是中國人民反洋教運動的高潮，是長期以來此起彼伏遍及全國的反洋教鬥爭的總匯合。義和團在山東開始掀起反帝鬥爭，燒毀教堂，震動山東、直隸（河北）、江蘇等地。清政府先後派毓賢、袁世凱為山東巡撫，鎮壓義和團，但義和團的反帝怒火已在山東、河北等地燃起，已非一時所能撲滅。從1898到1900年初，在短短的一年時間內，義和團從山東、河北向北發展直趨北京、天津，儘管義和團內混進地主紳士或下級官吏，成分較複雜，但在反洋教反帝國主義上還是一致的。他們並不希望去奪取清朝的政權，而提出「扶清滅洋」的口號。他們風起雲湧地到北京與天津，也是為了把外國侵略者傳教士統統驅逐、殺光。因此，清政府內部在對待義和團是「撫」或是「剿」，發生了尖銳的分歧與激烈爭論。義和團是「義民」還是「匪」，對待義和團是「撫」還是「剿」？一派認為義和團是義民，對於統治階級是好事，至少不是很壞的事。另一派認為義和團是拳匪、亂民，極危險。軍機大臣、節制北洋各軍的榮祿，協辦大學士、軍機大臣剛毅和端王載漪，山東巡撫張汝梅、毓賢等主「撫」。太常寺卿袁昶，繼毓賢後任山東巡撫的袁世凱、直隸總督裕祿主「剿」，封疆大吏兩廣總督李鴻章、湖廣總督張之洞、兩江總督劉坤一實際上也持這種觀點。主「剿」主「撫」兩派相持不下。但義和團已經逼近北京、天津，造成了近於無法控制的強大壓力。擺在慈禧太后面前有兩條路：一是聽從西方列強的要求，以至於依靠外國力量來鎮壓義和團求得國內的「太平」，與外國侵略者罷兵。這是袁世凱、李鴻章、張之洞、劉坤一等人的意見，但這樣做要冒很大的風險，在全國性的義和團運動中，搞不好會有滅頂之災。另一條路是暫時穩住義和團以徐圖解決辦法。慈禧太后顯然以為後者可

行。那拉氏這樣做還出於另一個原因，就是戊戌變法失敗後她囚禁光緒，決定廢光緒帝，立端王載漪之子溥儁為大阿哥，這遭到列強的干涉和多次警告，希望她「歸政」，這使慈禧老羞成怒，希望借義和團的力量穩住自己的統治。她發給榮祿的命令說：「此等拳民，雖屬良莠不齊，究系朝廷赤子，總宜設法彈壓解散，該大學士不得孟浪從事，率行派隊剿辦，激成事端，是為至要。」[4]剛毅寫給清政府的報告說，義和團人多勢眾，直隸、山東各州縣無處不有，誅不勝誅，「斷無輕於用剿之理」。[5]同時，在發給李鴻章等人的電報中說：「爾各督撫度勢量力，不欲輕構外釁，誠老成謀國之道。無如此次義和團之起，數月之間，京城蔓延已遍，其眾不下十數萬。自兵民以至王公府第處處皆是，同聲與洋教為仇，勢不兩立。剿之，則即刻禍起肘腋，生靈塗炭，只可因而用之。奏稱信其邪術以保國，亦不諒朝廷不得已之苦衷矣。」[6]在1900年1月清政府發佈對義和團只問其為匪與否、不論其會不會、教不教的諭旨後，英、法、德、美駐華公使紛紛提出抗議。法國公使畢盛召集美、英、德、意公使開會。1月27日他們向總理衙門提出內容相同的照會，要求清政府發佈諭旨徹底消滅義和團和大刀會。3月10日，他們再次提出相同的要求，要脅清政府在48小時內答覆。5月28日，駐北京的外交使團舉行會議，決定馬上以「保護使館」的名義調兵入京，並把這個決定通知總理衙門，後派兵進駐北京外國使館區。6月中旬，八國聯軍2000餘人載著大炮、機關槍由天津出發進入北京。義和團與八國聯軍展開搏鬥。在這種形勢

4　《有關義和團上諭》，見《中國近代史料叢刊：義和團》第四冊，上海人民出版社，1961年版，第15頁。

5　《義和團檔案史料》上冊，中華書局，1959年版，第137—138頁。

6　《義和團檔案史料》上冊，中華書局，1959年版，第187頁。

下，清政府必須決定對外是和還是戰。與「剿」、「撫」相關，又出現了對八國聯軍是主戰與主和兩派的尖銳對立，軍機大臣王文韶、戶部尚書立山、兵部尚書許用儀、內閣學士聯元、太常寺卿袁昶、吏部侍郎許景澄是主和派的代表。他們擔心憑藉義和團與外國作戰會招來大禍，帶來嚴重後果，危及清政府的統治，榮祿與慶王奕劻與李鴻章、張之洞、劉坤一以及光緒皇帝皆屬這一派。另一派即主戰派，以端王載漪、莊王載勳、輔國公載瀾、軍機大臣剛毅和大學士徐桐為代表。這些頑固派昧於實際，盲目自大，相信義和團刀槍不入的「法術」可以打垮帝國主義的武裝入侵，懷著冒險與僥倖心理主戰。載漪為了主戰，偽造一份列強給慈禧太后的《歸政照會》，其中一條勒令慈禧交出政權。6月20日，德國公使克林德被載漪虎神營一位下級軍官開槍打死。因此，清政府不得不向各國「宣戰」。但「宣戰」主要是鼓勵義和團攻打使館和教堂，把義和團推到帝國主義的槍口下，慈禧太后的目的是既用義和團作為清王朝向帝國主義列強示威的「力量」，又借帝國主義的屠刀來消滅義和團這個「心腹之患」，玩弄兩面派伎倆來左右周旋。榮祿奉慈禧密旨，大軍圍攻使館，但名為圍攻，實際上是圍而不攻，還暗中保護。赫德發現：「攻擊沒有一次幹到底，總是正當我們恐怕他們一定要成功的時候就停住了。」他很感謝掌握這種行動的人如榮祿，「或許是知道摧毀使館區將會對這個帝國和這個皇朝帶來怎樣損失的一位聰明的人。」他坦白地承認：「假使在我們周圍的軍隊真的徹底而決心地攻擊的話，我們支援不了一個星期，或許連一天都支持不了。」[7]

7　赫德：《這些從中國來》，第39頁，轉引自中國社科院中國近代史研究所：《中國近代史稿》第3冊，第210頁。

在整個戰爭中，只有義和團和一部分愛國清軍，用他們的武器和血肉之軀抵擋了八國聯軍的入侵。聶士成率領的清兵在天津浴血奮戰，直到由於寡不敵眾而大部分壯烈犧牲。天津失陷後，聯軍向西經通州而至北京，6月14日北京失陷，慈禧太后與光緒倉皇出逃，北京城中只有義和團和部分清兵繼續抵抗，義和團「被狂熱的激情所鼓勵，幾乎像一個發了瘋的伊斯蘭教僧徒」，「這樣的行為在對日本戰爭時是聞所未聞的，自從太平起義以來可能也沒有見過」。[8]

義和團運動雖然以失敗而告終，但它向全世界顯示了中國人民不屈的抵禦外侮的鬥爭精神，使帝國主義列強認識到瓜分中國只能是夢想。連瓦德西也承認「吾人在此卻有一事不應忘記，即中國領土之內⋯⋯共有人口四萬萬」，「彼等在實際上尚含無限蓬勃生氣」，「中國所有好戰精神，尚未完全喪失，可於此次『拳民運動』中見之」。[9]

辜鴻銘在這期間用英語寫了大量的政論時評。義和團運動一興起，中外騷動，辜鴻銘就秉承張之洞、劉坤一的意見並參以自己的見解寫了一系列的英文專論，送刊橫濱《日本郵報》（Japan Mail）和西文報刊上。這些文章中，他全面地分析義和團運動發生的原因，根據事實和公理強烈地指責列強對中國政治的干預和出兵入侵中國的暴行，強調中國素以禮教立國，故仍呼籲有關國家應運用理智、道德與公理來共同處理義和團運動。這些英文作品結集為《尊王篇——一個中國人對義和團和歐洲文明的看法》（英文書名 Papers from a Viceroy's

---

8　艾倫：《北京使館被圍記》（*The Siege of Peking Legation*）。
9　《瓦德西拳亂筆記》，載《中國近代史料叢刊：義和團》第四冊，上海人民出版社，1961年版，第86頁。

Yamen，直譯當作「總督衙門來書」，在上海刊行）。他也同時在國內一些中文或英文報刊上發表時論隨筆，分別闡述他的觀點，其中《尊王篇釋疑解禍論》最有代表性。

3.2 江南五省獨立及攘外思想

就在慈禧太后在北京宣戰以後，兩廣總督李鴻章、兩江總督劉坤一、湖廣總督張之洞這些擁有地方實力的封疆大吏卻聯合起來，對宣戰詔拒不執行，他們與上海各國領事簽訂了《東南互保章程》，策劃了江南五省的「獨立」。李鴻章、劉坤一、張之洞以及盛宣懷從一開始就主張對義和團實行「痛剿」，嚴厲鎮壓。多次上奏，勸慈禧改變主意，消滅義和團，以免「養癰成患，滋蔓難圖」。當宣戰詔下來，鼓勵各省民眾焚教堂，殺教民，各省疆吏不知所措時，李鴻章首先覆電：「此亂命也，粵不奉詔。」劉坤一、張之洞也扣壓慈禧的諭旨，以「矯詔」為理由，拒絕執行。張之洞深恐這樣一來，戰火蔓延到南方以至全國，會導致蒼生重遭塗炭，國家破亡。一連數夜不寐，個別談話垂詢，團體會議磋商。盛宣懷、沈瑜慶，何嗣焜、沈曾植等提出東南互保建議。辜鴻銘向張之洞提出，以「獨立」這種形式，不奉宣戰詔命，與列強使館互保，暫作緩衝，可以避免敵人乘虛而入廣州、上海，並深入武漢腹地，擾亂中原。一方面可乘機整軍備戰，並喚引全國人民同仇敵愾，保家衛國。[10]

10　這一節引文除注明外，均引自兆文鈞：《辜鴻銘先生對我講述的往事》，《文史資料選輯》總第108輯。

對帝國主義列強而言，八國聯軍攻入北京後，北京已陷入混亂狀態，各國駐華公使被困在北京，這時上海成為外交中心，駐上海英國代理總領事霍必瀾成為各國領事的領袖，他們在這種形勢下，一方面將海軍兵艦駛入吳淞口，令海軍陸戰隊登陸佈防，在租界戒嚴，隨時注意南方各省的動態，防止列強入兵，一方面阻止義和團運動向南方發展，保全帝國主義和清室官僚在南方的利益。在這種相互利用的共同目的下，列強擔心義和團的戰火會蔓延到江南，吞沒他們。上海英國代理總領事霍必瀾取得英政府的同意後，向劉坤一、張之洞分別提出保證，如果他們決心維持秩序，他們將得到英國在華海軍的支持。張之洞也同李鴻章策劃兩廣獨立一樣，想策劃江南獨立，但恐致朝廷誤會，重遭嚴譴，拿不定主意。經劉、張的幾度密商，他們同意了霍必瀾的建議。大沽炮臺失守的消息傳來後，盛宣懷也竭力勸說劉、張與上海各國領事簽約，成立東南互保。1900年6月下旬，張之洞委託辜鴻銘由武昌到上海參與協商此事，可能是協助盛宣懷與余聯沅以及各省候補道臺，或為他們的翻譯與參謀。由辜鴻銘出面與英國總領事打交道。辜鴻銘擅長外語，深諳西方政治，善於辯論，而又態度強硬。據沈來秋說[11]，辜鴻銘到上海後，見人就發表意見。他先罵外國人不應該欺負中國人，義和團事件完全是外國人侵略壓迫中國人造成的。他說有些洋人被仇殺（如克林德），其責任應由洋人負擔。他罵教堂、罵教士，說這些都是導致禍亂的原因。他與英國總領事晤談三次。前兩次英國人都是聽他滔滔不絕對義和團事件發表長篇的評論，當著英國總領事的面罵洋人和洋教。到第三次才接觸到正題，最後由

11　　沈來秋：《略談辜鴻銘》，《福建文史資料》第5集。

盛宣懷與余聯沅為代表向駐上海各國領事提出所謂的《中外互保章程》9條，主要內容有：上海租界歸各國共同保護，長江及蘇杭內地均歸各督撫保護，兩不相擾，以保全中外商民人命產業為主。他們不顧清政府的宣戰諭旨，劉坤一致張之洞電文中說：「無論北事如何……仍照所議辦理，斷不更易。」張之洞在湖廣、劉坤一在兩江、李鴻章在兩廣都達成協定，實行了互不相擾的穩定局面。東南互保的地區後來逐漸擴大，除原來的江蘇、江西、安徽、湖南、湖北外，浙江、山東、福建、廣東等省也陸續參加進來，總數近全國之半。對東南互保這一歷史事件，評價褒貶不一，但不管怎樣，對穩定當時這些地區的社會局勢，減少生靈塗炭，這是一個明白的事實。

自德國公使克林德被擊斃後，德皇瘋狂誓師出兵中國。德國陸軍元帥瓦德西被推為八國聯軍的統帥，大舉入侵。八國聯軍打入北京，慈禧太后攜載湉等倉皇出逃到西安。聯軍言非李鴻章來不能言和，清政府派慶王奕劻與李鴻章為全權大臣，劉坤一、張之洞會同辦理，因此，據兆文鈞回憶說辜鴻銘被張之洞推薦到北京，參加議和之事。張之洞與李鴻章在政見上素不相同，尤其是對國家主權上。李鴻章對外一味委曲求全，屈膝求和，處處為了穩定清朝統治而不惜以國家利益為代價換取，在甲午戰爭時即以失敗與簽訂喪權辱國條約而被唾棄，以至「一生事業，掃地無餘，半生名節，描畫都盡」，現在又從兩廣總督升任議和全權大臣，尤其是李鴻章親俄的傾向，更令張之洞、劉坤一深感不安，所以，張之洞要有個心腹參加議和，臨行前他囑辜鴻銘：「現在皇上皇太后聖駕西安，宗廟、社稷為重。你要在王爺、中堂面前，把國內外形勢，利害輕重，婉言陳訴給他們聽。然亦不可過

分喪權辱國，當爭則爭，當讓則讓。如果王爺、中堂不以汝言為然，只好打破一切顧慮，與王爺、中堂力爭。一言興邦，一言喪邦，此其時也！無論如何，亦不能斷送國家於一二人之手。」

張之洞派辜鴻銘到北京去可能是基於以下幾點設想，一是因為辜鴻銘在德國留過學，精通德國及英、法等歐洲的語言與政治、軍事情況，具有對外交涉的才能。其對西方的精通在全國並不多見。二是因為辜鴻銘作為張之洞一也許還有清政府對外宣傳的喉舌，已經在西方具有一定的影響力，他用英文撰寫文章如《尊王篇》等，投往《日本郵報》或上海《字林西報》或國外刊物，如前所述對教案的意見在西方產生了較大的影響。而且在此時，辜鴻銘還不停地寫文章發表自己的見解。三是把辜鴻銘作為他的一個內線人物安排到北京，張之洞可以利用辜鴻銘來表達自己對談判簽約的意見，可以在一定程度上干預李鴻章親俄與委曲求和的態度。更重要的是，據說辜鴻銘在歐洲時曾與瓦德西相識。在當時瓦德西拒不開談，堅持要索載漪、載勳、載瀾、剛毅、趙舒翹等罪魁，為克林德償命的情況下，利用辜鴻銘與瓦德西這點舊交的關係，也許多少會有一點作用。兆文鈞《辜鴻銘先生對我講述的往事》一文，系追憶辜氏生前對他講的故事而連綴成文的，其中有敘述到辜鴻銘早年到法國留學時，住在一位巴黎名妓家中，結交了一位常到這位名妓家來送東西的小販，並應名妓要求，教過這位小販德文和其他知識，這位當時的小販就是此時成為八國聯軍統帥的瓦德西，因此，辜鴻銘在談判時私下與瓦德西會見，利用瓦德西在聯軍中活動，降低中國的賠款數額。關於這段歷史的是非，朱維

錚《辜鴻銘生平及其他非考證》[12]、陳勇勤《〈辜鴻銘往事〉史事辨偽》[13]曾提出質疑，認為是偽作，理由集中在兩點。一是辜鴻銘不可能與瓦德西相識。理由是兩人年齡相差懸殊，瓦德西生於1832年，比辜鴻銘長二十五歲，沒有結為朋友的可能，他們的經歷也沒有相同之處，身份也不相同，辜鴻銘在法國留學時，只是一位來自英殖民地的學生，而出身貴族的瓦德西正任著德駐法國大使，既不是辜鴻銘所說的小販，也不可能向辜鴻銘學習。二是辜鴻銘沒有參加《辛丑合約》的簽訂。朱文說，辜鴻銘在1907年張之洞入閣並兼軍機大臣時把他帶往北京之前，足跡只在鄂蘇二省及上海租界，未嘗到過北京（其實辜在其間多次到過北京，從他的《張文襄幕府紀聞》中即可知1895、1896、1902年皆到過北京）。陳文的依據是辜鴻銘本人的文集中和參與議和的中外要員中沒有談到辜鴻銘事和名字。應當說這兩篇文章的質疑都有一定道理。但問題是還沒有硬性的反證材料來說明兆文鈞的文章為偽造。相反的倒可以提供一些旁證材料，證明辜鴻銘與瓦德西存在相識的可能性。從時間上來看，辜鴻銘與瓦德西在巴黎有一段相同的時間。而這一位巴黎名妓極可能把兩人拉到相同的地點。辜鴻銘一直住在這位名妓寓所，而到這位名妓寓所來的「那些客人都是政府官員、社會名流」，那麼這位慣於拈花惹草風流貴族瓦德西會不會來拜訪這位名妓呢？回答應當是有可能的。瓦德西的風流韻事很多。只要看一看曾孟樸的《孽海花》便知道瓦德西與賽金花的那段傳聞，這在當時或稍後是喧騰人口的「瓦賽公案」，幾乎是眾口一詞，連魯迅先生在激動時也曾這樣講，燕谷老人張鴻的《續孽海花》寫到瓦德西

12　《讀書》1994年第4期。
13　《福建史志》1993年3期。

與賽金花在北京時,故意突出瓦德西的年齡「已經五十八歲了」,說明兩人並沒有曾孟樸所說的以前的那種浪漫的幽會,但照舊寫了聯軍統帥瓦德西在談判時忙中偷閒與賽金花相弈棋的故事。《孽海花》、《續孽海花》雖然是小說,但卻不是完全向壁造虛的「小說家言」。曾孟樸與張鴻都與書中的人物有許多交往,寫的是親見親聞。曾孟樸的父親曾子撰是書中男主人公金汮(即洪鈞)的換帖兄弟,洪鈞又是曾駐俄、德諸國的大使。張鴻也曾擔任過外交官,他們的小說也都是寫「真人真事」,雖然他們的「真人真事」要打些折扣,但畢竟有現實的依據或影子。同樣《孽海花》也寫到古冥鴻(即辜鴻銘)曾與賽金花有過交往。[14]那麼,辜鴻銘在談判時,賽金花常來其寓所,探問和議的消息,辜鴻銘、瓦德西與賽金花對弈,也不是沒有根據。二是辜氏與德國王室有不同尋常的關係。我在前面曾引過他與德皇親戚威廉福克斯是同學。另一主要證據是,義和團運動之前,德國皇太子遊歷東方到中國,清廷已在禁中備迎駐之所,德皇之弟亨利親王致書辜鴻銘云:「從子年幼,多所未諳,觀光上國,懇賜教誨,願以子侄視之。」德皇太子未赴朝廷之宴,而親自拜訪辜氏,辜氏時旅次上海,專書送達,即假趙鳳昌居處合宴德儲,這層關係對他參與談判與認識瓦德西,極有可能。再從辜鴻銘的交遊中看,他擁有一大批外國朋友,在中國的西方人,如李提摩太、李佳白、赫德、尉禮賢等。其中赫德、尉禮賢、李佳白都與瓦德西間接相識有交往,不能否認與瓦德西相識的可能性。在《尊王篇》附錄《中國劄記》裏,也有一節提到瓦德西,也說明他對瓦德西其人是瞭解的。當然像辜鴻銘這樣愛信口

14   《孽海花》第三十一、三十二回。

開河的人的回憶錄，誇飾渲染的成分一定是有的，恐還不少。如他說瓦德西當時是小販，許是抬高自己當初身價，私下裏瓦德西對他如何言聽計從也不無誇張，這些具體的細節要打些折扣。但應注意這些「細節」都是「私下裏」的，而不是談判桌前公開的出頭露面，所以他「參與談判」其實也並非「參與」，應該理解為私下裏做一些工作而已。

辜鴻銘對和談是有信心的。他說：「我相信中國問題可以和平解決，我的希望和信心是基於德國皇帝陛下那種雖然固執但不算心胸狹窄的堅強性格。……我也能理解陛下主張『以武力威脅』的那篇演講。陛下就像一個優秀的基督騎士，他將丁尼生（Tennyson）那句言簡意賅的話告訴了他兄弟亨利親王『破異端而尊基督』。」（《中國箚記（三）》第36則）這段話很值得研究，它發表在1901年1月12日，和談還未有結果，他已有了「預言」，而且對持「黃禍」和「瓜分」論的德國皇帝用了他對慈禧才有的尊敬口吻，可見辜鴻銘是深刻瞭解幕後情況的。

兆文鈞曾任教於北大，與梁漱溟為同事，曾在辜鴻銘家學習達六七年之久，這是事實，所以梁漱溟先生對此是深信不疑的，才揮筆為他寫下了五百餘字等於鑒定性質的「讀後記」。不過，數十年前辜氏對他隨口講出的片斷回憶，後來連綴成文，或許有些誤記，或靠「再回憶」想像補充和參考其他材料是難免的，但基本內容是可信的。在沒有更可靠的反駁論據之前，我們姑仍其說。關於這篇文章的真偽成分，我擬專文論之，此處不贅。

辜鴻銘分析當前的形勢和八國聯軍內部的矛盾，認為應當拿出強硬的態度。他說：

中堂不必過分憂慮敵人強大，中國軟弱，請看自江南五省獨立宣言發出之後，又有山東等省採取聯合行動，敵人氣焰業已低落，因為敵人深知，他們聯軍進攻中國已激起各省封疆大吏聯合起來。五省獨立宣言不是獨立而是備戰，和他們作長期的戰鬥。以中國幅員之廣大，他們的軍隊分配不開，不敢深入腹地。人民愛國熱情激昂，由各省督撫、將軍率領，與端王任縱拳民胡幹不同。他們的些許軍隊，雖擁有槍炮武器，是無濟於事的，經過持久戰爭，都得被消滅掉。這些國家沒有什麼了不起，他們都是欺負老實人。真和他們拼死到底，他們的氣焰就消滅了。晚生在歐洲留學時，每和彼邦人士談論起鴉片戰爭，他們無不為中國惋惜，說「歐洲不懼怕中國政府，怕的是中國人民，像廣東省那樣的人民，怕的是像林則徐那樣的將領」。在我立於不敗之地，在敵立於必敗之地。

這是當時中國的處境，雖然聯軍入侵，但五省獨立有威懾力，並不懼怕聯軍，應拿出中國的強硬態度。而相反的，八國聯軍由於各自目的的不同，各有打算，鉤心鬥角，內部不團結，正可利用時機進一步瓦解。

聯軍各國互相敵視，矛盾重重。他們彼此之間，存在著不可調解、無法團結之因素。遠的不說，說近的：德國、法國為世仇，現在，法國和俄國聯盟，其目的在壓迫德國；英國與日本同盟，其目的在打擊俄國。美國是西半球最強大的國家，它的雄心是：第一步，奪取英國、法國、西班牙在拉丁美洲的殖民地，獨霸美洲；第二步，侵

略東亞，與英、法、日俄爭奪市場，平分秋色，瓜分中國；第三步，再向歐洲擴張，統治世界。綜觀聯軍八國，除奧地利、義大利二國沒有實力不計外，只有德國還沒有瓜分中國那麼大野心。德人佔據青島，租借膠州灣，一則因為德國在中國沒有根據地，沒有商船往來，自己佔有的良港，不能與英、法諸國為敵；再則因為他國不下手佔領，也必為別國所佔領，那樣對於德國商業競爭更不利。田有禽，利執言。德國與其他諸國不僅為了在中國爭奪商業市場而且還要佔領我國之土地、瓜分中國不同。所以德國租借膠州灣，當然也是我國的敵人，同時，也是與其他諸國為敵。俄、法、德三國代我索還遼東，德國並沒有像俄國那樣趕走日本好獨吞東三省的野心，德國不過借此略緩俄、法聯盟之敵對情緒。所以在我國的酬報上，德國所得為最少，德國欣然接受，代我國索還遼東，英國為何不參加？但在俄國佔有旅順、大連灣時，英國揚言，俄國不以旅大為通商口岸，而據以自固作為海軍根據地，當聚軍艦擊退之，卻是為何？因為英國是日本的同盟國。綜合上述情況，八國聯軍進攻我國，確是為了瓜分中國而來，與十字軍東征不同，不然不會把奧地利、義大利二國也能拉攏在內。但是，聯軍各國內部矛盾很深！他們鉤心鬥角，互相傾軋很厲害。……正因為如此，我們才找到開鎖的鑰匙—攻心戰術，假借德人之手，從聯軍內部瓦解聯軍，外交問題不難迎刃而解。

辜鴻銘又說：

晚生在漢口，已向英、美各國著名報刊寄去我的文章，抨擊歐美各國壓迫中國政府太甚，才激怒中國人民團結起來反抗外國人。各國

公使超越公使職權，擅調兵入中國首都—北京，已失公使之態，我國政府和人民焉能再以公使之禮待之？從海外傳來消息，倫敦為之紙貴。足徵真理流行世界，何況還有江南五省獨立宣言的威力壓在聯軍頭上。他們不敢再像過去那樣輕視中國：因為他們知道，他們將和四億有組織的中國人作戰，而不是和幾千、幾萬烏合之眾的團民作戰；將和各省素孚眾望的督撫、將軍們較量，而不是和昏聵無知的端王和董福祥等人較量。等待他們的是全軍覆沒，不能再打英、法、日、德和俄羅斯侵略中國手到擒來的如意算盤，因為那是中國白給，不是他們戰勝，中堂何憂何慮。不過議和之門未閉，自無庸掀起大規模的戰爭。

辜鴻銘這番分析是切中肯綮而富有遠見的。他的目的是遵照張之洞的意見，敦促李鴻章拿出堅強的態度來維護中國的主權與尊嚴。但是李鴻章這個號稱「老成謀國」的權臣，辦事一味妥協退讓，抱定投降主義，在他心目中，只要能求得八國聯軍退出，保全載漪父子的性命，使其免遭誅戮，就萬事大吉了，任何喪權辱國的條約他都會簽字。張之洞也迭電幹議，大致是說：現在我們的死敵—英、法、日、俄—已被德、奧、美、意鬥敗，說明他們已看見我國的實力，不敢不作讓步。我國歷次對外政策失敗，皆因廷臣昧於敵情，意見不統一，現在行在政府大權掌握在有膽有識的榮中堂（祿）手中，中堂有何顧慮，不敢遵照行在電論，拿出強硬的態度？李鴻章看過一笑：「張某作官數十年，猶書生也。」李鴻章把俄、英、法和日本提出的和約大綱十三條，某條當接受，某條不當接受，詳細電告西安行在政府，行在政府回電論示：所擬賠款4億5千萬兩，太多，只允賠款2億兩。再

多不能接受。十三條中第二條：「公禁輸入製造軍火之物資」；第五條：「大沽炮臺及京津軍備悉撤」；第六條：「各國可任指一地屯軍，為京津之通路」必須取消，否則等於亡國。已飭江南獨立五省與其他各省督撫作好戰爭準備，各督撫紛紛回電，隨時可以揮師北上。

李鴻章閱過電文後說：「樞臣不明敵情，徒亂人意。」閱後即將電文撕毀。辜鴻銘說：「不明敵情者是中堂，不是樞臣，今聯軍八國之中，已有四國倒向我方，不惜採取分裂行動，中堂得無畏青史令名之玷乎？」李鴻章說：「辜先生以我為秦檜乎？」辜鴻銘不示弱地說：「賣國者秦檜，誤國者李鴻章！」

李鴻章因積勞死去，和議悉如李鴻章議簽了字。

3.3　尊王之旨與愚忠之心

其實，對我們的研究來說，辜鴻銘認不認識瓦德西，在《辛丑合約》簽訂中他到底有哪些活動，這些並不十分重要。雖然他以自己的「外交奇才」為張之洞所倚重，但他的怪僻性格決定了在政治活動上他只能做一些輔助性的工作，如翻譯、諮詢或參謀。像他這樣的「小人物」，在國事交涉中只能是幕後的角色，他的事只能是隱而不彰的了。我們關心的是他在學術上的活動，是看他在義和團問題上的觀點，以及他發表文章的意義。

他全面地分析義和團事件形成的原因，要求西方列強保護兩宮，不干涉中國內政，這是辜鴻銘秉承劉坤一、張之洞所授的旨意參以自

己的意見向外發表的關於義和團事的「聲明」。

辜鴻銘的一系列有關文章集為《尊王篇》，影響較大。在《尊王篇釋疑解禍論》中他說：

當此北方事變，中外交訌，其間世故紛亂已極，無從排解，故各國議論，咸謂非以兵力從事斷難理喻……或問余曰：「然則今日之事果尚可解乎？」余曰：「可解。」蓋兩江劉制軍偕湖廣張制軍，深知各國並無仇視中國之意，故仍聯合長江及各省疆臣，力任保護外人之責，俾各國亦知中國並無拒絕外人之心，以待轉圜。惟以目下情形而論，則全域要著在乎先定民心，其道有二：一、各國亟宜及早宣佈此次聯軍進兵，除救護使館外，無有他意，並將待中國宗旨共同議定，宣佈於中國人民，咸使明白無疑；二、各國如無貪取中國土地之心，且不任管轄中國人民之責，則急需佈告中國人民，此次聯軍入京，必保兩宮必尊必敬，毫無他意。

義和團事件之起，實由慈禧肇其禍端，這是中外人士一致的共識。康有為屢有文章揭露慈禧。辜鴻銘針對康有為在上海《字林西報》上發表攻擊慈禧的文字而逐條辯駁，企圖曲為慈禧開脫罪責。他說：

近年因亂萌皆由康黨散佈謠言，誹謗皇太后，煽惑人心，各報館從而附和之，故各西報亦有不滿意于皇太后之詞，因此各國使臣有猜疑朝廷袒匪不保外人之意，以致中國政府處處掣肘，遂有此變，此須

辨明者一；各西報惑于康黨之說，至謂大小官員有與康黨相通之意，然各督撫及紳衿實無不以康黨為亂民，仇之不暇，豈有信之之理，此須辨明者二；各西報因康黨之言以為皇太后訓政不合中國向來國制，其實此事無所窒礙，中國本以孝治天下，皇上自請訓政，乃名正言順之舉，此須辨明者三；康黨所播種種謠言全無影響，此須辨明者四。以上各說皆謹述二制軍（即劉坤一、張之洞）之意也。

這是鑒於當時由於戰爭，社會陷入完全無政府狀態的情況下而極力維護慈禧統治地位的做法，他認為，必須有一個鐵腕人物來維持這個紛亂的局面。辜鴻銘的意思是：正是由於康有為在各報上公開抨擊慈禧太后仇視向西方學習，仇視維新，幽禁光緒而垂簾聽政，導致了西方人士對慈禧的「猜忌不滿」，認為慈禧仇視西方一切人，並進而「袒護」抵抗八國侵略軍的義和團，因此導致中外的猜忌矛盾發生戰爭，把這場災難的原因歸罪於康有為身上。其實辜鴻銘對慈禧太后並不心存無條件的讚揚。如1902年，張之洞在武昌為慈禧誕辰而舉行萬壽會上，邀請各國領事，並招致軍界、學界、奏西樂大唱《愛國歌》，而辜鴻銘敢於當著多人面，編出「天子萬年，百姓花錢，萬壽無疆，百姓遭殃」的「愛民歌」來諷刺慈禧，使座客為之譁然。那麼又如何解釋他在這裏為慈禧所作的辯護呢？蓋在當時，義和團已勢如烈火不可撲滅，剿之則會激起全國的反抗，清政府難逃滅頂之災；縱之則與八國聯軍拼命，西方列強並起大舉入侵，清政府仍然難逃滅頂之災，清朝已處於進退維穀的兩難境地。能夠駕馭這種局勢的，不是光緒皇帝，而只有慈禧。慈禧以她慣用的兩面派伎倆和玩弄權術的經驗，她知道：「倘若她不想被義和團的浪潮所淹沒，她就必須浮在這

個浪潮之上─要使浪潮不至於消滅皇朝，就必須把它轉向對付洋人。」[15]因此，她一方面借義和團的力量來對付洋人，同時也是借洋人的力量來消滅義和團的勢力。另一方面明修棧道，暗度陳倉，派榮祿暗中保護外使館，又用諂媚的面孔來對外國「聲明」：「此次中外開釁，其間事機紛湊，處處不順，均非意料所及。」因此「向各外部切實聲明，達知中國本意。現仍嚴飭帶兵官明照前保護使館，惟力是視。此種亂民，相機設法自行懲辦。」並向列強討好：「即不自量亦何至與各國同時開釁，並何至恃亂民以與各國開釁，此意當為各國所深諒。」[16]設使沒有慈禧太后這個慣於借刀殺人玩弄兩面派伎倆的人，清廷這種局面還真是不可收拾。那時的辜鴻銘當然還看不出慈禧這種險惡的用心，只是對她這種「謀略」佩服得五體投地。對慈禧的態度也許是辜鴻銘從卡萊爾那裏學來的「英雄崇拜」的具體體現吧。辜氏對慈禧「盛德崇功」拳拳服膺的是「即如削平發撚（太平天國和撚軍的起義）一節，當時匪蹤蔓延13省，大局糜爛幾難收拾；又值文宗（咸豐帝）龍馭上賓，皇太后以一寡婦輔立幼主，卒能廓清禍亂，複致太平，惟其德足以感人，其明足以知人，故當時將相同心翊戴，盡瘁驅馳。曾文正遂以湘軍奮起，重奠山河，是以中外臣民無不服皇太后之廟算也」。[17]正因為此，他要千方百計地為慈禧辯白，尋求證據來說明慈禧並不是仇視西人。辜鴻銘揪住康有為不久前在《字林西報》上的又一文章大發議論：「殊不知近日《字林報》刻有康有為之論一篇，訾議皇太后及朝臣萎靡不振，遇西人惟知阿諛逢迎而已，此

15　〔美〕馬士：《中華帝國對外關係史》第3卷，商務印書館，1960年版，第247頁。
16　《義和團檔案史料》上冊，第202、203頁。
17　《尊王篇釋疑解禍論》。

篇文字西人諒皆見之，其人之反覆無常已可概見……向來西人之疑皇太后，皆以為不喜西人，不用西法，莫不由康黨散播謠言而起也。乃康有為反有《字林報》所刻之議論，則其前後自相矛盾不辯自明。」其實康有為以前批判慈禧仇視西人西法是一事，是指慈禧仇視維新變法，屠殺變法人士而言的。現在抨擊慈禧遇西人惟知一味逢迎又是一事，是駁斥慈禧向列強投降求和而言的。前後不同，但並不矛盾，正是揭露慈禧兩面派的醜態。但辜鴻銘混為一談，抓住一點，不及其餘，罵康有為是所謂「豺虎不食者，殆其人矣」。他從曾任寧波英國領事翟理斯所著《古今名人譜》中找出「皇太后不仇視西人，不固執舊法」的證據。他的這幾個「證據」：一是1861年與英國議和，使數十年來，中外能夠「相安」；二是向來朝廷大臣與各國駐京使節不大往來，事多隔膜，而近來慈禧兩次召公使夫人入宮進見，待以優禮，「以示中外一家之意」；三是慈禧欲朝廷知外國情形，諭光緒帝學習英文，這些都是慈禧「不仇視西人之證」，他還特意補充一條，劉坤一、張之洞兩制軍不奉宣戰詔，策劃江南五省獨立，與外國領事簽訂《東南互保章程》保護外國使館與中外商民，也是慈禧的「功勞」。他認為慈禧的垂簾聽政也是「出於萬不得已耳」。

蓋甲午以後泥古圖新，各有偏執，門戶之見，於是大分。爾時翁同龢最為泥古，及受甲午之創，忽又輕率圖新，誤認辯言亂政之康有為為奇才，力薦於朝而用之，遂致有戊戌之變。惟皇太后不偏不倚，允執厥中，即黜翁同龢諸臣以去其禍，定康有為罪案，而戮其死黨以謝天下。

辜鴻銘得出的結論是：「中國所以系賴者，惟皇太后耳。」

辜鴻銘這樣為慈禧開脫，是《春秋》尊王之旨在他身上的體現，他的看法很難使人苟同，但是他卻不是完全狹隘的愚忠，人們必須承認他同當時一般的主和派是不太一樣的。他甚至與張之洞、劉坤一看法不同。在前者無不把義和團當做「拳匪」當作「亂民」，而辜鴻銘則對義和團作具體的分析，義正詞嚴地說明西方列強的入侵與干涉，才導致了義和團運動，對此西方人不能推卸其應負的責任，他在這一篇文章的結尾說：

總而言之，團民之所以變為匪類者，一則由教士不能約束教民，致多齟齬；一則由鐵路開創，洋工麋集，致內地民情不安。又各國公使誤信浮言，疑皇太后袒匪干預一切……殆拳匪擾及京城，傳來一信，忽然決裂者，因有西人請皇太后歸政之說也。自王公以下，一聞此信，始各抱義憤，同時皆起，欲與西人為難，此朝廷所以不能抑制也。由此觀之，中國人民之所以與西人為難，其中至重大之事，蓋因西人欲干預內政，有請皇太后歸政之說。至西人所以徵兵來中國者，則因公使被困京城，急來救護也。苟欲開議釋兵定和，必須從兩事入手：西人使館之困，中國已竭力保護，並苦心設法救濟，是中國已盡其在我之責，西人可以無慮矣；至中國之所慮者，務望西人將尊敬兩宮，並請勿使歸政之說宣佈中外，以安戰民心，則兵戈息矣。假使各國不尊敬兩宮，四海人民必為不服，以後事機不可逆料。

這篇文章持論不一定正確，有矯枉過正之處，過於美化慈禧，有

些地方也並不完全符合事實，但是在當時人們對義和團沒有認識，指為「亂民」、「拳匪」的時候，辜鴻銘卻肯定了義和團正義的一面，肯定義和團「尊王」的精神，也就是說義和團的行動是民族傳統「忠義」的體現。這最後的幾句話在彬彬有禮中含有不屈的傲骨；他的態度很強硬，不卑不亢。這是他根據劉坤一、張之洞兩制軍之意向外國列強發出的「聲明」，其實更是代表他的意見和態度。中國絕不會在聯軍的壓迫下屈服，他以張之洞、劉坤一的名義向世界發出聲明，確實對帝國主義列強有一不小的威懾力。所以《清史稿‧辜鴻銘傳》中說：「辜氏以英文撰《尊王篇》，申大義，列強知中華以禮教立國，終不可侮，和議乃就。」夏敬觀《國史擬傳》曰：「庚子拳亂由慈禧太后謀廢立不遂所召，各國責言交至，群情且有冀假外勢阻太后複幹政者。湯生作《尊王篇》，謂教案激民憤，各國宜自反，引用西哲語及西史事實，抵其隙以折之。凡此之類雖助長守舊遏新機，要亦能不屈己以尊國體也。」雖然現在看來辜鴻銘的文章觀點有問題，但為了國家和民族的安危，竟不計個人的官守與言責，挺身而出向世人仗義執言，這是難能而可貴的。在私下裏或公開場合，辜鴻銘還作英文詩歌頌義和團，雖然對積極主戰的頑固分子端王載漪也給了歌頌。

辜鴻銘在《清流傳》中認為，義和團運動的意義是中國人民抵擋現代物質文明，拯救保護中國傳統的道德文明的義舉。在《尊王篇》中他說：「中國的優秀長褲漢—義和團們不得不像他們的法團兄弟1789年所做的那樣，向世界發出血淋淋的呼籲：應當把中國人當人看待，應當把他們當作人類大家庭的手足兄弟。[18]」他用這個不恰當

18　《中國箚記》五、一，引自《學術集林》卷一、二，上海遠東出版社，1994年

的類比說明的是義和團並不是歐洲人和「真正的歐洲文明」的敵人，而是其摯友。「自1789年在巴黎出現最糟糕的『大拳匪』（Great Boxer 指法國長褲漢—引者注）以來，這種真正的歐洲文明一直在試圖實現自己的理想。」[19]這種「真正的歐洲文明」正是基督教的「博愛」精神或儒教中的「一視同仁」。辜鴻銘賦予了義和團崇高的意義。因此，有些外國人還把辜氏的《總督衙門來書》譽為「中華民族主義宣言」。

1901年9月9日，奕劻、李鴻章代表清政府正式簽訂了喪權辱國的《辛丑合約》。中國向各國賠款4億5千萬兩，分三十四年還清。加上年息4釐，本息合計9億8千200多萬兩。

《辛丑合約》除正約外，還有19個附件。內有規定中外合資疏浚黃浦江航道一款，朝野人士深感主權旁落的屈辱。張之洞不滿約中規定要中方出資而不許派員參與，於是派辜鴻銘同各國駐滬領事談判，中國自願擔負所有經費以維護主權。經過歷時兩年多的談判磋商，與15個國家簽訂協議書，上海道台自海關稅務司收回主權。於是乃設由中西派員合組的「黃浦江浚治局」。辜鴻銘因議約之功，1905年9月被張之洞、周馥（繼劉坤一之後任兩江總督）推薦為浚浦局首任中方總辦，這是辜鴻銘首次擔任有實權的職位。辜鴻銘的一位同鄉好友伍連德博士回憶說：「當時他擔任黃浦江治河督辦，這是一份有利可圖的差事，總部設在上海，他時常唱馬來西亞歌給我聽，表示他還記

版。
19　《中國箚記》五、一，引自《學術集林》卷一、二，上海遠東出版社，1994年版。

得童年的日子。」[20]雖然是有利可圖的職位，但以他耿介而固執的性情，絕不假公濟私以謀私利。不僅如此，他還為維護國家利益做了不少好事。浚浦局所用外國專家侵吞挖泥工程款徇私舞弊，辜鴻銘察覺後，核實其冒領款銀16萬多兩，力議懲罰。但各國領事袒護西人，敷衍搪塞，說：「我輩均非工程專家，所察恐尚待考。」辜鴻銘立即出示他在德國萊比錫大學所獲的工程師文憑，各國領事頓時相顧失色無言。旋呈江督周馥究辦。周馥怕與外國打交道，以為小事，不必窮究了。但辜鴻銘卻不，他敘其原委，列出證據，撰文給《字林西報》宣佈，《字林西報》不敢刊登，又改投《北華捷報》，終於向世人公佈。其戇直若是！又有一事，與此案幾乎同時，德國輪船在江陰江面撞沉中國貨船，百姓稟官索賠，周馥命辜鴻銘與在滬德國領事協議，沒有結果。辜擬延請律師，訴諸法律解決，他暗中訪各國領事，皆以為訟於德國法律無益，乃定用公斷法，西方請局外人為證，通過詳察事實，辜鴻銘折衝其間，終於迫使德國賠償中國民船的損失。[21]

3.4　日俄戰爭的道德意義

在積弱不振的清政府面前，西方的歐美、東方的日本、北方的沙俄環顧於四周、虎視眈眈，覬覦著中國的領土與財富。義和團運動的消息一傳到彼得堡，俄國陸軍大臣庫羅巴特金就情不自禁地高呼：「我很高興，這將給我們一個佔據滿洲的藉口。」從1900年6月開始，俄國出兵佔領中國的東北，對中國東北人民進行血腥的屠殺，有些地

20　《中國近代學人像傳初輯》，臺北大陸雜誌社，1960年9月。
21　伍連德英文自傳《瘟疫戰鬥英雄》，劍橋Heffer出版社，1959年版。

方甚至被夷為平地。俄國公開侵佔東北地區，通過賄賂李鴻章誘使中國簽訂條約，遭到中國人民的強烈抵抗，劉坤一、張之洞為代表的多數督撫也表示反對，愛國外交家楊儒堅持氣節，拒不簽押，列強也因侵略不均而干預沙俄。沙俄迫於壓力與清政府簽訂《交收東三省條約》，但俄軍大部分並沒有按約撤走。1903年春，沙俄拒絕按《條約》從東三省撤兵，反向清政府提出七項無理要求，激起中國人民的憤怒，留日學生組織了「拒俄義勇隊」，上海各界人士也先後兩次在張園集會發起拒俄運動，致電清政府外務部：俄國所提七項要求，欲使中國「內失國權，外召大釁，我國人民萬難承認」。蔡元培在會上發表演說，倡議設立國民公會，討論國事，並商定成立上海拒俄義勇隊，在全國各地都引起強烈的響應。

沙俄在東北的掠奪，損害了日本在這裏所侵佔的利益，兩個最具掠奪性的封建軍事帝國矛盾激化，終於爆發了1904到1905年日俄戰爭。兩個帝國主義強盜完全無視中國的主權，恣意在中國領土上開戰，為了他們的強盜利益而踐踏中國人民。1904年2月8日，日軍突襲旅順口的俄國海軍。1905年1月，日軍攻陷旅順口，殲滅俄國太平洋艦隊。2月9日，俄對日宣戰。3月在瀋陽等地俄陸軍50萬人被日軍35萬人打敗。5月，俄國從歐洲調遣來東方增援的波羅的海艦隊在對馬海峽被日軍殲滅。日本取得了對俄戰爭勝利。但俄國擅自把中國的旅順口、大連灣和附近領土水域的租借權以及南滿鐵路的所有權轉讓給日本，並把庫頁島南部割讓給日本，沙俄盤踞在中國東北北部地方。列寧強烈譴責沙俄的侵略行為：「沙俄政府在中國的政策是一種犯罪

政策。」[22]「在日俄兩國，軍事力量上的壟斷權，對極廣大的領土或掠奪異族如中國等等的便利地位的壟斷權，部分地補充和代替了現代最新金融資本的壟斷權。」[23]道出日俄戰爭的本質，不論作戰雙方任何勝負，對中國來說都只能是災難。

辜鴻銘關於日俄戰爭寫了一系列文章。出乎人們意料之外，他對俄國的譴責遠遠超過對日本的譴責。在這篇名為《然則治之，知之——日俄戰爭道德上之因素》的文章中，他對日本明顯的偏向態度很令人尋味。他不是就這場戰爭的本身和結果而言——因為就戰爭對中國的損害而言日俄均是虎狼之國，一丘之貉——而是從道德倫理上分析這場戰爭的原因和性質。在辜氏的思想裏，日本與俄國不單單是作為國家的較量，而是有其各自的民族文化的意義。因而他認為這一戰事實緣於西方各列強對亞洲的政策錯誤而導致的。他說：「現代半開化、半教育的歐洲人堅持來到中國和日本，那些崇拜暴力及其更露骨的形式——金錢——的歐洲人，他們心底說的是我不信神，政治的世界沒有義理，對道德律令不顧不懂。——要使那些現代歐洲人（如果他們非來中國、日本不可的話）以道德所要求的所有顧慮和尊重來對待日本和所有他們稱之為亞洲人的人，遵照人之為人的內在道德品質，而非依據他們面孔和皮膚的顏色……」辜氏最痛恨那種「堅持來到日本和中國的歐洲人」，也就是那些駐在通商口岸來亞洲掠奪與壓榨的西方侵略者，因為他們公然把亞洲人視為一個「種族」而加以輕蔑。久在西方長大的辜鴻銘也許就是因其膚色或種族而被歧視。他與

<hr />

22　《中國的戰爭》，《列寧選集》第一卷，人民出版社，1972年版，第213頁。
23　《帝國主義和社會主義運動中的分裂》，《列寧選集》第二卷，人民出版社，1972年版，第893頁。

歐洲人的交往接觸也一定是屬於口岸種族主義式的。所以他痛斥這些歐洲人不瞭解東亞（包括日本和中國在內），不尊重東方文化，其實這些「半開化半教育」的歐洲人在道德上是低劣的。他分析：美、俄、英、法在明治初期對待日本，正如庚子時期對待中國一樣，只知憑藉武力，而未能善於運用理智與公理，這樣才導致了戰爭的發生。因此日本在日俄戰爭中的勝利，對辜鴻銘，而且對當時不少反西方的民族主義思想家而言有不同尋常的意義，這意味著教訓了西方人對亞洲東方民族的侮慢，贏取西方世界對亞洲文明的尊重，這種態度當然不限於辜鴻銘，泰戈爾紀念日本戰勝俄國的日本體詩，據說即引發了文化大學所在地學生們的勝利遊行。[24]

辜氏對日本明顯祖護的傾向不僅在於他對西方種族主義的仇視，更在於日本民族文化與中國的血緣關係。據說日本民族是秦時由中國而去的，這種傳說真實不真實並不重要。重要的是日本深受漢唐文化的影響，與中國文化密不可分，他說：「近來中國民俗苟安，士氣不振，折衝禦侮，常苦無策，惟日本與我華誼屬同族，書亦同文，且文物衣冠猶存漢唐古制，民間禮俗亦多古遺風，故其士知好義，能尚氣節。」[25]因此他們是「真正原出的中國文明—真正的儒家文明」的守護者。當然他的那位最賢慧的日本妻子吉田貞子為他的日本觀的奠定作出了相當大的貢獻，使他對日本一往情深。

辜鴻銘這個氣質型、情感型的人極容易走極端。他在後來對一個日本採訪者清水安三說：「中夏的精神，被夷狄侵犯以後離開了日

24　〔美〕艾愷（Quy. S. Alitto）：《文化守成主義論》。
25　《贈日本國海這少佐松枝新一氏序》，《張文襄幕府紀聞》。

本，中國文化的道德卻留在了日本。日本的武士道精神正是這一點。防止俄國的侵略，使中國免於滅亡的正是日本。」[26]他這種對日本高度評價的態度連這位日本人都感到過份袒護。似乎甲午之戰在他心目中沒有一絲痕跡。辜鴻銘的名字在日本廣為流傳，引起朝野人士的共鳴，把他引為知己，在日本人看來或在世界看來，辜鴻銘不僅是中國文化的代言人，而且也是東方文化的代言人，是使東方文化走向西方世界的哲人，日本大東文化協會後又邀請他到日本各地演講，在日本掀起不大不小的「辜鴻銘熱」。

辜氏撰文向西方社會抨擊西方列強的時候，他還與國外有廣泛的聯繫，最值得一提的是與俄國的大作家列夫・托爾斯泰的通信。辜鴻銘在1906年3月通過俄國駐上海總領事勃羅江斯基把《尊王篇》一書與《然則治之，知之 —— 日俄戰爭之道德因素》的文章送給托爾斯泰。托爾斯泰收到後於同年8月讓他的秘書覆信感謝，並以自己著作的英譯本回贈。又於當年10月親自寫了一篇長信，表示懷著很大興趣讀辜氏的著作，特別是《尊王篇》，並就自己對列強入侵中國與中國的維新等問題談了自己的觀點。

作為世界上偉大的文學家托爾斯泰與中國人有過書信往來的只有二人（另一位是不太知名的張慶桐），能留下長達數千字的對中國時局的看法，無疑是很珍貴的。但晚年的托爾斯泰對中國問題的看法與甘地、辜鴻銘一樣，不能令更多的中國人滿意。晚年的托爾斯泰是一個令人不能同意的「和平主義者」。他在這份長信中，表示「晚近以

26　〔日〕清水安三：《辜鴻銘》，《支那當代人物》，東京大阪屋書店。

來，在歐洲—尤其是在俄國—對於中國施行的種種橫暴舉動之後，於是中國人民的思想的普遍趨向，特別引起我的注意—它永遠引起我的注意」。[27]他同情中國人民遭受到歐洲民族的貪婪的殘暴、蠻橫和不道德的許多痛苦，但是，他提出來的是「中國人民不應當把忍耐心失了，不應當把對於壓迫者的態度改變了，不致自己使這個對於暴力的退讓—不以惡報惡—所造成的偉大結果瀕於危險」。基督教說：「哪個能夠忍受到底的人是唯一幸福者。」托爾斯泰把它當作真理和法則，他認為自從俄羅斯租借旅順之後，中國人當曾經看見這個法則很驚奇地證實了。如果中國人民忍受不了，拼命拿起武器去抵抗日本人和俄國人，好戰的思想正在中國覺醒，憑著中國人的智力與堅韌是容易做到的，但這樣的結果卻很「可怕」，中國再也不能有過去真正的、合於實用的安靜的農民生活和民眾的智慧了。托爾斯泰對此感到「非常焦慮」，在他看來，中國以及其他一些東方國家「還沒有被歐洲的腐爛文明的羅網捕住」。他們的職責就是把自由的新路徑指示給世界，這些「新路」，就是中國孔、道、佛三教的「道」，也就是不受武力的束縛（道教）；己所不欲，勿施於人（孔教）；犧牲退讓，對人類和一切生物的愛（佛教）。順便說一下，我發現法國大作家羅曼‧羅蘭的《托爾斯泰傳》誤把「己所不欲，勿施於人」當作道家之「道」。而且另一個與托翁通信的張慶桐的名字也沒有寫對。傅雷譯本說「不詳何人」，應更正。他對中國的「改良派」，模仿西洋國家做過的事情，拿憲法代替軍人制，創設和西洋一樣的軍隊，振興實業以及選舉議員來限制權力等等方法，「實際上它不但是很輕率的，並

27　《東方雜誌》第二十五卷十九號。

且是愚蠢的」，「對於有見識的中國人來說是不適宜的」。不模仿西方民族，也不至於陷入同樣殘暴不道德的絕境。托爾斯泰的思想與辜鴻銘是很相近的，只不過辜氏強調儒家尊王，而托翁則與甘地一樣強調不與政府（不管本國還是列強的）合作。辜鴻銘的思想是儒家的思想體系，對文明採取相容的態度，不像托爾斯泰和甘地那樣完全排斥。辜鴻銘把他述譯的《論語》、《中庸》和《大學》贈給托爾斯泰，也對托爾斯泰產生過影響。俄國作家維列薩耶夫在《回憶托爾斯泰》中認為托爾斯泰對孔子「恕道」的理解，可能就是受辜鴻銘的影響。[28] 托爾斯泰此前讀過理雅各譯的《中國經典》，理氏把「恕」譯為reciprocity（互惠互利），是以西方的利益準則誤解「己所不欲，勿施於人」，而辜氏譯為charity（寬容、體諒、仁愛），更接近孔子原意。

---

28 轉引自周武：《論辜鴻銘》，《福建論壇》1989年第2期。

第四章

東方文化的代言人

4.1　中國經典走向世界

　　辜鴻銘在清末的社會政治尤其是外交方面以其所學為國家作出了一定的貢獻，這在前面簡單的評述中已相當清楚了。但辜鴻銘是一個不適宜政治的人，儘管他飽學，有出眾的智慧與過人的膽識，卻思想偏激，易走極端，標新立異，甚至甘冒天下大不韙，與潮流對著來。他思想新奇而不穩重，語言雄辯而不謹嚴，書本知識深厚而社會認識膚淺，所以人用他不是用他從政的才能，而是重他的學識。張之洞重用他是因為「精於別國方言，邃於西學西政者也」。義和團運動之後，「各省大吏爭相羅致，然其所以重君者，則仍在彼而不在此，第以備外交緩急已耳」。[1]是的，辜鴻銘對中國的真正貢獻，確實不在於其政治方面，而更在於其對東西方文化的比較研究，尤其是對外宣傳國學，使國學走向世界方面。人們往往把康有為、梁啟超東西文化的比較看得很重，殊不知早在康、梁之前的辜鴻銘已經很系統而卓有成效地做了這項工作。

　　辜鴻銘所譯《論語》、《中庸》，是中國經典首次被國人譯介於西方並在歐美社會中產生積極影響的譯本。

　　辜鴻銘的英語造詣極深，孫中山曾說過：「中國有三個半精通英文者，一個辜鴻銘，一個伍朝樞，一個陳友仁。」（還有半個他沒說，可能是孫先生自指。）[2]可見辜氏英文水準在孫中山心目中的地位。林語堂謂「其英文文字超越出眾，二百年來未見出其右者」。[3]他具有

1　　羅振玉：《讀易草堂文集序》。
2　　邵鏡人：《辜湯生》，《同光風雲錄》，臺灣九龍出版社，1957年版。
3　　林語堂：《辜鴻銘集英譯論語序》。

譯《論語》、《中庸》的過硬條件；不唯英語之造詣，其他語種諸如法文、德文、俄文、拉丁文等語言文學也都精通，尤其是他那卡萊爾、阿諾德式有條有理、反覆申述的英文風格使他有得天獨厚的優越條件來比較中西文化，翻譯儒家經典，對外弘揚民族文化，使中國傳統儒學贏得世界的理解、尊重與讚賞，在20世紀初尤其是第一次世界大戰前後在西歐社會產生了廣泛強烈的反響，辜鴻銘在西方世界尤其是德國成為備受矚目的人物。

一、《論語》、《中庸》哲學術語翻譯商兌

辜鴻銘為什麼要向西方譯介《論語》、《中庸》？這要先從這兩部書的地位說起。「四書五經」在中國是家喻戶曉婦孺皆知的名詞，它們是中國卷帙浩繁的儒家十三經的代表與精華。《論語》是孔子及其門人言論的彙集，是中國人「理智和道德的文化裝備」。[4]在經典中具有特殊的地位。《大學》、《中庸》本是《禮記》中的兩篇，共同構成「儒教基本教育的問答手冊」。[5]南宋時朱熹把《大學》、《中庸》抽了出來為之作了章句，又寫了《論語》、《孟子》集注，合為「四書」，稱《四書章句集注》。這《四書》在中國歷史上佔據重要的地位。因為《論語》是記載孔子及孔門弟子言行的書，《大學》據二程兄弟考證是孔子弟子曾子所著；《中庸》據《史記·孔子世家》說是孔子的孫子、曾子的學生子思所著，《孟子》又是子思學生孟軻所著。《四書》代表了從孔子、曾子、子思、孟子一脈相承的儒家的「道統」思想。

4　《論語譯序》。
5　《中庸譯序》。

《四書》在中國歷史上其地位和影響是極其巨大的。宋代的理學家以道統自任，言心言性，特別看重四書。朱子認為，《論語》自是至聖先師的不刊之論。《大學》言「心」，《中庸》言「性」，又是《孟子》性善說的淵源。《孟子》在五代與宋朝後由子部升為經部，標誌著理學的傾向。朱子花了大半輩的時間構建了《四書》的理學系統。從元代延祐二年（西元1315年）恢復科舉以後尤其是明清兩代更加重視《四書》。科舉考試題目大多出自《四書》，士子答試卷也要悉遵朱注，《四書》成為天下士子必讀書，《四書》的地位被抬高到五經之上。《四書》是儒家政教合一思想最系統集中的體系，比起《詩》、《書》、《易》、《禮》、《春秋》等儒家思想經典來說，對形成中國文化和民族精神的意義更大。辜鴻銘選擇了《論語》、《中庸》向外翻譯。據說他還英譯了《大學》，且寄贈托爾斯泰，但不知何故沒有出版。

　　《四書》的向外翻譯並不始於辜鴻銘，早在辜鴻銘之前，已有外國人譯過這部重要的儒家經典。1539年，利瑪竇已將《四書》譯為拉丁文，寄回本國。1828年，柯利（DAvid Collie）用英語翻譯了《四書》，在麻六甲出版，但這些流行不廣。19世紀中後期，英國傳教士詹姆斯·理雅各（James Legge）在王韜等人的說明下，也英譯了《論語》、《中庸》，這可以說是辜鴻銘以前流行最廣、影響最大的譯本。理雅各這位傳教士對中國儒家傳統經典非常喜愛，幾乎花了一輩子時間，把古代的《四書》、《五經》全部譯成英文，因此後來在他81歲時被聘為牛津大學漢學教授。理雅各的態度很認真，但翻譯的目的是為了傳教，他的譯文在辜鴻銘看來有許多理解上的和技術上的錯誤。

辜鴻銘在《論語》一書的「序言」中提出批評：「自從理雅各博士開始將其所譯《中國經典》第一部分付印迄今已四十年了。現在任何一個人─即使他對中國文學一無所知，只要是不憚煩願意研讀理雅各博士譯文，則會情不自禁地深感遺憾。因為理雅各博士就其譯書時所具備的粗疏文學訓練及至大去前始終缺乏批判眼光和文學感受性而言，乃一博大漢學者而已！質言之，對中國經書具有甚為淵博而死板知識的學究而已。」理雅各未能充分領悟孔子學說的真正內涵，時有誤解，在他譯稿剛剛出版時，正值第二次鴉片戰爭之際，為了適應英國國內的形勢，他把孔子說成是「不篤信宗教」，不皈依上帝，應受到「不真誠」這一譴責。他說：「外國譴責中國人及其政府慣於使用欺騙伎倆是有理由的。對於每一個具體的偽詐、無誠意的行為，當事者必須引其咎；但是我們不能不引以為憾的是孔夫子在這方面所起的帶頭範例作用。」[6]辜鴻銘認為：「對於一般普通的英國讀者來說，我們不能不這樣認為，理雅各博士譯本中所呈現的中國人的才智和道德面貌，在一般英國人眼裏一定是陌生而古怪，感到很不習慣，正如同看中國人穿著袍子馬褂的服飾一樣。[7]理雅各所譯的《四書》在世界上有較大的影響，許多西方學者正是靠他的譯本來獲得對儒家思想的認識。前邊我們引到的托爾斯泰所讀的正是理雅各的譯本。還有的國家是由其英譯本轉譯為其他語種的版本，以訛傳訛的地方更不少。辜鴻銘在還沒有系統接受中國文化前就已讀過不少研究中國的西文，並在1883年寫了一篇《中國學》的長文，批判西方漢學家對中國文化不

6　轉引自 *English Translation of the Four Books, The council of Chinese Cultural Renaissan*, Taipei, 1980.p47。
7　《論語譯序》，參看本章第三節的內容。

正確的態度和方法。現在對中國文化有了全面的認識，學術研究與翻譯的準備工作已經就緒，因此辜鴻銘認為必須有一種新的譯本來代替之。而新譯者必須是既非常精通中國文學又能熟練駕馭西方語言知識的人，因此辜鴻銘大有「捨我其誰」的自信心，當仁不讓地擔負起向西方正確傳播儒家思想的重任。

在辜鴻銘看來，翻譯這兩部書的意義重大，一方面是因為中法、中日戰爭後，中國人對自己的傳統失去信心，形成向西方學習、改革中國的思潮，這使他憂心忡忡，另一方面，也是基於他對這些典籍對整個世界作用的獨特認識。《清史稿》本傳中有他的話：「異日世界之爭必烈，微中國禮教不能彌此禍也。」而中國的「孔孟之道非西方人所得聞，乃用西文譯《中庸》、《論語》」。辜鴻銘在《論語》譯序中說：「如果這本出自于中國古人的智慧的小冊子，能幫助歐美人民特別是那些正與中國人打交道的歐美人物更好地理解『道』，形成較清晰深刻的道義感，拋棄以『槍炮』和『暴力』態度對待中國和中國人民的做法，代之以道義，無論是作為個人還是作為一個民族在同中國人交往的過程中，都遵守道義的力量，那麼，我將感到我多年理解和翻譯這本書所付出的精力沒有白費。」[8]他賦予儒家經典以救世的意義，以悲天憫人的真誠態度譯之，並非是一般性的介紹，因此在翻譯上他是極為嚴謹認真的。

我們先看《論語》的英譯本。

譯事之難，舉世同慨。嚴復譯《天演論》標舉信、達、雅的標

8　　夏敬觀：《國史擬傳》卷《辜湯生傳》，刊於《國史館增刊》第一卷第二號。

準。「信」即是準確無誤，忠實於原著，「達」是通達流暢無礙，「雅」是更高一層的要求，不見傳譯痕跡，風格與原作不殊之謂。能夠做到這三點，古今很不多見。但是達到信、達、雅要求的譯作，可能是很高水準的譯作，但未必能起到原作在母語國家中之作用。莎士比亞《羅密歐與茱麗葉》朱生豪的譯筆，應當說是盡善盡美的了，但在中國人心目中仍然沒有《西廂記》那樣感人和美豔，同樣，中國文學裏《紅樓夢》的韻味在外國譯本中也大為減色。因為不同的風俗習慣，不同的背景知識、不同的語言文字，決定了人們不同的閱讀興趣而較難以產生共鳴，文學作品猶且如此，哲學上的翻譯更不言而喻了。中國的儒家經典用很少的字詞涵容很廣的意思，一詞涵蓋數義，中國人安焉若素視之嫻然，而西人則莫名其妙。所以翻譯出來不難，但翻譯出來而能使西方讀者接受中國哲學概念的完整意義則大不易。辜鴻銘鑒於理雅各譯本中的問題，他提出自己的翻譯原則或目的，就是要使《論語》能同西人本國書籍一樣不感到陌生隔膜，它所講中國人的禮儀、才智和道德能為西方人所理解與接受。辜氏說：「持此目的，我們想使孔子及其弟子的講話，就如同受過教育的英國人在想要表達這些中國尊者所表達的思想時那樣從事。為了進一步儘量去除英國讀者會產生的奇異和古怪之感。我們的做法是，只要有可能，一概不用中國人名、地名。最後，為了使思想內容的重要性易於被人瞭解，我們引用了歐洲作家言論作為附加注解，以勾起讀者原來熟悉的思路。這樣對於熟悉歐洲作家的讀者將會有所裨益。」[9]辜氏在翻譯中採取了獨具匠心的方法，論語譯本的副標題是「一本引用歌德和其他西方作

9　《論語》英譯本序，轉引自曹惇：《〈論語〉英譯本初探》，載《翻譯通訊》1985年8期。

家的話作注解的新的特別的翻譯」，在注解中以《聖經》中的使徒、人物故事來比擬《論語》中所涉及的人和事。

辜鴻銘認為孔子的學說具有與宗教同等的價值，他稱之為儒教，與基督教或其他所有宗教一樣，都是上帝（即中國所謂的天）的啟示，上帝的律令只有一種，而不同的宗教所揭示的正是對這種律令的不同方法的解釋。反過來說，不管是儒家還是基督教，他們所闡述的教義最終都是豐富了上帝律令這個最高真諦。在《季氏篇第十六》第8節子曰：「君子三畏：畏天命，畏大人，畏聖人之言。」辜鴻銘譯為：

Confucius remarked:"There are three things which a wise and good man holds in awe. He hold the laws of God, person in authority, and the words of wisdom of hloy men."

他把天命譯作「上帝的律令」，把聖人譯作「獻身宗教的人」。他對「天命」的注解是：「按字面上講，是『上帝之聖訓也』。在別處我們把『天命』譯作宗教，因為我們相信這就是歐洲宗教的真諦——並非摩西、立柯爾斯、基督或孔子的律令，這些律令乃是上帝律令的不同解釋而已。上帝的律令包含一切，從二加二等四，薑對人口味過辣，以及指引太陽、月亮、星星旋轉的規律直至最後在人的內心世界裏最高的正誤規律。」[10]儒家思想的內容和基督教義是能夠相通的，這是辜鴻銘的獨特而一貫的看法。他在《清流傳》中所說的東西方的「真」文化即是這種相通之處。這種意譯法對西方讀者而言，通過

10　英譯《論語》，第148頁。

《聖經》中人事的類比進行瞭解孔子思想，非常形象並易於被接受，反而會認識到孔子思想更富有人情味，更容易使人昇華到高尚、純粹的社會的人，而不是基督之所謂神。辜氏在譯《論語為政篇第二》第9節「吾與回言，終日不違如愚」，在注解中對顏回的注釋是「孔子的福音使徒約翰——一個單純、英勇、理想的性格，孔子所寵愛的門徒」。[11]《泰伯篇第八》第18節：「子曰：『巍巍乎舜禹之有天下而不與焉』。」辜注：「舜、禹系中國歷史中的以撒（Issac）和雅各（Jacob）：中國遠古族長制時代兩位由務農而登上帝王寶座的人。西元前2255至前2205，西元前2205至前2179。」第19節，「大哉堯之為君也」，辜注：「堯，中國歷史裏的亞伯拉罕（The Abraham of Chinese history）西元前2356至前2258。」第20節，「武王曰：『予有亂臣十人』」，辜注：「武王，武士國王式征服者：中國歷史中的所羅門王（The Soloman of Chinesehistory）西元前1122至前1115。」等等。在翻譯「慎終追遠，民德歸厚矣」時，辜鴻銘引用了《聖經》（《舊約》）裏詩篇第77篇第5節作佐證。這些都對西方讀者理解孔子學說起到溝通作用。

辜鴻銘在西方的學習生涯中最擅長的是語言文學，英語、德語、法語以及希臘語造詣都很深，除了語言之外，其他東西對他來說不甚關心，他曾坦白地告訴別人「我在外國是學語法的」，而對他學習其他課目如哲學、工學從不多提及。[12]因此，他的這些語言文學的造詣使他在翻譯中得心應手，把艱深的中國文言文譯成暢朗流利的英文。

11　英譯《論語》，第9頁。
12　〔日〕清水安三：《辜鴻銘》。

林語堂說他的英文風格「純為維多利亞中期之文」。[13]我們試看他幾段漂亮的譯文。如《為政第二》第4節裏的「夫子自道」：子曰：「吾十五而有志於學，三十而立，四十而不惑，五十而知天命，六十而耳順，七十而從心所欲，不逾矩。」辜鴻銘譯文是：

Confucius remarked,"At fifteen I had made up my mind to give myself up to serious studies. At thirty I had formed my opinions and judgment.At forty I had no more doubt. At fifty I understood the truth in religion. At sixty I could understand whatever I heard without exertion. At seventy I could follow whatever my heart desired without transgressing the law."

語言整齊而富有變化，深得原作風味。值得注意的是，辜鴻銘的譯文較原作較有不同，他用自己對孔子思想的理解補足了原文中過簡的意思，使譯文意思圓融飽滿。譯文的「信」在很大程度上取決於對經典整體的理解與釋闡的準確性。而這些地方如果譯者沒有足夠的知識和理解力而採取直譯一定是乾巴巴或者令人莫名其妙的。如「志於學」不僅是學習知識，更含有上進謹慎的態度。理雅各（James Legge）的譯文是「I had my mind bent on learning」，蘇慧廉（W.E.Soothill）譯作「I set my mind upon wisdom」，亞瑟・偉利（Arthur Weley）譯作「I set my heart upon learning」，而艾茲拉・龐德（Ezra Pound）乾脆譯作「I wanted to learn」，都沒有辜鴻銘的譯文更能傳達出孔子的話意。

「三十而立」，也不是簡單地站起或站穩立場，樹立觀念。理雅各（James Legge）、蘇慧廉（W.E.Soothill）、亞瑟・偉利（AuthurWalley）

13　林語堂：《有不為齋隨筆・辜鴻銘》，臺灣德華出版社，1980年版。

諸家把「立」譯為「stand firm」質木無文。龐德（EzraPound）譯為「I had a foundation」稍近原意。而辜鴻銘譯為「形成自己的觀念和判斷力」深得其中之味。

「天命」一詞，理雅各（James Legge）譯為「decrees of Heaven」，蘇慧廉（W.E.Soothill）譯為「the law of Heaven」，亞瑟‧偉利（Arthur Walley）譯為「the bidding of Heaven」，龐德（Ezra Pound）譯為「the order of Heaven」，都與上帝有關。而辜鴻銘譯為「the truth in religion」有更深刻的道理。因為這個詞不僅僅是上帝的旨意或律令，更含有一種非人力的或不可知的事實。既是蒼蒼者的自然之天，又有上帝之意。

再如《述而第七》20節「我非生而知之者，好古，敏以求之者」，辜氏譯為：

Confucius remarked: "I am not one born with understanding. I am only one who has given himself to the study of antiquity and is dilligent in seeking for understanding in such studies."

意義甚為完備，頗能傳達孔子原意。

不過，有些地方辜鴻銘的譯文似值得商榷。如「子不語怪、力、亂、神」，辜氏譯作：

Confuius always refused to talk of supernatural phenomena,of extraordinary feats of strength, of crime or unnatural depravity of men; or of supernatural beings.

以「超自然」的東西來譯「怪、力、亂、神」，是不恰當的。正像我們前面所說：「天」在孔子心目中是「蒼蒼者」的自然，又是神靈，是超自然的主宰。孔子不大言「天」，常用其他話，諸如「天何言哉，四時行焉，百物生焉」，「未能事人，焉能事鬼」等話來搪塞弟子的好奇心，但卻常常感歎「天命」，說明他並不是always refused to talk of 天，我認為，孔子並不是不談超自然的東西，而是不談邪惡的、不合禮樂人情的怪誕不稽的東西。

「君子坦蕩蕩，小人長戚戚」：Confucius remarked:"A wise and good man is a composed and happy；a fool is always worried and full of distress."「小人」的譯法內涵不足，「坦蕩蕩」也不夠充分。

為了顧及意義的完整，中文本來很簡短的句子在譯文裏就須用許多詞語闡述。如《論語》開篇名句：「學而時習之，不亦說乎？有朋自遠方來，不亦樂乎？」辜鴻銘譯為：

Confucius remarked:"It is indeed a pleasure to acquire knowlge and,as you go on aquire,to put into practice what you have acquired.A great pleasure still it is when friend of congeinial minds come from afar to seek you because of your attainments."

這就顯得稍微冗長一些，雖然在內容上傳遞出更豐富的內涵，孔子原句中那種反問句式以及由這種句式所傳遞給人們的輕快語氣在辜鴻銘的譯文中就看不出來，有點失原作風味了。相形之下，理雅各（James Legge）的譯文更簡潔而有味。

再說《中庸》的譯本。

辜鴻銘名下的《中庸》譯本，我所知道的有三種內容不太相同的版本。一是1904年在《日本郵報》上翻譯連載的《中庸》（The Conduct of the Life），1906年在上海匯印為單行本。另一種是林語堂吸收王國維的批評意見稍作改動的《中庸》，作為具 The Wisdom of Confucius 一書中的第三章。再一種是臺北1979年出的《四書英譯》（English Translation of the Four Books）中的《中庸》譯本，書名同上種，以辜氏譯本為基礎而略加修訂，故基本上仍可看作辜氏譯筆。

《中庸》一書與《論語》不一樣，雖然內容少，但純是哲學著作，意義卻甚艱深，不易譯出。這部儒家性命之學的名著，隱晦精微，許多中國哲學獨有的名詞術語如性、命、道、敬、誠、慎獨、中庸等等，很難用一個對應英文詞語表達出來，對原著的「信」會影響到英譯的「達」，而對英譯的「達」又勢必損害原著的「信」，辜鴻銘用他獨特的譯法解決了這個兩難的處境。

由於篇幅的關係，我們只能拈出一些《中庸》中的抽象名詞術語來看看辜鴻銘對《中庸》的解釋。

「中庸」一詞是全篇的關鍵，它的意義是很深廣的，用任何一個英語文字也不足以表達出來。「中」有數意。一、從人性上說，喜怒哀樂之未發，謂之中。二、從為人上說，行為不偏不倚，無過無不及，也是中。三、從處世接物方法上，不走極端，執其兩端而用其

中。「庸」，「常也，中和可常行之德」，[14]遵依中和之常道，「不易謂之庸；再進一解，庸又同用，執其兩端而用其中」[15]之用。「中庸」之道即是凡事不要過頭，也不要不及，採用中正之道；凡是要別人做到的，自己必須首先做到，自己不喜歡的，也不要勉強別人；在平常日用中的一言一行都要遵守君臣、父子、兄弟、夫婦、朋友的準則。這個含義是很廣泛的。

仲尼曰：「君子中庸，小人反中庸。君子之中庸也，君子而時中。小人之中庸也，小人而無忌憚也。」（第二章）

Confucius remarked:"The life of the moral man is an exemplification of the universal moral order（chung-yung,usually translated as"the Mean"）. The life of the vulgar person,on the other hand, is a contradition of the universal moral order. The moral man 』s life is an exemplification of the universal order, because he is a moral person who unceasingly cultivates his true self or moral being. The vulgar person 』s life is contradiction of the universal order, because he is a vulgar person who in his heart has no regard for, of fear, of the moral law.

譯君子為moral man有道德的人，譯小人為vulgar man無教養的人皆妥貼。至若譯「中庸」為the universal moral order則稍顯膚廓而不切。中庸可以謂放之四海而皆準的普遍道德律，但普遍道德律並不等於中庸。辜氏知此，故在括弧里加注：中庸通常又譯作The Mean，這

14　何晏：《論語集解》。
15　朱熹：《四書章句集注》。

是他不得已而為之的辦法。如果把「中」譯為one』s trueself，得「中」之道德、誠的一義，但又遺其「執兩端而用其中」的一面。同樣，理雅各（James Legge）譯為「the Mean」得「執其兩端而用其中」之意，又卻失道德與誠之義。在這裏辜氏用一個詞譯而用另一個詞作注解的方法是所能採取的最好的方法了。辜氏這樣的選擇有他的道理。因為《中庸》一書主要是講道德修養，以 one』s trueself 意義上最近，但是在「君子而時中」的裏面用此詞便無法解釋充分，以致受到王國維的批評。但王氏的批評也非至論，批評容易，但翻譯甚難，此處應以 the Mean譯之於義始安，有所選擇也就是有所放棄，王國維也找不出一個兩全其美、兼融圓賅的譯法來。當然現在the Mean已約定俗成，又當別論。

「誠」，可以理解作誠實，但誠在儒家尤其是宋代理學家發揮後意義極廣。誠者，天地之本，聖人之本。天地、聖人無不貫穿這個「誠」字，人正靠著誠的德性，才於喜怒哀樂既發之後而能和；也正因為誠，人才能貫通天理，天人合一，天人一體。社會上每個自我的誠是最好的品德，完成自己道德本性的舉動。這個誠，既不是費希特（Fichte）之Ego，謝林（Schelling）之Absolute，不是黑格爾（Hegel）之Idea，也不是叔本華之Will和哈曼（Hartmann）之Unconscious。這並非說中國古人思想多麼精密，而是同樣的「誠」在一篇之中，時而說天道，時而說人事，不同的句子（甚至同一句中的不同位置）其意義可無限制地跳躍，遂使其意義非常廣闊，用英文難以表示。辜鴻銘譯為Moral order。其他的如「性」（Law of our being），「道」（Moral law）之類皆此。

對於這些問題，辜鴻銘作了這樣的處理：即在充分把握儒家思想的基礎上，用西方哲學語言、觀念加以解釋。這樣做的目的自然是把儒家經典納入世界哲學之中，使詩化的中國的哲學能為思辨的西方人所認識。這樣做的效果到底好不好？王國維認為不好，提出批評。我則以為沒有什麼不可。舉王國維提出批評的一段罷：

誠則形，形則著，著則明，明則動，動則變，變則化。辜鴻銘譯為：

Where there is truth, there is substace. Where there is substance, there is reality. Where there is reality, there is intelligence. Where there is intelligence, there is power. Where there is power, there is influence. Where there is influence, there is creation.

王國維批評說：「此等明明但就人事說，鄭注與朱注大概相同，而忽以substance、reality等許多形而上學之語Metaphysical Terms，豈非以西洋哲學解釋此書之過也。」[16]王氏的批評有他的道理，substance是本體、物質之意，reality意謂真實、實體、現實，但捨此詞卻沒有更恰當的表述方式。「誠則形，形則著」如用今語譯之，當為「有誠心就表現在外，表現在外就日漸顯著。」[17]莫顯乎隱，莫見乎微，內心誠的品德自然是天人一體的「實」，也自然會體現在人的物質形體（substance）上，先儒頭腦中「誠」也就不僅僅是一種形而上的精神，而兼有真正的實體或現實。這種翻譯乍看似不當，而仔細推敲，

16　王國維：《海甯王靜安先生遺書》卷十五。
17　據楊伯峻：《白話四書》譯語，嶽麓書社，1989年版。

實其精微之處。

當然，王國維的批評也是對的。辜鴻銘為了求得全書術語上的儘量統一，如誠、中庸等詞總得有一個較為固定的譯法，不能在文章中變來變去，令人捉摸不定，然而這樣必然使有些地方稍減古書中的意義，這正如以西洋哲學解釋古書一樣會增古書原本沒有的意義。然而王國維也承認這是由中西不同的思辨方式與不同的語言文字造成的，「亦不能盡為譯者咎也」。

他為譯文的整體性偶爾調動段落次序，正如評《論語》略古人名一樣未免武斷。但這些問題都是瑕不掩瑜的。林語堂根據王氏意見稍作修改，使這本譯本更準確一些，如首章前幾句：

> 天命之謂性，率性之謂道，修道之為教。
> 道也者，不可須臾離也；可離，非道也，是故君子戒慎乎其所不睹，恐懼乎其所不聞。

What is God-given is what we call human nature. To fulfil the law of our human nature is what we call the moral. The cultivation of the moral law is what we call culture.

The Moral law is a law from whose operation we cannot for one instant is our existence escape. A law from which we may escape is not moral law. Whereiore it is that the moral man （or the superior man） watches dilligently over what his eyes cannot see and is in fear and awe of what his ears cannot hear.

辜鴻銘在這裏把「天命」譯為what is God-given,「性」譯為human nature,把「率性」譯為To fulfil the law of our human nature擴充人性,這是極精彩的。當然,從嚴格的哲學意義上講,天命、性的譯法並不是完全無可非議,正如王國維曰:「中國語之不能譯為外國語者何可勝道,如《中庸》之第一句,無論何人不能精密譯之,外國語中之無我國天字之相當字,與我國語中之無God之相當字無以異。吾國之所謂天,非蒼蒼者之謂,又非天帝之謂,實介二者之間,而以蒼蒼之物質具天帝之精神。性之字亦然,故辜氏所譯之語尚不失為適也。」這也是所能譯到的最高水準。

莫見乎隱,莫顯乎微,故君子慎其獨也。(第一章)

There is nothing more evident than that which cannot be seen by the eyes and nothing more palpable than that which cannot be perceived by the senses. Wherefore the man watches diligently over his secret thought.

「慎獨」是儒家思想中又一重要的修養方法。鄭玄注為「慎獨者,慎其閉居之所為」,[18]意思是要人們在獨處沒有他人監督的情況下,自己的行為要一絲不苟,自覺做合乎道德的事情。辜鴻銘未把慎獨的對象譯成行為(conduct)而譯作思想(secretthought),乍看似與原文有出入,而實際上正體現譯者獨到的見解。所謂隱、微,並不是指人的行為,而是思想中的隱藏的或稍見萌芽的端倪。「慎獨」也不是對行為本身的自我監控,而是對自己靈魂深處不合道德念頭的關

18　劉寶楠:《論語正義》引。

注。歸根結底，行為受思想的支配，慎獨的根本意義只能從思想上的修養來作解釋。

修身以道，修道以仁（第二十章）

To cultivate his personal charcater, the ruler must use the moral law（tao）. To cultivate the moral law, the ruler must use the moral sense（jen, or principles of true manhood）.

在《中庸》英譯中，「道」大致上都譯為moral law，王國維認為不如moral order更確切，言之有理。譯「仁」為moral sense較嫌空廓不當，故引原詞加注之後加以限制。

綜上所述，辜鴻銘所譯《論語》、《中庸》的基本內容、得失應當清楚的了。在我們所知道的《論語》、《中庸》五六個英譯本中，從整體水準來看，辜鴻銘譯本從闡釋經義整體水準上來講應當是最高的，遠非某些西人望文生義的文字禪所能望其項背。在此，我也不準備將這幾個版本逐一詳加以比較，這些譯作者除辜鴻銘之外都是西方人，以辜氏的英語水準駕馭譯文，是絕對不應有什麼問題的。因此決定譯本水準的關鍵是對經典本身的理解程度和整個儒家文化的造詣，這方面辜氏比其他譯者修養要深厚。

二、辜氏譯本的評價

辜鴻銘所譯《論語》、《中庸》最大的特點，也是最有爭議的特點在於：一是以宗教精神看待儒學，二是用西方哲學內容譯儒家哲

學。這在辜氏的國學研究中有著至關重要的意義。對這兩點怎麼看待與評價，將影響著辜氏譯本的價值，最終也影響到對辜氏國學貢獻的評判，不可不試加申述。

關於以宗教精神看待儒學

要說明這個問題，我們先把目光由辜鴻銘移到另一位翻譯《論語》、《中庸》的譯者詹姆士·理雅各（James Legge）身上。我在前面說過，理雅各在19世紀中葉譯《論語》初版時曾說孔子「不篤信宗教，不皈依神靈，應受到『不真誠』這一譴責」。但在1893年，理雅各改正了自己這一觀點，對自己誤解孔子表示歉意：「我希望我沒有做對不起孔夫子老人家的事情。我越是深入地研究其為人和見解，越是覺得他巍然可敬，他是一位非常偉大的人物，而他所起的影響，總的說來中國人是深受其益的。而他的教誨—對於我們這些公開宣稱系屬於基督派的人們來說提供了重要教訓。」[19]理雅各這個有趣的轉變說明一個問題，說明他對孔子及儒學擺脫了以前的無知和誤解，認識到其中宗教上的價值。事實上，理雅各翻譯時所採用的術語仍是粗糙的、不成熟的，也是不恰當的。

不少人籠統地說辜鴻銘把儒學當做宗教看待這是不對的。因為辜鴻銘在他的《春秋大義》中曾表示過這樣的意思：中國人並沒有歐洲人所謂的宗教，就是群眾也不真正重視宗教。不感覺到對宗教迫切需要，因為他們只遵守現實的倫理規範，並不像佛、道、基督教那樣推

19　見 *English Translation of the Four Books. The Council of Chinese Cultural Renaissance*, Tai Pei 1980。

求來世。從這個意義上，中國人沒有歐洲人所謂的宗教。但歐洲人所謂的宗教，像基督教、佛教那樣，是一種狹義上的宗教。他們相信上帝的存在並主宰人世，相信來世輪回以及人在現世中的罪惡感與原罪的義務。而儒學雖相信神秘的天，但天只是神秘的自然，並不是西方的上帝。儒學教育人們積極入世、盡孝盡忠，而不相信來世和輪回。西人的宗教使人變成神人或天使，而儒學卻教人成為孝子順民—儒學並不是這個意義上的宗教。然而儒家的倫理道德最高的依據—天理—又是一種超越世界萬物、亙古不變的永恆存在。由理而有天地陰陽，由陰陽而生萬物，乾道成男，坤道成女，再到人生。天之道陰陽的尊卑，決定了人世相對應的夫婦、父子、君臣的關係。同時天之道陰與陽的屬性，地之道剛與柔的屬性也決定了人的仁與義的德性。一句話，整個社會完整的倫理道德決定於理，是神聖的萬世不變的。儘管儒家不是宗教，卻具有宗教的終極意義和價值。說它是「宗教」也無不可，正如吾國把儒、道、佛並為三教一樣，然而只是就它的意義和價值而言的，或者可以名之為廣義上的宗教。中國的政治就是儒教，儒教就是政治，是政教合一的。這一點後面將要詳論，就不再贅述了。試看一下臺灣《四書英譯》本後而所附「評議委員會報告」，這個譯本中的《論語》和《中庸》都以辜鴻銘的譯本為基礎。「像我一開始就提過，選擇一個已有英譯本作為修訂的基礎是件十分困難的事。很幸運的是，我們作出了我們認為—相對來說，是一個很美好的選擇。在《四書》中，《論語》是一部最重要的著述，它表達了孔子和自己的門徒言談中所闡述的基本原則、哲學和思想。我們在這一書著上選用了辜鴻銘的譯文而不是詹姆士‧理雅各的譯文。我們在聽到哥倫比亞大學行政事務副校長兼教務長威廉‧希歐多爾‧底貝雷博士

的講座後感到寬慰，對我們所作的選擇更為放心，底貝雷博士是國際上有威望的專門研究孔子經典著作的學者。」「1979年3月4日紐約聖約翰大學的亞洲研究中心召開第八屆年會，討論的主題是：『如何通過經典著作來進行世界各宗教的教學』。底貝雷博士是主要發言人。他的講題是：『孔子經典著作中的宗教價值』，並著力闡述《論語》。他講完後在回答提問的很長時間裏強調孔子對天的崇敬和至誠的態度。他認為在《論語》裏找不出任何一處足以說明中國聖人忽視了一個至高無上的主宰者及其神奇力量的存在。事實上，『仁』的概念、孝悌的美德以及最終相信皇帝們代表天命，都是孔子尊重宗教和神明價值的紮實有力的證明。根據這些以及其他例子，底貝雷說明他的論點：詹姆士・理雅各還未能充分領悟孔子著作，特別是《論語》中對宗教的敏感性。」

儒家學說維繫中國數千年的文明，儒教在與佛教道教以及近代隨侵略者而至的基督教的挑戰中，儒家學說始終未動搖，始終是全中華民族的信念，不談其他，僅就這一點看能否認儒家學說宗教般的價值和作用嗎？

關於用西方哲學解釋儒學

王國維說：「《中庸》雖為一種之哲學，雖視誠為宇宙人生之根本，然與西洋近世之哲學固不相同。……如執近世之哲學以述古人之說，謂之彌逢古人之說則可，謂之忠於古人則恐未也。」他又說：「要之辜氏此書如為解釋《中庸》之書則吾視閑然，且必謂我國之能知《中庸》真意者，始未有過於辜氏者也。若視為翻譯之書，而以辜

氏之言即子思之言,則未敢信以為善本也。」王國維既認為在我國辜鴻銘最能知《中庸》之真意,但又批評辜氏:一、譯文對一些哲學術語不能恰如其分地用英語表達出來;二、用西洋之哲學解釋《中庸》。

這種批評家求善求美之意,誠然是可嘉的,他所批評的也是事實,不過王氏承認「上述此兩項乃此書中之病之大者,然亦不能盡為譯者咎也」。因為中國哲學一些詞意義甚廣,中國人朝於斯夕於斯,習以為常,不覺難解,然而英語中沒有對等辭彙可譯,「無論何人不能精密譯之」,而要讓辜鴻銘「精密譯之」,這也太難為他了。因為不能恰如其分地表達出來這個客觀的困難,所以他才想辦法去彌縫由中譯英過程中意義的增減。用超出原文幾倍的語句補足,或用西洋哲學闡發其深隱的涵義。比如對「仁」的解釋,傳統譯作benevolens(仁慈),辜氏卻譯來moral sense或moral life(道德感或道德人生),強調人道的、道德的含義。對「禮」辜氏不譯作propriety(得體)或ceremony(禮儀),而大膽地譯作the art,突出「禮」在禮節禮儀外表下所體現的脫離質野的人文原則。把「孝悌」的「悌」有時直接譯成「好公民」,雖然遺其「尊敬兄長」的一義,但在大多數情況下,「悌」的含義確是前者。更有進者:哲學著作翻譯家「肩上負有完整介紹一種哲學體系的責任」(許國璋語)。辜鴻銘譯《中庸》是向西方知識界完整地介紹博大精深的儒家倫理思想,難度大,遇到由中到英不能轉換或轉換後意義偏移、增大或縮小,中文無能為力,必然要用一些西方哲學上相通相近的內容稍作解釋,正像我們常引進西方哲學的內容來研究中國哲學一樣,沒有什麼不可。中西哲學雖然有不小的差

異，但畢竟有不少是相通的。辜鴻銘對西方哲學的造詣，適當地使用一些詞，也許能使中文中有些模糊的詞更精細一些，上文中我們舉過的以substunce譯「形」，以reality譯「著」就是一個例證。他這樣的結果，能譯出比漢學所示更為廣博的內容。對於懂英語的人來說，可能比讀漢文本更容易理解孔子思想的精髓，觸到孔子哲學的新生命。

　　在清末，向西方翻譯介紹中國文化的，以辜鴻銘用力最劬，對西方影響也最大。但遺憾的是，在中國，人們只知道大翻譯家嚴復、林紓，卻很少有人知道辜鴻銘的翻譯。嚴復、林紓由西譯中，是把西方文化進口到中國，而辜鴻銘恰恰相反，把儒家經典介紹到國外，於祖國學術發展具有不小作用。但林、嚴名噪一時，而辜氏在國內默默無聞，何也？蓋林紓譯西方小說對長期封閉的中國人來說，無疑是一片新大陸。嚴復譯之西洋哲學名著，又迎合當時和後來學習西方的興趣，是時代造成的產物，而辜鴻銘恰恰與之相反。附帶一提辜鴻銘對外國詩的翻譯，他把英國詩人科柏（Wiliam Cowper 1731—1800）的幽默詩《布販約翰・基爾賓的趣事》（The Diverting History of John Gilpin，Linen Draper）譯為五言古體，1905年由商務印書館出版，書名為《華英合璧：癡漢騎馬歌》。雖然譯為五言古體，但一點不失原作的幽默韻味。如第1段：

John Gilpin was a citizen
of credit and renown,
A train-band captain eke was he
of famous London town

昔有富家翁
饒財且有名
身為團練長
家居倫敦城

第23段：

So stooping down, as needs he must
Who cannot sit upright,
He grasped the mane with both his hand
And eke with all his might
馬上坐不穩
腰折未敢直
兩手握長鬃
用盡平生力

　　詩譯得很風趣，特別是把詩人的風格和詩中主角、布販子的天真爛漫，特別是充滿於他身上的「癡」、「呆」味兒都譯了出來，讀了十分詼諧親切，這部譯詩當年曾使詩人蘇曼殊、翻譯家伍光建等許多人傾倒不已。[20]辜氏中文雖半路出家，但譯筆且饒有古意，恰合古詩韻味。如譯英國《壯士詩》云：「上馬複上馬，同我夥伴兒。命輕重意氣，從此赴戎機。劍柄執在掌，別詞不沾衣。請謝彼妹子，豔色非

20　伍蠡甫：《伍光建的翻譯》，見《翻譯論集》，商務印書館，1984年版。

所希。豈似同裏兒，喝喝泣且悲。名編壯士籍，視死忽如歸。」又譯德國《從軍辭》為四言體。曰：「擊鼓期鐺，胡笳悲鳴。爰整其旅，夫子從征。英英旅旆，以先啟行。我心踴躍，踴躍我情。贈我戰衣，與子從征。出自東門，我馬驊驊。遇雲其遠，與之同行。爰居爰處，強故是平。樂莫樂兮，與子同征。」[21]這此書現在已極難找到，我不憚煩留此吉光片羽，以窺全豹。

4.2 世界的危機及中國國民的精神

　　隨著德、英等歐洲現代化國家的發展壯大，國內市場向國外擴張，向外掠奪殖民地過程中瓜分不均，矛盾愈來愈激化，終於在1914年爆發了第一次世界大戰。這場大戰對歐洲文明，幾乎是一場毀滅性的打擊。這個殘酷的事實倒證明了辜鴻銘早就預言的「異日世界相爭必烈，微中國禮教無以弭此禍」的話，引起了西方人士的對辜鴻銘的關注。當時駐北京的西方人士關心時事，時常聚會討論歐戰的前景等問題，正擔任著五國銀行團翻譯的辜鴻銘應邀向他們發表多次演講。在這些演講中，他分析了歐洲大戰的原因，提出戰爭的出路—中國儒家文明拯救世界。他的主要演講都圍繞著這樣的主題而闡發。而且在戰爭剛剛開始，德國節節勝利時，他大膽地預言：德國必敗—在當時人們一般是不太相信的—然而後來的事實恰恰證明他的正確。這為辜鴻銘贏得了在西方的崇高聲譽。

　　1915年4月，他把這些英文演講稿彙編成冊，在北京印行，書名

21　載《北洋畫報》1929年8月6日第354期。

The Spirit of the Chinese people（中文名《春秋大義》或《原華》）。幾乎同時史密斯（Oscar.A.H.Schmitz）將之譯成德文，改題《中華民族的精神與戰爭的出路》於次年在耶拿出版，遂即在德國引起廣泛的關注和強烈的反響，在一戰期間和以後一段時間裏，辜鴻銘幾乎成為德國家喻戶曉的東方人物。

《春秋大義》一書，除「序言」和「說明」之外，正文有六章，即：

中國人民的精神

中國的女人

中國的語言

約翰・斯密斯在中國

一個大漢學家

中國學

附錄：戰爭和出路。[22]

在辜鴻銘的所有論著中，《春秋大義》最有代表性，不僅是因為在西方社會有著廣泛的影響，更重要的原因是它全面系統地反映了辜鴻銘的文化思想。

一、歐洲大戰及其出路

22　1922年再版時，因大戰已結束，這篇附錄內容已不再為人們所關心，因此另附《文明與紛亂》一文，即1901年《尊王篇》的附錄。

從19世紀70到90年代，歐洲列強在爭奪霸權和殖民地的過程中，出於各自利益的目的形成兩大軍事侵略集團，到20世紀初，隨著帝國主義重新瓜分殖民地的矛盾尖銳發展，兩大軍事集團最後形成。德國、奧匈帝國、義大利三國同盟最早出現。之後，英、法、俄為了維護各自的利益，不受其他敵對國的威脅，結成協約國。在這兩大集團中，英國、德國占最重要的位置。19世紀末到20世紀初，資本主義經濟、政治發展的不平衡性加劇，德國的工業突飛猛進地發展，已經趕上並超過英國，對英國遍佈世界各地的殖民地和繼續不斷地向亞非擴大殖民地、輸出資本感到不滿，德國強烈地要求取得「陽光下的地盤」，重新分割殖民地，與英國衝突加劇，在殖民地問題上處處牽制英國。還開展同英國的海上競爭，企圖逐漸取代英國在海上的霸權地位。英、德矛盾的加深，成為這兩個帝國主義陣營的主要矛盾。

1914年6月，塞爾維亞民族主義者「黑手黨」刺殺奧匈皇儲弗蘭茨·斐迪南，發生「薩拉熱窩事件」，奧匈帝國對塞爾維亞宣戰。不久，德國向俄國宣戰、向法國宣戰。8月4日，英國以德國破壞比利時中立為藉口，正式對德宣戰。8月6日，奧匈向俄宣戰。至此，第一次世界大戰全面展開，之後有更多的國家參戰，同盟國和協約國把它們各自的殖民地和附屬國也拖進了大戰，成為遍及歐、亞、非、美有30多個國家參加的世界性戰爭。

歐戰的原因很複雜，不同的人可以從不同的側面去分析。一般說來，各帝國主義國家的統治者為了自己的利益而向外擴張，引起戰爭，是其主要原因。如劍橋大學教授狄更生（Dickinson）《戰爭和出路》一書就持這樣的觀點，他認為各國的統治者、軍人和外交家應該

對戰爭負責。因為是這一幫人把國內的平民，精神和肉體的勞動者引導到互相殘殺的境地，把人類引到十八層地獄裏面去了。

但辜鴻銘的觀點恰恰相反，他在《春秋大義》[23]的附錄《戰爭和出路》一文中批評狄更生的看法是歐洲社會主義者的夢幻。他提出的觀點極新穎也很有趣。辜鴻銘以他最見長的道德倫理觀念上的剖析入手，分析歐洲大戰的倫理原因，認為不是統治者、軍人、外交家引導平民，而是平民逼迫著統治者、軍人和外交家走到戰爭的地獄裏面。用他的話說，就是一般百姓—「群氓」是戰爭最初的責任者。具體說來就是英國的「群氓崇拜」以及由此而引起的德國人的武力崇拜，導致了戰爭的爆發。

辜鴻銘認為戰爭最初的起因要歸為英國人的「群氓崇拜」。所謂群氓，就是指操縱英國政治實權的商人實業家。這些商人和市儈為了牟利，就要千方百計開拓市場，獲取暴利，從國內市場到國外市場，亞、非、拉丁美洲殖民地更是資本主義商人的最廣闊和最有利可圖的市場，這些群氓鼓動英國不斷地向世界擴張殖民地，輸出資本。左右英國政治的議會下院都是這些商人資本家。同時商人實業家控制下的國會下院，借輿論工具宣傳盲目的「愛國主義」、「軍國主義」，激起全國一般民眾的盲目與狂熱的激情，都以向外擴張為正義，以戰爭犧牲為光榮，把外國人作為自己的敵人。而英國這種立憲制，君主和議會上院都掌握不了國家的行動，只能例行公事般地通過下院的決議，這就造成了英國的群氓崇拜。辜鴻銘認為，這種群氓崇拜惡性發展的

23　本章下文除注明出處外皆擇譯自《春秋大義》（*The Sapirit of the Chinese people*），1922年版。

結果明顯的表現就是英國對非洲小國的布林戰爭。英國為了把它在南北非洲侵佔的殖民地聯為一體，實行其所謂的「開普—開羅計畫」，在南非以開普為據點向北推進，但是遭到南非的兩個布林人共和國德蘭士瓦和奧蘭治—世界上最大的金剛石和黃金產地—人民的反抗。英國不顧德國的反對與干涉，以25萬軍隊進攻只有4萬多正規軍的布林人。英國對布林之戰，終於取得了勝利，南非成為它的屬地。辜鴻銘說英國的這種侵略戰爭都是由英國的商人資本家群氓，是暴徒慫恿出的，這些群氓或暴徒只知金錢，毫無理性，像發了瘋一般要求戰爭。君主沒有權力，只能任這些群氓妄行。

但英國對群氓的崇拜卻引起德國人極深的不平。由於德國人對英國群氓的仇視而產生的「武力崇拜」，很快又發展到「武器崇拜」，形成了掀起大戰的德意志軍國主義。戰爭的最初原因是英國的群氓崇拜，但是對這次歐戰直接負責的是德意志軍國主義。

辜鴻銘認為：德國民族的倫理組織本來是絕對地愛好正義，仇視不義、汙穢和紛亂。在布林問題上，德國是英國唯一的挑戰者，不顧英國抗議，在西南非活動，鼓動布林人反對英國，破壞英國「開普—開羅計畫」的實現。正因為此，德國仇視英國的商人資本家這些所謂的群氓或暴徒，仇視英國群氓崇拜，仇視群氓的崇拜者，使得德國民族處處事事與英國人對著來，德國民族願意作出大犧牲，建立一支海軍，希望打倒英國的群氓、群氓崇拜與崇拜者。德意志民族越來越崇拜武力和武器，以為只有強權才能拯救人道。這樣說，似乎辜鴻銘對德國特別袒護，為德國開脫。其實不盡然，他肯定德國人的正義，但同時又指出：因德國人太過於仇視不義，結果自己也變成更可怕的不

義，成為更大的罪惡。辜鴻銘用一段文字敘述德國軍國主義的發展，是告訴人們他並沒有什麼成見要德國人對大戰負直接的責任。他舉出德國在義和團運動期間為了德公使克林德被一個士兵打死而逼迫中國在北京皇城造克林德碑坊，使四萬萬中國人蒙受恥辱一事，表現他對德國軍國主義的強烈憎惡。

他認為，這次大戰宣告了歐洲文明的破產。在辜鴻銘看來，正是歐洲現代化的過於注重物質的文明，導致了戰爭並最終毀滅了歐洲文明的本身。因為一切文明都起始於人與自然的關係。人用自己的智力戰勝了自然中可怕的暴力，建立了高度的物質文明。像現代的歐洲文明已經能夠戰勝自然，為其他文明所不及，這是公認的事實。但人在戰勝自然的同時，也得戰勝自己，戰勝自己的與生俱來的利欲與暴力等本能，尤其對於相信性惡的西方人來說更應當如此。人類靠一種比物質暴力、人類自身暴力更強大有效的制裁力量—就是倫理道德—對西方人來說，這種道德的力量就是耶穌創立的基督教，通過人對上帝的敬仰，喚起一種道德力量來控制人類自身的暴力。辜鴻銘認為歐洲社會國家秩序得以維持主要靠兩樣，一是宗教，教人敬神；一是法律，使人畏法。前者產生了教士，後者產生了軍人。

為了使人們保持對宗教的信仰和敬神的觀念，必須有一批傳教的教士，歐洲人必須養活這麼一大批遊手好閒的教士，這些教士後來已經脫離了基督教的真正教義，變成教會勢力和教權主義，變成了「附在基督教身上的邪惡女巫」，[24]這些人不但極靠不住，而且也消耗浪

24　《尊王篇・中國箚記第四》。

費巨大的資金，這是歐洲人民沉重的負擔。辜鴻銘認為馬丁‧路德的宗教改革和三十年戰爭就是歐洲人民希望排除這些教士的舉動。天主教會禁止人民思想自由，只教人敬畏上帝，通過對上帝的愛和崇拜來穩定現有秩序。隨著資產階級革命的發展，教會的這個宗旨越來越顯示出欺騙性，引起社會上許多正直人士的不滿和討厭。天主教也因此越來越受到衝擊，尤其是這次的歐洲大戰後，宗教已經變成無效的道德力了。歐洲進入無政府狀態，所以要用法律的制裁來維護社會的秩序，使人們產生畏法觀念。然而這樣歐洲人又得養活一大批比教士更浪費、更遊手好閒和更危險之徒，那就是巡警及軍士。這正像卡萊爾所說：「歐洲已經無政府了，只加上一種員警。」用巡警及軍人這種物質的暴力來維護社會秩序，結果就產生了軍國主義。所以歐洲陷入了兩難的境地：如果他們消滅了軍國主義，無政府主義就將消滅他們的文化；可是如果他們維護軍國主義，他們的文化也會由於戰爭受到毀滅。

　　歐洲之所以有這樣的兩難處境，全都是由它的文明的侷限性所決定的。辜鴻銘認為歐洲文明與中國傳統的精神文明不一樣，是偏重物質的文明。正因為它過於注重物質的內容，所以才產生了資本主義和軍國主義，這次大戰是歐洲文明的必然結果，也宣告了這種文明的破產。他的這番分析中所隱含的意思是，整個歐洲文明的觀念：人性惡的觀念、物質的功利的觀念，以及「無條件的自由」、「人權」的觀念的道德因素，才使得人們為了物質利益而戰爭，「民主」、「人權」導致了群氓的崇拜，「自由」使社會陷入無政府主義。歐洲進入一條死胡同。那麼，歐洲的前途和出路在哪裡呢？只有中國文明才能挽救

其危機，辜鴻銘如是說。

二、中國人的文化精神

《春秋大義》的主旨，就是宣傳中國文明的精神和價值。用什麼和怎樣衡量中國人的精神，辜鴻銘選擇了純粹的中國人、中國的女子、中國的語言為代表。他認為衡量一個文化的價值，不是靠什麼樣的大都市、什麼樣的建築、什麼樣的道路、什麼樣的傢俱和器具，也不是什麼樣的制度、藝術和科學，關鍵的要看有什麼樣的人道、什麼樣的男人、什麼樣的女人。男女就是人類的元素、人格和文化的靈魂。而語言正是人格和靈魂的外在體現。所以他在《春秋大義》中拿三樣東西：純粹的中國人、中國女子、中國語言來闡釋中國文明的精神和價值。

他認為中國文化博大精深，外國人，即使是外國最有成就的大漢學家也不能準確地理解。亞瑟・斯密斯（Arthur Smith）要描述中國人的特質，但他完全不明白純粹的中國人，因為他是一個美國人。美國人博大、淳樸，但是不夠深奧，不能理解中國文化的精深。翟理斯（Giles）博士是一個著名的東方文化學者（Sinologus），但也不能理解中國文化的博大。因為他是一個英人，作為英國人，深奧、質樸，但是不夠偉大。而且英國人，辜鴻銘說他們「是不適宜研究哲學的」。[25]白蘭德（Bland）和璧好氏（Back House）所著的《西太后》（Empress Dowager）一書，不明白純粹的中國女子。辜鴻銘曾在《國民評論》

25　毛姆著、黃嘉音譯：《辜鴻銘訪問記》，載《辜鴻銘傳記資料輯》，臺北天一出版社。

（National Review）提出批駁，說因為這種「最高等的女子」是在中國文化的土壤裏所產生的，外國人不明白，因為他們不夠質樸，沒有單純的心思。辜鴻銘認為中國人和中國文化具有三種特質，就是深奧、博大和質樸。除此之外，中國人還有一種特有的品質，即精微，這種高度的精微只有古代的希臘人和希臘文化才有，除此之外其他各民族都是沒有的。

中國文化之所以未能為外國理解，照辜氏的解釋是各國人素質的偏頗所致。他把各個國家的素質特點做了大體正確、有趣但又不乏武斷的劃分：美國人是博大的、質樸的，但缺乏深奧；英國人是深奧的、質樸的，但不夠博大；德國人是深奧的、博大的，但不夠質樸，所以他們都不能理解純粹的中國人和中國文化。只有法國人的性質與中國人相近，可以理解純粹的中國人和中國文化。誠然，法國人沒有美國的博大，也沒有德國的深奧，也沒有英國人的質樸，但是法國人有一種精確的細膩力，也就是有一些精微和靈敏，富有情感，相比之下最能夠理解中國的文化，歐洲最懂得中國文化的書籍就是曾在中國做過領事的法國西蒙（Simon）所著《中國都市》一書。因此，歐洲人很有必要學習中國文化，學習中國人民的精神。美國人研究中國文化，可以得到深奧的性質；英國人研究中國文化，可以更加博大；德國人研究中國文化，可以獲得質樸；法國人研究中國文化。三種特質都可以長進，原來的精微也就更能發展。總之，歐美人研究中國文化，包括中國的書籍、文學，他們各民族的偏頗都能夠得到有效的彌補。接下來，辜鴻銘用比較的方法研究了中國與歐洲文明的不同，證明中國的一切高於歐洲。他的研究視野是非常廣闊的，從中西的社會

的政治制度、宗教特點、價值取向到文化差異都進行比較分析。

　　正像我們在前面所說，歐洲的社會是建立在法律基礎之上的，而中國的社會是建立在仁義道德的基礎之上的。歐洲的社會靠的是無情的法律、巡警及士兵來維護社會的穩定，消極地防範，而中國則是弘揚君子的人格，以忠孝禮義使社會得到積極的穩固。辜鴻銘說：「中國所以不需憲法，一則因為中國人民有廉恥觀念—有極高的道德標準；二則因為中國政府系創立於道德的基礎，而非創立於商業的基礎之上。」西洋人認為「性惡」，不以法律約束不可安定；中國人認為性善，只須把性的善端擴充推及於社會即可自治。然而，中國也有變亂，也有貪官汙吏，這如何解釋呢？辜鴻銘認為這些都不是根本上的錯誤，不是整體的錯誤，而是末節與部分的現象。他的解釋是：「今日中國變亂病在失調（作用上的）而已，而歐美之無政府狀態，乃在殘缺（器官上的）。」「中國雖有盜賊與貪官汙吏，然中國社會整體上是道德的，西洋社會是不道德的。」他認為中國的文化是沒有祭司階段及士兵的文化，中國比任何國度都較有自由，沒有教士，沒有巡警，沒有公安局，不要捐所得稅等等，人人都曉得孝順父母，忠君愛國。中國有句格言「好鐵不打釘，好男不當兵」，可見中國人熱愛和平，痛惡戰亂與輕鄙士兵。中國沒有歐洲世傳的貴族，也沒有美國金錢的貴族（資本家），只有士人階層為最高的貴族，任何常人，不論門第貴賤、貧富差異，只要有學問能科舉及第，皆可升為紳士。這些紳士也沒有人為的高低，全憑科舉中式之等差。同樣的道理，西方的宗教是建立在「性惡」上的「原罪」的宗教，靠對上帝的敬畏喚起人的道德，其偶像是神，目標是做一個道德上的完人，宗教與政治異

趣；而中國是建立於「性善」上的孔教，不是宗教，而比宗教更有價值，不是政治，但又為政治發揮相同的作用。也可以說它既是政治，又是宗教，又是教育，即政教合一。

辜氏所謂中國人是「真正的中國人」，並不是他所處時代的所謂進步與現代的中國人，「真正的中國人」在他看來已不存在了。真正的中國人是非常善良、溫和的（gentle）的，但這種善良溫和並不意味著柔弱或怯懦，更不是粗暴、粗魯和酷烈。如果用動物學的話講，真正的中國人是「家庭化的動物」，與西方人「野獸」般的動物絕然不同。真正的中國人是很聰明的，但這種聰明與西方不同，不是狐狸一般能偷小雞就偷的聰明，而近乎阿拉伯的駿馬的聰明，雖然不懂英文法，卻能領會它英國主人的意思。

中國人極富同情心，中國人的所有生活是心靈（heart）情感（emotion or human affection）的生活。這一點也與歐洲人不同。歐洲人的生活是頭腦（head）的生活，歐洲人所受的教育是知識上的（intellectucdly）或科學上（scientifically）的教育，而中國人卻不是這樣。中國人的語言是心靈的語言，所以小孩和未受到西方教育的外國人學習起來要遠比受過現代教育的成人容易。中國人的記憶力很優秀，這也是因為中國人的記憶不是西方人的頭腦的記憶，而是心靈的記憶，因為富有情感，情神專注，比西方人那種用頭腦的知識死記硬背要好得多且永久不忘。中國人彬彬有禮是世界上著名的，中國人的禮儀—辜鴻銘在別處譯為takt—待人接物禮節中體會人情—也是出於其心靈與情感的自然表露，而非如日本人那樣硬學來，更不像西方人的「無禮」（tak tesingkeit）。中國人以其心靈的生活能從自己心靈與

情感出發設身處地理解別人，這即是孔子的「恕道」。中國人的精確觀念亦來源於心靈的生活，外國人常指責中國人不精確的習慣，但辜氏說中國人是十分精確的，情感是一種極微妙的天秤，用心靈考慮要遠比用頭腦困難，但中國人的精確由用毛筆書寫可見，這可以象徵中國的理智，毛筆自然沒有鋼筆的尖利清楚，運用也較困難，但學會之後，反倒輕重如意，濃淡得中，比鋼筆寫來更美觀動人。

辜鴻銘也承認中國在抽象科學方面如數學、邏輯學等方面進展很少或沒有發展，但他仍不同意那些「膚淺的」留洋學生由此指責中國文明沒有發展是一種停滯不前的文明。他說，這些自然科學中國人並不十分關心和致力，如解剖學用殺死生物的試驗來證明科學理論的做法中國人不願幹，但這並不說明中國人不能夠，孔子並不像老子、盧梭、托爾斯泰那樣排斥文明。西方情感與理智的衝突在中國自孔子後就沒有了，中國的民族並不是如西方人所說的發育一半即不長進的民族，而是永不衰老的民族。中國人兼有赤子之心靈與成人之智慧，沒有中國人不能的事情。

歐洲的文明中，藝術與科學、宗教與哲學，在歐洲人心中存在著可怕的衝突，就是理智與情感衝突，靈魂與頭腦的衝突。宗教安慰人的靈魂，卻不能滿足頭腦；哲學滿足人的頭腦，又不能安慰人的靈魂，對一個人來說這兩者不可或缺，但歐洲文明卻造成兩者如冰炭、水火各不相容。而中國兩千多年來則沒有這樣的衝突。在中國，沒有歐洲人所謂的宗教，因為中國人就是一般的百姓也不真正地重視宗教。中國雖有不少道教的宮觀，佛教的廟宇，但道觀佛廟禮式儀節之用只是作為生活的點綴小玩，並非性靈的啟迪。

中國人並不感覺到對宗教的迫切需要，因為中國人向來不去推敲來世，亦不去打破宇宙來源之謎。更主要的是中國有孔子的儒教，這與歐洲所謂的狹義的宗教不一樣，是廣義上的宗教。這正如歌德說的：「誰有科學與藝術，就也有了宗教；誰兩樣都沒有，就沒有宗教。」宗教的目的，就是解出人們未知的玄義，人是需要精神與靈魂的，宗教就是要給人精神的安慰。但歐洲人的宗教神學，卻被哲學與科學破壞，歐洲人內心永遠得不到安穩與永久的平靜。而中國則不然。孔子的學說不是宗教，卻具有宗教的價值與意義，取代了宗教的地位。辜鴻銘說兩千五百年前的中國，正如現在的歐洲一樣，存在著情感與理智的衝突，所謂現代的自由主義精神、平等的精神、探索世界事物之間規律的科學精神在那時的中國就有了，當時人們也試圖重建社會和文明秩序並為之尋找依據。在心靈與頭腦、情感與理智的衝突中，有些哲人如老子、莊子寧願拋棄人類社會的文明以求得心理上的平衡。但孔子卻不是這樣，他告訴世人不要遺棄人類文明，在這個社會與文明的現實基礎上也能真正地生活，即過心靈與情感的生活。孔子所整理的中國的聖經—「五經」，就是為給中國人挽救傳統文明與構建文明的計畫。

　　西方人，從古代的亞里斯多德、柏拉圖到現代盧梭（Rousseau）和斯賓塞（Herbert Spencer）也做過同樣的努力，但他們與孔子不同，不同之處是他們的哲學沒有成為宗教（廣義上的）或具有宗教的價值。宗教的價值在於教人能聽從良心的吩咐，亞里斯多德、柏拉圖和盧梭、斯賓塞的哲學在歐洲就沒有得到像孔子在中國的同樣力量，大多數西方人不能明了他們的理想，他們也沒有那種德性使人們來服

從他們的法律。

就廣義宗教而言，孔子之教與基督教、佛教不同。孔子之教立於現實的，而基督教是超自然的；在歐洲，宗教叫人做個好人，而儒教卻教人做個好百姓；歐洲宗教教人成為神，成為天使，而儒教卻教人做個孝子順民；歐洲宗教塑造的是上帝，教人敬畏，而儒教卻樹立了實實在在的君主，教人忠誠；歐洲宗教是個人的宗教，儒教卻是社會的宗教或國教；歐洲將宗教與社會政治分割開來，而中國卻是政教合一。辜鴻銘的一句妙語「政治在歐洲是一種科學，在中國是一種宗教」言簡意賅地道出其差異。

《春秋》一書中，孔子用微言大義的筆法在歷史簡敘中寓褒貶，對中國社會和文明進行全面的構畫，這就是「春秋名分大義」。孔子思想中君權是神聖的。社會中的每一個人都有履行自己名分的義務責任，這就是君子之道。儒教又謂之「名教」，是國教（a state religion）。「義」是這個宗教的基礎，「誠」是這個宗教的最主要規範原則，「禮」是待人接物的一套儀節。孔教實際上由兩部分構成，即對國君的忠與對父母的孝。忠是孝的觀念在社會上的推及。辜鴻銘說，西方人以教人敬畏上帝，才能得到這樣的結果，而孔教不用宗教，也得到同樣甚至更高的成就。他引用英國歷史學家弗洛得（Froude）的話：「我在英國聽過幾百篇講道，講宗教之神秘，講教士奉行上帝的意旨，講使徒師承的緒統等等，但不曾聽出一篇講通常的廉恥，講這簡單的訓命：不可說謊，不可偷竊。」對這一點，辜氏指出教會的義務並不在於教人這些單純的道理，而是作一種神感，引起一種活潑潑的對上帝熱誠。基督教（還有佛教）的方法是教人對教主奉為神明，激起對教

主無限的崇拜和愛慕，而孔教卻不是這樣，不靠神靈，而是用學習詩、禮、樂來淨化心靈，培植起道德的人格。這正如孔子所說：「興於詩，立於禮，成於樂。」孔子生前，他的門人是愛慕他的，他死以後人們同樣敬仰愛慕他，但是他不是作為一個神靈出現在儒教之前。

歐洲的教育在教堂，中國則有學校以代之，學校的地位與西方的教堂正相同。因為中國的「宗教」之字，正是「教」字。同時，學校與西方的教會範圍不盡相同，學校之外，還有家庭，各家有神主，各地有祠堂，學校、家庭、祠堂在中國合起來構成外國所謂的教會。與基督教—教堂的宗教不一樣，儒教，辜鴻銘所謂的國家的宗教，是與教育、政治合為一體的遍及全社會各個角落的教育體系，作用要比教堂大得多。

在這篇長文的結尾，辜鴻銘對他的議論用這樣簡單的結語：孔教的力量之源在於敬愛父母，就像其他宗教敬愛教主一樣。基督教說「愛耶穌」！回教說「愛先知」，而儒教說「愛你的父母」！

一位歐洲人士附加一句話說，這樣就使批評祖宗成為完全不可能，但這批評卻常是進步的源泉。[26]

辜鴻銘向西方人勾勒的中國社會帶有濃郁的感情色彩，把中國表現得有些超出客觀實際的美好，有些西方學者對傳統的中國頗致嚮往之情。辜鴻銘的崇拜者、一位瑞典學者斯萬伯（Harald Svanberg）在譯述他的著作時說：「湯瑪斯·摩爾（Thomas More）在亨利第八年間

26　引自〔丹麥〕勃蘭德斯（Georg Brandes）：《辜鴻銘論》，《人間世》卷十二。

（16世紀初期）所寫的《烏托邦》一書所夢想的理想社會，那時早已在中國實行了，只是歐洲人不知罷了。」仿佛中國那時已進入空想的社會主義似的。而林語堂卻批評說：「夫以德化民，以政教民，孔道理論上何嘗不動聽？西洋法律觀念之呆板及武力主義之橫行，專恃法律軍警以言治何嘗無缺憾。然中國無法制，人制之弊辜不言；中國雖言好鐵不打釘，而盜賊橫行，丘八搶城，淫姦婦女，辜亦不言。《春秋大義》誠一篇大好文章，向白人宣孔教，白人或者過五百年以後亦可受益。而謂中國不需法制，不需軍警，未免掩耳盜鈴。因有此種見地，故說來甚是好聽。沒有法律，沒有監察，向來中國政治，只是一筆糊塗君子賬。」[27]

關於中國的女子

在《春秋大義》的第一篇裏，辜鴻銘分析了純粹的中國人的人格精神。但這裏純粹的中國人指的只是中國的男子。固然，中國是一個男人主宰的國度。但作為中國人的另一半—中國的女子，雖然在人格上是與男子截然不同的類型，卻從另一側面體現了中國人的精神。男子與女子合起來，才構成完整的中國人的精神。辜氏認為「女子是民族的花朵」，女性的理想人格，也是決定文明程度高下的標誌。從古希伯來文學中知道，古希伯來的理想女性，正如畫上的手拿紡錘，指纏紡線，孜孜不倦地照顧她的家人。歐洲人傳統的理想女性是聖母瑪麗亞和繆斯。而現代歐洲的理想女性可拿法國小仲馬的《茶花女》中茶花女作代表。茶花女式的現代歐洲華而不實的理想女性隨著小說被

27　林語堂：《有不為齋隨筆・辜鴻銘》。

譯成中文，成為當時中國女子的時尚。手彈鋼琴，抱著鮮花，穿著緊身黃旗袍，項戴金首飾，在人群嘈雜的戲院裏唱歌，中國的女性離傳統越來越遠，這正是辜鴻銘對現代女性的批評。

中國傳統文明中女子的理想人格是什麼呢？辜氏用他慣用的拆字法，由「婦」字入手，從女（女子）從帚（掃帚），說明在中國傳統中女子的職責是主持家庭內生活的，即「主中饋」，是家庭主婦，這是中國最起初的理想女性人格。事實上在古希伯來、古希臘、羅馬都基本相同。

具體地講，辜鴻銘認為中國自古以來的傳統女性人格是「三從」、「四德」構成的「完美」人格。

「四德」，即女德、女言、女容、女工。他對女德的解釋是端莊、和藹、忠貞、遵守禮教、純潔無瑕，不必有很高的天分與知識。

女言：談吐文雅，說話謹慎，勿粗魯勿大聲，不必有多伶俐的口才；

女容：不求面容多麼美麗姣好，但要端莊，衣著服飾乾淨整潔；

女工：不必有什麼特殊的技能，但要勤勉持家，準備衣食。

「三從」：即在家從父，出嫁從夫，夫死從子。

辜鴻銘列出傳統的女子倫理後說，中國的女子，不是為她自己而活，也不是為社會而活，女子的主要責任是做「一個好女兒，一個好妻子，一個好母親」。為家庭而活，中國女子是一種「忘我無私」的

典範。

有個外國女子問他：中國人是否像伊斯蘭教一樣，相信女子就沒有自己的靈魂？他回答：中國女子只是沒有「自我」罷了。辜鴻銘知道他和這些受過歐洲現代教育的外國人士談中國女子生活──一個最繞不過的話題─納妾，一定會大受非議，但他還是在這裏盡力為這個舉世公認的最不人道的習俗作一番辯解。

他認為首先是中國女子的無私精神，使得「納妾在中國不僅是可能的，而且也並非不道的」，他說「納妾」並不「多妻」。根據中國法令，一個男人只允許一個妻子，但是他可以根據自己的意願有許多女僕或者小妾。他在其他場合曾把「妾」字析為「立女」，有女立在男人身旁，在男子生病和疲倦的時候可以作為扶手之用，使男人能更好地工作，同樣的意思他又用在這裏。不過，他說這是中國女子的無私觀念、責任感和自我犧牲意識使之然的。

但有人或許問：為什麼只要求女子有這種無私觀念和犧牲精神，為什麼不同樣要求男人？辜氏解釋說，因為一個男子在社會上辛苦操勞，尤其是一個紳士君子，他的責任不單單在家庭，還要為君為國奔忙，難道他不也是一種犧牲精神？正像中國男人信仰忠誠一樣，中國的女子信仰無私精神，辜鴻銘說外國人從不懂中國男女的兩種宗教信仰，也永遠不能理解真正的中國男人與中國女人。

人們往往樂道於他對男人納妾制度的一句「名言」：一個茶壺可配幾個茶杯，哪有一個茶杯配幾個茶壺？──「壺一而杯眾宜也，夫一而妻眾亦也。」或一個打氣筒和四隻汽車輪胎的比喻。這種令人啼

笑皆非的名言流傳很廣，但無人知道他的這些令人鄙夷的名言都是用真誠的態度說出的。

但是別人又要問：一個男人如果真愛他的「妻子」，還會愛他的小妾嗎？還有真正的愛嗎？辜氏回答：「是的，咦，怎麼不能？」他辯解道：檢驗一個男人是否真正愛他的妻子，不是要他花費所有的時間跪在妻子的石榴裙下崇拜她，而是看他是否為妻子分憂，保護妻子，不傷她的心。但是，當女子看到丈夫把一個陌生女人帶來家時豈不傷心？辜鴻銘說，「I say」，這就是女子無私精神的信仰能夠使她在受傷害時得到保護，因此，丈夫把別的女人帶回家時她就不傷心了。反而，有些妻子允許甚至鼓勵、說服丈夫納妾。辜鴻銘甘冒天下大不韙，鼓動如簧巧舌向西方人鼓吹中國的納妾陋俗，除了顯出他詭辯的技巧外，沒有任何意義。林語堂引用《金瓶梅》中潘金蓮的話：「哪有一隻碗裏放了幾把調羹還有不衝撞的嗎？」但辜鴻銘不管這些常理。他認為中國男人確實愛而且常常地愛他的妻子。他用唐人元稹悼念亡妻的名作《遣悲懷》為例，而且舉出一個現代詩人（即他自己）現身說法。他的那位與他相隨十八年的日本妻子（其實是小妾）、大阪女子吉田貞子在武昌去世後，他寫的悼亡詩：「此恨人人有，百年能有幾，痛哉長江水，同渡不同歸。」這裏順便插一句，辜氏對他的妻妾都很熱愛。他說：「我妻是湖南人，有極強的責任心，她不惜惡衣惡食省節費用，以贍養我十六口之家，我因此對她驚服，朋友們竟多嘲笑我怕她，甚至遠過怕吳佩孚全軍來臨。」這位常對他逛胡同、向乞丐施捨的大發閫訓的悍潑髮妻他也確實很愛，並常在自己的文章中提起她。

他對中外的婚姻也作了比較。他以他的家鄉福建省所保留的傳統「六禮」來說明。這六禮是：一、問名；二、納彩；三、定期；四、親迎；五、奠雁；六、廟見。與西方的自由戀愛、自主婚姻不同，中國的婚姻有一整套程式。要有媒人作伐，要有各種禮儀才能迎取。成親時要拜天地，夫妻交拜。辜鴻銘說中國這種婚姻才是道德上的、宗教上的婚姻，緊緊地將男女雙方維繫在一起，結成家庭。而西方社會的婚姻—作為上訴法庭的形式—便沒有中國的婚姻穩固。

但夫妻初進洞房還不是婚姻最終的完成，還有第三日的廟見，拜祖廟、祠堂，「不廟見不成婦」，經過這一環節才成為「法律上」的合法的婚姻。辜鴻銘有這樣的結論，在中國婚姻不是男人與女人的結合，而是女子與男方家庭之間的結合。女子不嫁給丈夫，而是成為丈夫家庭中的一員。這是中國婚姻與現代歐美的根本不同之處。歐美的結婚是相悅基礎上的結合，只取決於單個的男人和女人自由自主的意志。而中國正如上所述，女子服從的不僅僅是丈夫，而且是家庭，並由家庭的準則進而服從社會的準則。這種觀念，對於家庭、社會和公民都起到歐洲所沒有的穩固、團結的作用。歐美的婚姻沒有國家和公民婚姻的觀念，而且所謂的國家的概念也是根本錯誤的，歐洲的政府不是建立在道德之上的，而是建立在商業上的強權的集團，只有物質的利益。家庭是社會的細胞，西方婚姻觀是個人至上的觀念，總之沒有真正的國家公民的觀念，是不能建立起牢固的國家基礎，戰爭即是例證。

但是這樣一對素昧平生不相瞭解的男女被「社會的」、「公民的」意識牽到一起，能有真正的愛情嗎？辜鴻銘語焉不詳。他只引李白的

「當君懷歸日,是妾斷腸時」等幾句詩敷衍過去了。

辜鴻銘對中國女子與西方女子不同的審美特徵也作了概括,他用溫柔(meeknedd)來概括。他的意思是中國女子具有神聖的或最完美的溫柔性格。歐洲女子的化身是聖母瑪麗亞,而東方女子的化身不是觀世音(雖有一點像),而是古代藝術家筆下的仕女圖。基督教的聖母瑪麗亞是溫柔的,中國女子全都具有,聖母瑪麗亞的極細膩微妙的,中國的女子全都具有;但是中國的女子還有西方女子不具備的端莊優雅、溫文有禮的特色。

中國的女子是純粹的,但純粹這也是世界上所有自命文明的國家的共同的理想。辜鴻銘說,只有中國把這一特色發展盡善盡美,在世界其他任何地區都找不到。這個發展的極致是「幽閒」。這個詞是很難譯出的。「幽」用英語譯成modesty、bashfulness不全面,用德語sittsakeit稍好一些;似乎用法語Pudeur才最接近。《詩經》首篇《關雎》「關關雎鳩,在河之洲。窈窕淑女,君子好逑」中「窈窕」、「淑女」最能表達這個韻味。

不過,據辜氏的說法,自宋代的清教主義式的理學發展以後,把中國的文化、中國的女子的特徵變得狹隘、呆板、庸俗,中國女子的光彩、魅力,尤其是溫文有禮的韻味大為失色—只有日本還保存唐代風尚,可用「名貴」(distinction)來表示。在這篇文章的最後,辜鴻銘引用《中庸》中的話來結束,「妻子好合,如琴如瑟。兄弟既翕,和樂且耽。宜爾室家,樂爾妻帑」,表示中國的女子以及好合的婚姻

對家庭社會的意義。

關於中國的語言

語言是人格的體現，文化的載體。對語言的研究，常常是文化保守主義者的一項重要的工作，在文化保守主義者中捍衛語言的純潔性是保護傳統不受現代化破壞的一個方面。尤其對於非西方學者而言，除辜鴻銘外，如印度的甘地、泰戈爾，日本的岡倉覺三，更覺得義不容辭。在西方，如德國的赫德對民謠的收集研究，格林兄弟的《格林童話集》，東歐斯拉夫主義者對字典的編纂，俄國對俄羅斯農民文化和語言的研究等等。但辜鴻銘對中國語言的研究與這些人略有不同，他對中國的民謠與農民的語言不感興趣，因為這些「群氓」並不是社會的精英與文化的創造者，他傾心的是典雅的古典語文，要證明中國語言的典雅、精微，非「淺陋」的英語可比，中國的語言是「受過教育」的歐洲人所不能理解和備覺困難的。

在這篇《中國的語言》中，辜鴻銘要回答的問題是：「中國語言果真難學嗎？」他的回答是肯定的，也是否定的。

他把中國語言分作口語與文言兩種來論述。一般地，口語的白話是沒有受過教育的人使用的語言，而書寫的文言則是真正受教育人的語言。辜鴻銘說：「中文說話用的口語，我覺得不但不難，除了馬來語以外與我所熟悉的半打語言相比較，而且是世界上最容易的一種。」因為它是極端簡單的語言，沒有格位元，沒有時態，沒有動詞的變化，實際上也沒有文法及其規則限制，但是外國人說，它難就難

在這個簡單上，難在沒有文法和規則限制上。辜氏指出，馬來語也沒有文法和規則，像中文一樣簡單，但歐洲人卻不感覺到困難。這怎麼解釋呢？辜鴻銘說，因為中國人是心靈與情感的生活，他們的口語是孩子的語言（The language of child），歐洲的兒童學起漢語來公認是很容易，但對受過教育的歐洲人，尤其是對那些飽學的語言學家和漢學家—事實上在辜氏看來都是「半瓶醋」的人—卻覺得非常困難。他說：「如果你不像孩子一樣，你萬不能進天國，也不能學好中文。」

　　至若文言，辜鴻銘把它形象地分為三類，一是「便服式」的文言，是普通或日常事務性的文言；二是「制服式」的文言，相當於初等的古典文言；三是「禮服式」的文言，就是高等的古典文言。辜鴻銘認為文言文，即使是「禮服式」的文言文也是不難的，因為它像口語與白話一樣極其簡單。他舉了唐朝陳陶膾炙人口的七絕為例：「誓掃匈奴不顧身，五千貂錦喪胡塵。可憐無定河邊骨，猶是春閨夢裏人」，並且自己用英語直譯與意譯，說：「現在要是你把原文同我可憐蹩腳的英詩比較一下，就可以看出中文原文無論在措辭、體式及命意上是多麼簡單。措辭、體式與命意雖然簡單，然而在思想感覺上都是這般深邃。」在這篇文章的最後，他還把「中國的華茲華斯」杜甫的名作《贈衛八處士》也譯為英詩，說自己「這首譯詩是近乎拙劣了，其實也僅在表達一下原文的含義而已，但中文的原意卻是詩歌而了無粗俗—是一種簡單得近乎口語的詩歌，有一種優美、莊嚴的感染力及尊貴感，是我所不能譯出的，實際上也許是英語這種淺陋的語文所不能譯出的。」

　　辜鴻銘這樣看待中國語言自然有其偏頗之處，很難說其研究有很

高的水準。不過他讚揚中國語言也是其文化保守主義觀點的體現。他認為中國的語言是心靈與衷腸的情感流露，對接受現代教育的歐洲人士而言是極為困難的。因為現代的歐洲教育，主要只發展了人類天性的一部分—智力（intellectual），這種重量不重質的教育足以使人變得膚淺。辜鴻銘把中國的語言稱作中國文明的財富，賦予語言以天真良好的使命。因為中國的語言是「真正受教育的有修養的人」的語言，極富細膩的情感與感染力，他說：「我相信中國文學中的古典文學如阿諾德所說的『淨化野蠻的本性，它們能變化人的氣質』，事實上，我相信這種古典的中國文學，有一天甚至將會改變那些此刻正在歐洲大陸搏鬥廝殺的野蠻的愛國者們野獸般的嗜戰天性，使他們成為和平、爾雅與知禮的分子。」

辜鴻銘對中國的語言尤其是傳統高雅的文言持這樣熱烈讚美的態度，因此，當胡適、陳獨秀領導的「五四」新文化運動興起之時他與嚴復一樣，堅決地站出來反對。1919年7到8月間他先後撰寫《反對中國文學革命運動》和《留學生與文學革命—談讀寫能力與教育》兩篇英文，發表於上海《密勒氏遠東評論》上。他針對胡適等文學革命論者把中國古文斥為「死文學」之說，發表截然相反的見解，它認為所謂的「死文學」的定義指笨拙、不活潑、無生氣的語文，不能產生生動的文學之意。而中國經典則絕不符合這個定義。正如莎士比亞的作品是高貴典雅的語言文學，比較現代流行的英語要遠為華麗一樣。中國的經典比市井白話要遠為典雅，亦複如此。中國的經典絕非「死文學」，它能傳「道」，而且遠比白話文高雅。對文學革命論者所宣導的白話文學，他力言其非，白話文學的提倡，那麼口語用的白話和書

面用的文言的分野必將消失，沒受過教育或半瓶醋的人，舞文弄墨，與受過真正教育的人用同一種語言則使人們的語言趨於駁雜不純，學養趨於淺薄，道德趨於萎縮，這一點正像他在上文所表示的一樣。針對文學革命論者指責的經典文學已不能口耳相傳，深奧艱深，只成為少數文人的專利，不能為大多數人所接受，他說：

　　最通俗的語言不一定是最好的語言。在這世界上麵包和果醬反比烤火雞消耗得多，然而，我們能夠只因為後者比較稀少，而說它沒有前者那麼美味可口富有營養價值，就認為我們都應該「只」吃麵包和果醬嗎？

　　在《留學生與文學革命》一文裏，他對「五四」新文化運動更表示了強烈的憂慮。他甚至擔心我國原有的世界上最古老最優美的文化將會被那由歐美回來的「膚淺」的留學生一夜之間破壞摧毀。

　　他的話不免有杞人之憂。「五四」新文化運動至今，取得了巨大的成就，這是公認的事實。但也許應該承認，白話文學的發展在一定程度上使傳統的文言文在「五四」以後的兩代人中顯得生疏、淡漠或荒廢。這幾年的文化尋根熱和傳統文化熱能否可以看做是文化解禁後人們的反思與懷舊情結的表現？雖然與一種新事物與生俱來的副作用是不可避免的。

　　這時，原來辜鴻銘所痛恨的人，包括康有為、梁啟超、嚴復、林紓等已經由對立的立場不約而同地成為辜鴻銘的同路人。照理，他應當慶倖自己「吾道不孤」了，但是辜鴻銘對他們仍不稍寬宥。據說有

一次辜氏在宴會中與素昧平生的嚴復、林紓、馬其昶聚到一起，酒酣耳熱時，他竟說：「如果我有權在手，必定殺二人以謝天下。」別人問他要殺誰，他說：「就是嚴又陵、林琴南。」嚴復佯裝沒聽見，林紓問：「這兩人有何開罪足下之處，願足下念同鄉之誼，刀下留人吧。」辜勃然曰：「嚴譯《天演論》主張物競天擇，於是國人只知有物競而不知有公理，以致兵連禍結，民不聊生。林琴南譯《茶花女》，一般青年就侈言戀愛，不知禮教為何物，不殺此人，天下將不會太平也。」嚴復晚年，也曾肯定辜鴻銘的某些思想。他在《與熊純如書》中說：「辜鴻銘議論稍為驚俗，然亦不無理想，不可抹殺。渠生平極恨西方，以為專言功利，致人類塗炭，鄙意深以為然。至其訾天演學說，則坐不能平情以聽達爾文學說。」[28]說明他們的思想仍有相通之處。

4.3 「中國學」的批評

近代社會中到中國來的外國傳教士中，不乏對中國文化發生濃厚興趣，並把它介紹給西方社會的人。這些為數不算少的西方人士，其研究涉及從古到今文、史、哲各個領域，他們出版了不少有關中國的書籍，應當說對傳播文化，對中國文化走向世界是有一定積極作用的，尤其是一些精通漢語、對中國文化造詣深的人，如辜鴻銘的朋友德國人尉禮賢（Richara Wilhelm）等，應當予以肯定。但這些西方人士，對中國文化的認識水準參差不齊，漢語程度有高有低，政治意識

28　《學衡》第7卷「文苑・文錄・嚴幾道《與熊純如書紮節鈔》（續）」

有淺有深，研究動機有好有壞，雖然他們都寫了大量的書，且在一定範圍內顯示出「中國學」的「繁榮」氣象，但客觀上很難一概而論。大多數所謂的漢學家的研究水準不很令人滿意或很不令人滿意的。在表面上看似熱鬧的「中國學」研究領域中，這些研究著作究竟達到什麼水準？對中國文化的理解程度如何？中國學研究的對象、原則、態度、方法應如何認識？這些仍是沒人涉足的新領域。辜鴻銘在這上面作了直到今天仍然頗有意義的探索。

辜鴻銘從1883年剛到中國不久，就寫過「中國學」的文章，到1915年30餘年始終關心這個研究課題，予以高度的重視。因為他認為，作為文化傳播者，其肩上的重任是客觀、準確地把握一種文化的全部內容，抓住其精神核心。如果對這種文化一知半解或無知妄解，而從事這樣的工作無疑是歪曲和抹殺文化，不惟於文化無功，反而有罪。所以辜鴻銘對中國學所持的批評態度是甚嚴的，對中國文化的真正精神面貌在這些人手中的命運十分關心，從捍衛傳統文化的立場出發，對中國學提出全面深刻的批評。他的《約翰・史密斯在中國》、《一個大漢學家》和《中國學》等文章都是圍繞這個中心議題而展開的評論。

對漢語的精通以及對中國文化的理解力無疑是從事這一文化研究工作最基本的前提與必要的條件，然而不幸的是，這樣的最低要求在許多傳教士那裏沒有完全達到。中國的語言對外國人來說是難以逾越的關口。雖然如辜鴻銘所說，中國的語言是極簡單的語言，並不難學，一個歐洲的兒童學起來都很容易，但是，對於受過歐洲現代教育，尤其是那些半瓶醋的人學起來就很困難。中國典雅的文言文，是

受過真正教育的人的語言，而真正教育在歐洲只注重智力的現代教育中幾乎不復存在，更不要說半瓶醋的教育了。雖然這些傳教士不至於對漢語一竅不通，但也不會比之更好到何處。在辜鴻銘看來，「歐洲人對中國的瞭解，僅僅是剛剛克服了語言學習中的大部分障礙而已」。他說：「在中國的歐洲人，拿某個省份的方言印幾本對話，或者收集個百八十條的小故事，就馬上可以自稱是中國學學者了。當然這在名義上是無妨的，同時，以條約中治外法權的條款，完全可以泰然地隨心所欲地自稱為『孔夫子』。」現在有些「漢學家對語言的學習已經不滿足了，而要進入文學國粹學習階段，構築理論大廈了。而且從趨向上看，越來越成為大勢所趨，這種轉變的觀念業已得到中國著名文學家們的接受」。

半瓶醋的人除了在語言上的障礙之外，虛榮心和偏見是他們進入中國文化之門的最大障礙，那麼未真正受過教育的半瓶醋的歐洲「作者」以及相似的讀者，這樣的人來介紹中國文化，來接受中國文化，結果是可想而知的。如約翰・史密斯作為一個英國的殖民主義者，他的虛榮自負驅使他讀他需要的書，他在中國希望自己是比中國人高一等的人，而亞瑟・史密斯（Arthur smith）則寫了一本名為《中國人的特點》（Chinese Characteristic）的書，斷定他確實是比中國人更高一等。那麼亞瑟・史密斯就是約翰・史密斯的親密的人，而《中國人的特點》—所謂的漢學著作，就成為約翰・史密斯的《聖經》。

到中國的英國人或歐洲人，他們對僅有的經濟貿易並不滿足，而且要使中國「文明化」，用他們的話說就是要「傳播盎格魯—撒克遜的理想」，懷著這種目標和成見，以及帶著從書本上看來的關於中國

人、中國文化的種種胡言亂語，對中國的種種歪曲誤解比比皆是。[29]

就是這樣，一幫傳教士會令人啼笑皆非地自稱「宿儒」。辜鴻銘對此譏笑說，全中華沒有一個會僭取這種稱號，「儒」字的含義具備了學者或文人的一切最高特徵。《中國週報》（China Review）常常稱某某歐洲人為漢學家，並宣稱「教士們孜孜不倦，他們的漢學已進入很高的境界」，說「他們功底深厚，專業精通」。於是乎，有不少人認為中國學已經超越或正在超越開拓的早期從而進入一個新的時期，或者說達到一個新的高度。

辜鴻銘在這裏對19世紀中國學的歷史作了一個概要的回顧與批評。他把中國學的研究史分為兩個階段，評價這兩個階段學術研究成果的得失。

第一階段：早期的耶穌會來華傳教後，英格蘭的馬禮遜（Morrison）博士出版了著名的字典，[30]被公正地評價為所有中國學研究的「起點」。這一著作必將成為早期清教徒對中國學誠懇、熱情的自覺意識的不朽豐碑。繼馬禮遜博士之後的一批學者中應當以約翰·大衛斯（John Davis）爵士和格茲拉夫（Gutz laff）博士為代表。大衛斯不懂漢語，他很誠實地承認自己不懂，他其實能說一點北京方言，閱讀用北京方言寫成的小說，僅此而已。格茲拉夫的漢語程度或許要稍好一點，他卻欺世盜名地證明自己對中國文化的精通（他的這種偽裝和欺世盜名的行為已受到湯瑪斯·梅多斯的揭露）。但是大多數英

29　《約翰·史密斯在中國》。
30　即《華英字典》六冊。

格蘭人對中國的看法卻是從大衛斯和格茲拉夫的書上抄來的。博爾格（Boulger）出版的《中國歷史》（The History of China）即引這些「權威人士」的話作證據，其真實性如何，自然令人懷疑。

雷繆薩（Réusat）是法國第一個全歐的大學裏首先獲得中國學教授這一職位的學者。他把中國的一本並不算好的小說《玉嬌梨》翻譯到西方，名為《兩個表姐妹》，居然打動了像利・亨特（Leight Hunt）與卡萊爾這樣著名的學者。後來雷繆薩師從斯坦尼斯拉斯・朱利恩（Stanislas Julien，漢名儒蓮）和鮑蒂埃（Pauthier）。德國詩人海涅說朱利恩發現了一件很有意思、很重要的事情：鮑蒂埃先生根本不懂中文。鮑蒂埃也發現朱利恩不懂梵文。雖然這樣，這些研究的開創性工作仍然是令人矚目的，他們中國學造詣雖然如此，但不失為各個母語的大師。另一位法國作者德哈威・聖德尼斯（D Haruey St.Denys），他所譯的唐詩是中國文學的重要一支，是前所未有的譯作，稱得上是一個突破。

德國慕尼克學者普拉特（Plath）博士出版的題為《滿洲人》的書和其他的德國出版的書籍是他們認真忠實的努力結果。這雖是一本旨在介紹中國清朝歷史的書，但書中後半部分有關中國問題的論述，這在其他任何以歐洲語言出版的書中是聞所未聞的。相比之下，威廉姆斯（Williams）所著的《中國》簡直就像哄孩子的故事書。做過省長的海・馮斯特芝勞斯（Herr von Straus）退休後研究漢學，翻譯出版了《老子》和《詩經》。廣東的傳教士費伯（Faber）評價說「《老子》的某些章節譯文完美無缺」，所譯《詩經》裏的「頌」據說也是筆力深厚的。

第二階段的漢學研究以兩本書出現為標誌，一本是威妥瑪（Thoms Wade）的《自邇集》（Tzu Erh Chih）[31]，另一本是理雅各（James Legge）博士的《中國經典》。關於前者，通曉北京方言的也許對他不屑一顧。但是儘管如此，這本書仍然是了不起的一部著作，在已經出版的有關漢語的英文書籍中，這本是最完美的。這部書應時代之運而生，使那個時代以及後來的競爭對手毫無機會與之抗衡。

中國經典的翻譯在當時是非常必要的一件事。理雅各完成了這項任務。十幾部沉重的大部頭便是他的成果。單從數量上看，足以使人吃驚而且目瞪口呆。然而，辜鴻銘說，必須承認翻譯的結果並不十分令人滿意。翻譯這些經典，其品質在很大程度上依賴於翻譯時所採用的術語。而理雅各所採用的術語是粗糙的、不成熟的，也是不恰當的。有些地方不符合語言習慣。費伯說：「理雅各對《孟子》的注解表現了他對作者缺少從哲學上進行的理解。我們可以斷言，理雅各在閱讀、翻譯這些著作時，必定會在某種程度上把儒家學說和學派以自己的理解想像成為一個有機的整體。可奇怪的是，無論在他的注解還是在他的文章中，理雅各博士都未曾對如何看待儒家學說，是否把儒家學說看成一個哲學整體，有過片言隻語。」因此，理雅各博士對這些著作價值的判斷，無論如何不能作為定論來接受。這兩部著作之後，又出現過幾部重要的翻譯和論著。偉烈亞力（Wylie）的《中國文學釋讀》（Note in Chinese Literature）僅是一份目錄。梅輝立（Mayers）的《中文讀者指南》雖不能說是完善，但卻是偉大的著作，是有關中國書籍中最為誠實、誠懇、最不裝腔作勢的，其使用的

31　即威妥瑪1867年編的漢語課本《語言自邇集》。

價值僅次於威妥瑪的《自邇集》。

另一位值得注意的是翟理思（Herbert Giles）。翟理思的文筆具有清晰、剛健、優美的風格。但他所選的研究對象除了一至兩個之外，實在不值得一寫。他的佳作《聊齋志異》的英譯本可以看做漢譯英的範例，不過這部很有藝術價值的優秀作品尚不屬於中國文學最典範之作。鮑爾弗（Balfour）最近譯成的莊子《南華經》，是僅次於理雅各的最有抱負的譯著。辜鴻銘說：「當我們首次聽說這部譯著已經問世時，我們不得不承認有過某種程度的期盼和喜悅，這種心情即使是聽到英國人進入了翰林院的消息也難喚起的。中國人公認《南華經》是中國文學最典範的完美之作。此書自西元前兩個世紀間問世以來，對中國文學的影響幾乎可以與儒家學說相媲美，對文學語言及隨後幾個朝代的詩風、文學想像的影響力，與《四書》、《五經》不分軒輊。但是鮑爾弗先生的作品根本不是翻譯，而僅僅是誤譯。」他接著引用《南華經》一書的編輯林希春（音譯）在前言中的話作論據：「讀一本書，重要的是首先理解每一個字，然後才能分析句子，然後理解段落的安排，最後才能得出全部章節的中心主題。」他說：「鮑爾弗的譯作多處表明他對許多字詞沒有理解，對句子未能正確分析，段落安排也未弄通。這些並不算難以做到的語法句法問題錯誤，足可以看出此書的品質。」

在對中國學歷史鳥瞰之後，辜鴻銘說，並沒有一部作品足以表明漢學成就已達到一個重要轉振點。不過，他又說：「在所有當代漢學家中，我們首推廣東費伯神父。」他並不是認為費伯的努力比其他人作品更具有學術價值或者有更高的文學成就，但費伯的每句話都表明

他對文學和哲學原理的把握，而這一切在當代其他學者的作品中是見不到的。

辜鴻銘認為對中國學研究的原則，在《大學》裏已經出現，就是格物、致知、誠意、正心、修身、齊家、治國、平天下的「八條目」。由於這本書對中國的影響，中國學的研究者應當重視這本書裏的既定原則，也就是說，從個人入手研究，爾後延續至家庭，再從家庭延伸到對整個中國社會的研究。

首先，不可缺少的是研究者應該力圖對中國人個體行為的準則有一個充分的瞭解。其次，必須調查、觀察這些準則在複雜的社會關係和家庭關係中是如何應用和實現的。第三，唯其如此，才能對政府及其管理制度加以關注和研究。這是一個最基本的、綱領性的準則。一個研究者如果對這些準則不熟悉，是不會成為一個真正的中國學學者的。研究民族性的過程中，重要的是不僅僅要注意研究人們的行為和做法，而且要研究他們的思想和理論，瞭解他們的好惡、審美觀，瞭解他們對正義和非正義、智慧和愚蠢的看法，即要研究民族的思想。

如何做到這一點，辜鴻銘認為應當研究民族的文學。在文學作品既可讀到民族性的最佳最高境界，也可以瞭解到民族性最醜陋一面。因此，外國人中漢學研究者的注意力必須放在標準的民族文學上。中國的文化就其發源與發展來說都與歐洲屬於兩個系統，毫不相干，連最起碼的觀點與思想都不一致，要研究中國文學，就必須克服這種不一致所帶來的種種不利因素。對於歐洲研究者來說，不僅要掌握這些屬於「外國」的概念和思想，而且要在歐洲語言中找到相應的概念和

思想。如果這種對應在歐洲語言中並不存在，那麼就要加以分析，然後再找到相應的屬於人類共有的特性。比如，在中國經典中經常出現、通常被譯為Benvolence（仁）、Justice（義）和Properiety（禮）的幾個漢字，其英譯在上下文中聯繫起來看時，就會令人感到這些譯成英文的詞意義不全面，不能涵蓋漢語單詞本身的全部意義。而且「仁」字譯成Humanity一詞的理解卻應該不同於它在英語中的習慣表達法。一位大膽的翻譯會用《聖經》中的love和righteousness這兩個詞，無論從詞的意義還是從習慣用法上來看，這兩個詞都是準確的。

研究民族文學必須把它當作一個整體系統加以研究，而不像一些漢學家那樣進行的支離破碎、毫無計畫與章法的研究。外國學者中除了理雅各和其他一兩個之外，主要是通過翻譯的小說（不是好的，卻是常見的）來瞭解中國文學的。

有人指責中國人、中國文學過於道德化，有的人指責中國人是一群說謊者。辜鴻銘解釋說，其原因是中國學學者原先所譯的作品全都是儒家經典，儘管如此，這些作品中除了道德外，還有其他許多內容。而且他也舉例批駁鮑爾弗所認為的「中庸」中有「功利和世俗」的觀念。此外，對中國文學體裁中所包含的典雅的風格以及所包含的內容價值，如《孟子》和唐詩中的觀念和精神也應當領會吸收。

只有在這個基礎上，才可以著手研究人的社會關係，研究這些原則是如何運用和實施的。但是社會制度和民族的行為習慣要經過數世紀漫長的發展逐漸形成，故而研究一個民族的歷史很有必要。但是，一些漢學家所著的歷史書，如迪米特裏厄斯·博爾格（Demetrius

Boulger）所著的《中國歷史》和威廉姆斯（Williams）所著的《中國》都表現了對中國歷史的無知，不僅對研究中國的學者毫無用處，而且還會起到誤導作用。

辜鴻銘對中國學作了最早的批評，而且用中國學（Chinese Scholarship）取代了「漢學」（Sinology）的概念，擴大了這門學科的研究領域。他的中國學批評，對糾正西方人的中國觀有很大的影響，對我們今天的傳統文化研究也不無意義，這一點我們是不應該忘記的。

第五章

最後的希望與幻滅

5.1 聲譽日高，路途越窮

辜鴻銘的翻譯以及在對外交涉中寫下的一系列為中國仗義執言的文章，在國外產生很大的影響，這正如《清史稿》本傳所說：「譯四子書，述春秋大義及禮制諸書，西人見之，始歎中國學理之精，爭起傳譯。庚子拳亂，聯軍北犯，湯生以英文草《尊王篇》，申大義，列強知中華以禮教立國，終不可侮，和議乃就。」[1]因此，1910年1月17日，清廷以其「遊學專門列入一等」欽賜文科進士出身，同榜有嚴復與伍光建，著名鐵道工程專家詹天佑亦同時被授予工科進士。在三名文科進士中，嚴復居首、辜氏次之、伍居末。這雖是一項殊榮，但辜鴻銘因為夾在他向來瞧不起的嚴復師弟之間，並不引為自豪。不久，他辭去外務部公職，到上海任郵傳部高等實業學堂教務長。1911年辛亥革命在全國引起強烈的反響，上海的報紙紛紛登載革命的消息，並發表不少反對清廷、同情革命的言論。辜鴻銘對辛亥革命非常仇視，對上海的外國報紙的做法也大為不滿。在10月25日那天，寫給《字林西報》一封長信，表達他的意見，信中有一段話：

今以鄙意重煩貴報登載，意在使外國官團得知，此可為模範之租界，猶屬大清之世界。若肯從上海報館中癡人妄說，刊刻排滿圖畫文章，非獨有違萬國公例，抑豈事理之平？外國人猶記對於排外之文章情狀何若耶？今獨對於排滿之文章若此，毋乃大謬乎？夫此等排滿文章，意在鼓動長江及各埠數百萬饑民，使其拋卻服從皇帝之職，意使乘間起事耳。試又設喻，譬之當印度變亂時，葡萄牙人設有租界在印

---

1   《清史稿·林紓嚴復辜湯生傳》。

度，使其令印人刊刻排英文字，如今日望平街前所刊排滿文章，英人豈能置之不言？我愈思英將戈登之誠實盡職矣。

他的這書信，表現了他對辛亥革命的恐懼之情，擔心這一革命也像法國19世紀的革命一樣，使社會陷入空前的無政府狀態，他把革命軍、報館以及同情革命的外國人都罵盡了。這封英文書信在《字林西報》發表後，中文報紙都曾譯載，並在標題中贈以「怪物」之名，一時輿論大嘩，他所在的郵傳部高等實業學堂的學生團團圍住責問他，要當場驅逐他。蔡元培《辛亥那一年》中回憶道：

自武昌起義以後，望平街各報館每日發好幾次傳單，並在館門口用大字謄寫，藉示行人，於是望平街有人山人海之狀。辜先生那時正在南洋公學（即郵傳部高等實業學堂）充教員。乃撰一論說，送某報，責問公共租界工部局謂：望平街交通阻滯，何以不取締？南洋公學學生聞之，認為辜先生含有反革命之意，乃于辜來校時，包圍而詰責之。辜說：「言論本可自由，汝等不佩服我，我辭職！」學生鼓掌而散。辜亦隨不復至校。

因此，他又失去了在上海的公職。這就是《清史稿》本傳所說的「國變以後，悲憤益甚，窮無所之」的情況。他先是居上海，因貧窮不能自給，又至北京。

他由上海北上，在青島作短期的避居，一則因為他的兒子在青島讀書，二則辜鴻銘有較高的聲望，在中德合辦的青島大學裏的哲學課

裏是把他當作中國現代著名哲學家來講的。再則那時青島的德租界裏，遺老雲集，1912年1月，由滿洲皇族良弼、溥偉、鐵良等組織旨在挽救清廷、反對革命的宗社黨。所以有人指斥辜鴻銘為宗社黨。其實辜鴻銘在這裏，主要與德國著名的漢學家尉禮賢（Richara Wilhelm）過往甚密，尉禮賢本是德國牧師，25歲從德國來到青島，勤修中文，一面傳道，一面研究中國文化。辜鴻銘的著作曾給尉禮賢以極深的印象，此時，尉禮賢正在根據辜鴻銘的《尊王篇》（即《總督衙門來書》）和《中國牛津運動故事》編譯為《為中國反對歐洲觀念而辯護：批判論文》，向西方翻譯介紹辜鴻銘的著作和思想。因此，兩人一見傾心，結成密友。

宗社黨不久即解體，仍擁有「皇帝」名義的溥儀「下詔」命遺老剪去髮辮，遺老們都奉詔剪髮，只有辜鴻銘仍留著不肯剪。他在《張文襄幕府紀聞》中對「辮子」曾有這麼一個奇特的見解。他先引英人濮蘭德《江湖浪傳》的話，中國人奇特的服飾使外國人一見便觳觫畏懼、不能自主。然後再引孔子「君子正其衣冠，尊其瞻視」的話，說「且嘗揆人之情，凡遇人之異於己者，我不能窺其深淺，則有所猜忌，故敬心生焉；遇人之同於己者，我一望而悉其底蘊，則無所顧畏，故狎心生焉。今人有以除辮變服為當今救國急務者，余謂中國存亡，在德而不在辮。辮子除與不除，原無大出入焉。獨是將來外務部袞袞諸公及外省交涉使，除辮後窄袖短衣，聳領高帽，其步履瞻視，不知能使外人生敬畏心乎，抑生狎侮心乎？」[2]「在德不在辮」一語，固然有理，但拿服飾與辮子作為振中華國威的法寶，裝出龐然大

2　　《張文襄幕府紀聞・在德不在辮》。

物的黔之驢模樣，能嚇住虎視眈眈的列強嗎？

辜鴻銘從小生長在西方，接受完全西方化的資產階級平等自由的思想和教育，為何又有這麼重的奴才心理，甘願做一個清朝遺老呢？但實際上，說他是「遺老」可以，說他是「清室遺老」則不確。他曾說：「許多人笑我癡心忠於清室。但我之忠於清室非僅忠於吾家世受皇恩之王室─乃忠於中國之政教，即系忠於中國之文明。」作為一個思想家、一個文化保守主義者，他知道革命的結果，不僅僅是推翻封建的王朝，而且是對整個原有的思想基礎倫理規範等一切文化的大的革除，將用一個新的文化來取代原有的一切，作為固守傳統文化的清朝的滅亡，本無足可惜，但他可惜的是一切傳統精神的淪失。這是辜鴻銘同那一班念念不忘舊時的功利、官位的清朝遺老的不同之處。這正如他對英國作家毛姆所說的：

你看我留著髮辮，那是一個標記，我是老大中華的末了的一個代表。

辜鴻銘可以說是一個「傳統文化思想的遺老」，雖然他與清朝遺老在復辟的行為上相同。

1913年3月，宋教仁被刺案真相大白，袁世凱陰謀暴露，袁世凱為了籌措戰爭經費，向美、英等五國大借款。五國銀行團找辜鴻銘做翻譯。據說辜鴻銘迫於生計按照外國的規矩，自定每月的薪水，一開

口就是6000銀元，把銀行團中的各位代表嚇了一跳。[3]不知道他最終以多少月薪成交，擔任了五國銀行團的翻譯。

1914年，特立尼達華僑陳友仁在北京創辦《京報》（Peking Gazatte），慕辜鴻銘的文采，以每月大洋350元的高薪，特約他按期撰寫專稿，故常常在報紙上見到辜鴻銘的文章。陳友仁與辜鴻銘都是華僑，都非常精通英文，都有直言不隱桀驁不馴的骨氣，即林語堂所謂的「番仔脾氣」，但是兩人思想上大不相謀。陳友仁是一個完全西方化的人（甚至連中國語言也不大會講），主張西方社會的法治，而辜鴻銘熱烈讚美中國傳統的人治；陳友仁反對帝制，熱烈讚揚革命，反對復辟、主張平等，而辜鴻銘恰恰相反。辜氏對中國婦女的看法，對纏足與納妾的維護，更使陳友仁極端反對，著書批駁，兩人又格格不入，因此不到一兩個月兩人鬧翻，辜在《京報》上發表一篇牢騷滿腹的文章遂不復合作。辜鴻銘又轉而自告奮勇地給董顯光主編的《北京每日新聞》（Peking Daily News）寫稿，聲稱不要稿酬，唯一的條件是他寫什麼就登什麼，不能刪改一字。董顯光大喜過望，報紙的發行量也因為有辜氏的大作而上升。但在一個半月時間內，辜鴻銘就寫了三篇有關納妾的文章。董顯光左右為難，不敢予以刊登，請求辜氏不要再寫這類文章，辜鴻銘整天到報社指著董顯光罵，罵他忘本，罵他受了美國的影響，辜用他的帶有無賴般的「疲勞戰術」逼董顯光刊登，引起了教會人士的責難，董只好與辜鴻銘斷絕合作關係。[4]

歐戰爆發後，美、日、俄、英、法等帝國主義企圖利用中國參加

3　　孟祁：《辜鴻銘》，《辜鴻銘傳記資料輯》，臺北天一出版社出版。
4　　《董顯光回憶辦報經過》，見臺灣版《傳記文學》第三卷47期。

協約國對德宣戰為其服務，並乘機擴張侵華勢力。但這些國家有各自的打算，對中國的參戰問題有過一段明爭暗鬥。日本為了能在戰後長期奪取德國在山東的侵略權益，反對中國參戰；而英、法、俄則想利用中國為自己的掠奪戰爭效勞。1917年2月，由於德國潛水艇封鎖海面，美國對德宣戰，並以給中國政府貸款為條件，希望中國政府同美國一致參加對德戰爭。親美的總統黎元洪為了取得美國的經濟支持以鞏固自己的實力與地位，同意參戰。日本連忙改變反對中國參戰的態度，利用段祺瑞提出對德參戰案，想讓中國在日本的領導下參戰，以便加強對中國的控制。這時，美國看到局勢的發展對自己不利，改變主意，指使黎元洪和直系軍閥反對中國參戰。1917年4月，段祺瑞召集以皖系軍閥為主的十多省督軍，組成「督軍團」，要脅黎元洪和國會同意參戰。段祺瑞又收買數千名軍警和街市流氓，組成「公民請願團」包圍國會，企圖強令國會通過參戰案，未能得逞，就要求解散國會。黎元洪下令罷免段祺瑞國務總理職。段祺瑞入天津，借張勳逼黎元洪下臺，重執北洋政府大權。1917年8月，段祺瑞按照日本政府意圖，對德宣戰。

參戰問題之爭，實質上是美日列強之爭，直、皖軍閥之爭，不存在正義與否。在關於「參戰」之爭最激烈的時候，辜鴻銘著文明確表示反對參戰。他認為：

今者歐洲各國傾竭人民之脂膏，糜爛人民之血肉，以爭勝於疆場者，祇此競利之心相摩相蕩，遂釀成千古未有的戰禍。

本無正義可言，中國的參戰，一是沒有實力，二是增加了這種不義，也使自己變得不義。

　　我國兵備不充，軍氣不振，無可諱言。即使勵精圖治，極意整頓，俾陸海皆有用武之實力，必非旦夕所能期望，則目前所持以禦侮而救亡者，獨有以德服人之一理而已。我誠採用戈登將軍之言，事事循義而行，不為利誘，不為威怵，確立其中立不倚之道，對於列強無所左右於其間，則可謂君子之國矣。

　　他力駁《京報》新聞記者英人辛博森鼓勵中國參戰的言論之非，同盟國固然不義，然而即被「協約國率率捲入大戰漩渦，此後無厭之要求，應擔之責任，皆無可逃免，稍有不慎，越俎代庖者立至，恐歐戰未畢而我已不國矣」。見解獨到、眼光犀利的他已看到，中國參戰，不管勝也好，敗也好，中國都無好處。他批評中國政府「不此之務而遊惑於貪利小人之言，冒恥詭隨，妄希戰後權不我操之利，斯益去亡不遠矣」。（事實上，大戰後的巴黎和會，作為「戰勝國」的中國所受到的恥辱已證明了辜鴻銘論斷的正確和預見性）總之，辜鴻銘認為中國應當堅持正義，「忠信以為甲冑，禮義以為幹櫓」，向喪心病狂互相吞噬的列強顯示出正義與人道，「中國能修明君子之道，見利而思義，非特足以自救，且足以救世界之文明」。

　　1912年，德國漢學家尉禮賢根據辜鴻銘的《尊王篇》與《中國牛津運動故事》編譯的《為中國反對歐洲觀念而辯護批判論文》在德國耶拿出版。1916年《春秋大義》被史密斯（Osear‧A.H.Schmitz）譯

成德文，名為《中華民族的精神和戰爭的出路》，在耶拿出版。1921年，哥廷根大學哲學教授尼爾森（H-Nelson）搜集辜鴻銘其他論文編譯了《怨訴之音》（書的原名拉丁文 Vox Clamantis，或譯《吶喊》）在德國萊蔔市出版。此外，還有瑞典漢學家斯萬伯（Harald Svanberg）、丹麥評論家勃蘭得斯（Georg Bnandes）等不少人譯述和評論辜鴻銘及其著作，一時間使辜鴻銘在歐洲名聲大噪。尤其在歐洲大戰之後，辜鴻銘的著作在歐洲人當中得到普遍的共鳴。一戰後的德國，產生了研究中國文化的熱潮。在熱愛中國文化的人群中，有兩個團體，一是德國國際青年團，屬孔子派；另一個是自由德意志青年團，崇尚老子。這兩派都把辜鴻銘抬得很高，尤其是前者中的尼爾森，以《春秋》為中國的大憲章，提倡大義名分，推辜氏為「中國人格」之代表。[5]此外，尚有德國人組成的「東方語言學會」，留德學生組織「中德文化研究會」。有學者稱「辜於戰前便察知西洋文化之弊，大聲疾呼，而吾歐洲人始終不醒，以有今日，夫複何言」云云。[6]在英美各國圖書館中，他的著作多而極寶貴，成為東方文化的偉大代表，他的著作是歐洲大學哲學課程所必讀書，多位哲學家引用其書，作為重要論據。我們從幾個事例可以看出他在西方影響之一斑。沈來秋在1920年到德國後，走過不少城市，接觸到各層次不少的社會人士，他們都對中國人頗有好感，對東方文化很有興趣，出乎他意料的是，辜鴻銘的名字流傳人口。[7]嗣鑾說他1921年在德國留學時，他的一位講康得哲學的教授奈爾遜（即前文尼爾森—引者注）對

5　〔日〕西本肖三：《德意志青年與中國文化》，載《亞洲學術雜誌》第4卷（1921年9月至1922年9月）「論說四」。
6　《申報》1921年5月4日「國外要聞・德國特約通信（王光祈三月二十一日）」
7　沈來秋：《略談辜鴻銘》，《福建文史資料》1981年第5輯。

辜鴻銘是如何地佩服，他說：「辜鴻銘的著作，我有幸讀了幾種，據我看來，他的哲學意義是很深厚的，我佩服他。」並把辜氏這三種書推薦給這位對辜鴻銘並不感興趣的中國留學生魏時珍讀。他又說：「吾崇拜孔子之虔篤，或非君所能想像。並世同輩中吾所佩服者，當以辜鴻銘為第一。辜氏著作吾曾讀十餘次，必得新理解一次。君尚年少，或對於辜氏偉大人格，尚未深厚瞭解。」並擬請辜氏來德擔任教授，使德國青年得有瞻仰東方偉人之機會云云。[8]在後期新康得主義的信徒中，辜氏著作頗有影響。如一位名叫G.Misch的哲學教授在課堂上向他的學生特別推薦辜鴻銘的著作。另一位叫H.Nohe的教授，他的學生若不懂辜鴻銘，則不准參加討論。有的還成立了「辜鴻銘研究會」和俱樂部，探討辜氏的思想。

辜鴻銘的著作，切近了大戰後歐洲人的普遍心理。大戰給歐洲文明帶來毀滅性的打擊，人們對他們社會的文明起了懷疑之心，歐洲的物質文明帶來了科學的進步、物質財富的增殖，同時為了物質財富的增殖，引起對外的擴張與資本輸出，對外掠奪不均的矛盾發展，逐漸演成整個歐洲的大戰。這種缺乏精神文明的價值和意義何在？人們陷入反思，原來以文明發達的社會與自由平等的生活自居的歐洲人，被殘酷無情的戰爭震驚了，隨之而來的是沉重的幻滅感。辜鴻銘因其特殊的經歷能以一個西方人的心理去分析歐洲的文明，給西方人提出一條出路。「今夫新學也，自由也，進步也，西人所欲輸入吾國者，皆戰爭之原也。我國文明與歐洲異，歐洲之文明及其學說，在使人先利

8　載《亞洲學術雜誌》第4卷（1921年9月至1922年9月）「叢錄、德人之研究中國文化」。

而後義；中國文明及其學說，在使人先義而後利。」[9] 戰後的歐洲人改變以前的看法，普遍對東方文化持讚美的態度。這當然是歐洲的社會現實迫使他們把眼光轉向東方，不能說完全是受辜氏的影響而然的，但至少，辜氏的著作澄清了許多西方人士對中國的誤解與曲解，深化了他們淺薄的東方文化觀念。在中國的德國使館舉辦一些演講活動，也曾請辜鴻銘參加。有次使館設講學習會，紀念德國大詩人歌德，邀請各國學者與外交人員參加。德國公使致詞介紹辜鴻銘說：「今日特請辜先生講戈（即「歌」字之別譯—引者注）氏詩，戈氏德之詩人，迄今百年其學不傳於德，而傳于辜先生也。」合座聞之，咸為驚異。辜氏洋洋灑灑，條分縷析，講稿數千言後發表於德國報刊。[10]

德國人對辜鴻銘尤為青睞，這與德國在大戰中的角色以及辜氏對德國的批評密切相關。

辜鴻銘把戰爭的起因歸為英國的群氓崇拜而引起德意志對這不義的仇視而崇拜武力。儘管他對大戰的這種批評過於書生氣，但大體上還是符合實際的。英國霸佔世界上越來越廣闊的殖民地，使後起的德國由嫉恨而仇視，但這種仇視化為武力和武器，挑起戰爭，這是德國逃不脫的罪責。辜鴻銘在大戰初期，德國在戰事上節節勝利的時候，一針見血地指出德國必敗，德國人以及整個歐洲人都驚服於他的先見之明，他的公允批評非常符合戰時德國人的普遍心態。在西方人眼中，辜鴻銘是一個以奉行孔孟之道自居的君子，儘管認為德國挑起戰

9　《讀易草堂文集・義利辨》。
10　鎮嶽：《辜湯生外傳》，載上海《好文章》1948年第3期。

爭是不義的，又反對中國對德宣戰，持論以禮義為宗，是世界和平的熱烈鼓吹者。

　　中國雖然參加了對德戰爭，但中國不是虎狼，而是一隻羔羊被牽向戰場的。作為一個「戰勝國」，但在巴黎和會上，同樣是受欺騙受壓迫的，不僅不能奪回山東，取消列強在華特權，反而德國原在中國山東的特權又被轉讓於日本。德國人認為山東問題是德皇威廉對中國的罪行之一，德國所占膠州灣應當歸還中國，不應該被日本承受。在這種情況下，出於對協約國的極端仇恨，也引起對中國的同情心。德國人由於極端厭戰，祈求永久和平的思想，對東方的哲學和宗教發生了濃厚的興趣，辜鴻銘對中國傳統的禮教與社會秩序的鼓吹，中國文明補救西方文明之弊病的論調，正切中戰後德國人的苦悶心理，引導他們向東方尋求精神的出路。德國人素有熱愛哲學的傳統，對東方的研究代有其人，在戰後，這種研究更為時髦，而且由哲學家而普及到一般文化人。1920年左右在柏林的中德人士經常召開交流兩國文化的集會。一為「友好會」，大戰期間已經成立，戰後仍在繼續，主持人為中國的留學生，並得到許多愛好中國文化的德國人的贊助與支持。另一個為「東方輿論社」，以到過中國的德國人為骨幹，發行定期刊物《東方輿論》，這一類社團在德國許多城市皆有。辜鴻銘著作也出現在各個書店的櫥窗中間，與尉禮賢所譯的《論語》、《孟子》、《周易》、《道德經》等擺在一起。德國人認為，能夠代表東方文化的有兩個人，一個是印度的泰戈爾，一個便是辜鴻銘。泰戈爾只是一個詩人，而辜鴻銘除了是哲學家、學者之外，還是一個政治家，對德國，

對歐洲的基本問題都有深入的瞭解和研究。[11]庚子期間，德國人還多以野蠻「黃禍」視中國人，他們雖然對中國人民的反抗外來入侵的精神有了切膚的體會，但不承認中國有什麼高度的文化。但第一次世界大戰以後，中國的文化在德國得到普遍的承認，而且辜鴻銘的觀點在很大程度上影響了當時的德國人。我們可以從德國一些學者的著述中，看出辜鴻銘影響的一斑來。

赫爾曼・凱澤林（Hermann Keyserling，1880-1946）就是一個很顯著的例子。1911到1912年，他環球旅行考察，並於1919年在此基礎上寫成了他的名著《一個哲學家的旅行日記》[12]。1912年，他來到中國，到了廣東、青島、北京等地。尉禮賢所譯的中國經典和辜鴻銘著作，曾對他瞭解中國有很大影響，是他到中國來的直接誘因。他到中國後，曾在青島和北京多次見到過辜鴻銘，辜鴻銘陪他遊佛寺，在辜氏家中一邊品著清茶，一邊討論學術問題。他說：「我第一次發現自己面對著以道德作為其最深要素的一類人，這種類型的人在西方是不會有的。」儘管他不認為辜鴻銘的思想是深刻的，懷疑辜鴻銘對宗教問題的理解力，但他卻認為辜鴻銘本身就是深刻的，「這恰恰就是我在青島所遇見的那些與眾不同的先生們所給我留下的深刻影響：他們在生活中實踐著儒學；我在此作為某種理論假設的東西，恰恰就是他們的生存形式。那些政治家們都認為國家機構建立於道德基礎之上是理所當然的事，政治不過是倫理的外在體現，而正義則是善良意向之正常的引申。」他這裏明顯地接受了辜鴻銘關於東西方人格與社會的

11　沈來秋：《略談辜鴻銘》，《福建文史資料》1981年第5輯。
12　清華大學思想文化研究所編：《世界名人論中國文化》，湖北人民出版社，1991年版。

不同的論斷，並承認了中國人的道德高於西方的觀點：「我們的政治文化是被外部力量限定的，它是一個迫使個體行善的社會體制的結果；在以前，它受召喚，過著一種與靈魂分離的生活，並繼續如此。中國人的政治文化依賴於個人內在自我的發展；數千年來很大的中國王朝的統治並不顯得比現代的歐洲更為糟糕，並且，這是在沒有主動地對人進行監督的仲裁機構的情況下實現的，這完全應該感謝中國公民的道德品格；當人們考慮到這一點的時候，他就必須承認中國文人的一般道德水準定然是極高的；無論如何，我所接觸到的那些人的道德水準便是很高的。通過他們關於西方之彬彬有禮的言談，你可能會從中聽到他們對於西方極缺乏道德的某些驚奇。他們把我們看做是道德上的野蠻人。」

這位著名的社會哲學家受辜鴻銘學說影響是多方面的。他對中國人的禮節也讚賞備至，雖然他並不像辜鴻銘那樣認為這些全是「誠」之體現，但卻從另一角度補充了辜氏所未及的一點，他說「在相互交往過程中，重要的不是態度，而是表現，不是真實的東西，而是外表的東西」，「只要對他人的體諒在根本上影響到行為，那麼個人的誠就退居到次要地位，只要前者的重要性成為決定性的，那麼後者的重要性便不再存在」。基督教所缺乏的正是中國禮儀中重要的對他人的體諒，即恕道。在歐洲個體自由化的人看來中國這種個人生活在禮儀中的現像是困難的，凱澤林認為對於禮節的外在恪守必然能使其個體導向其自身人格的完善。

辜鴻銘《中國牛津運動故事》和《春秋大義》都突出地對東西方的宗教作了比較研究，這種比較也影響到凱澤林的論述。他在《旅行

日記》第42章《北京》中也對儒教和新教作了對比，不過他對宗教的批評比辜氏要深刻一些，可以說是深化了辜氏的內容。他認為儒教與新教之間是很相似的，都缺乏天主教那樣系統的能夠全面顧及心靈之各種作用並以知性來對待他們的教育，甚至也缺乏印度佛教的那種宗教體驗。「普通的中國人的宗教性（religiosity）也像普通路德派教徒那樣，不過是意味著對於某些淺顯事實的堅定信念以及某些對於特定生活常規的嚴格遵守」，然而儒教和新教卻塑造了在道教價值上高於其他任何宗教或宗教派別的人格。凱澤林這樣比較一番之後，忽然意識到「不能把儒教與新教之間的平行性無限制地推廣，也許我自己就已走得太遠些；我後來多次見到的辜鴻銘就像少數其他人一樣走過了頭，我也許會受了他的影響」。也許還應當指出的是，在凱澤林之前的韋伯（Max Weber，1864-1920）《宗教社會學論文集》（Confucianism and Taoisn）中就可見到辜鴻銘學說的蛛絲馬跡。[13]

另一個受辜氏影響的是施本格勒（Oswald Spergler，1880—1936），他的名著《西方的沒落》曾在歐洲轟動一時。雖然這本書中找不到關於辜鴻銘的內容，但此書根本的論斷—西方文明已經走到了盡頭—卻是受辜鴻銘影響的。施本格勒1904年獲得柏林大學博士學位，曾任中學教員，他在歐戰之後寫作此書，正是辜鴻銘著作最有市場的時候。我們可以看到辜氏思想的痕跡。他對中國的有限認識，不少來源於辜鴻銘，比如，他採用辜氏那種獨特的比較，拿中國戰國時代的征戰力伐的社會局面來比19、20世紀初的歐洲形勢：「在西元前

13　清華大學思想文化研究所編：《世界名人論中國文化》，湖北人民出版社，1991年版。

480年至前230年間，中國的一群國家，在走向帝國主義。帝國主義的原則（連橫）在羅馬式的國家『秦』，格外得到實行，它的理論上的代表是哲學家張儀」，「一種國際聯盟的觀念（合縱）主要是從王詡（按：即鬼谷子，張儀、蘇秦均出其門下，這裏的說法極不準確）得來的，它攻擊帝國主義的原則，但是完全無效。雙方都反對老子的及政治的唯心主義，但在他們兩者之間，順應擴張主義的自然趨勢，是連橫而不是合縱」。「這個時期發展到最後，是一世紀之久的群眾大軍之間的連年戰爭以及可怕的社會騷亂，並由此產生了羅馬式的秦國，作為中華帝國的創建者……這也是西方歐美世界19世紀和20世紀所必有的命運。」他反對歷史進化的觀點，他把世界各個文化看成是獨立的文化單元，如埃及、印度、中國、希臘、羅馬、西方等都經歷了大致相同的生命週期，即發生（前文化）、發達（文化）和衰落（文明）。文化和文明在他那裏有明顯的劃分，這與辜氏持論大抵相近。

施本格勒雖然預感西方文化的沒落，但其「挽救」的方式，與辜氏卻是截然相反的。他認為必須建立一種由軍國主義和「社會主義」結合而成的「新文化」，把希望寄於德意志的大一統帝國及其極權主義的政治身上，可見他思想上的自相矛盾之處。

此外，馬丁・布伯和卡爾・雅斯貝爾等人有關中國的論著中，也可以看出一些直接或間接的影響來，但是思想上的影響往往是很複雜的，也很難用一句話說得清楚。我們引一德籍華人夏瑞春《德國思想家論中國》的引言作結：「人們忘記了，利希騰貝格爾為德國人崇拜的中國時尚勾勒了一幅諷刺漫畫，赫爾德曾把中國比作一具周身塗有防腐香料的木乃伊，黑格爾則譴責中國為守舊落後的化身。當格林發

現中國的神話哲學時候，中國已淪為了一個半殖民地的國家，致使對馬克思、恩格斯、弗朗茨、梅林來說它僅只具有政治上的意義。直到本世紀初，人們才把中國重新當作文明古國看待。」[14]中國的文明得到承認，與歐戰有關，與尉禮賢對中國經典的翻譯有關，與辜鴻銘的不遺餘力地宣揚也不無關係。

5.2　挽救舊傳統的最後抗爭

　　1916年蔡元培自德國回來，受命出任北京大學校長。蔡元培的教育宗旨是思想自由、相容並包，允許各種思想各種風格的學者在北大教書。辜鴻銘被聘請為英國古典文學教授。蔡元培之聘辜鴻銘，固然是貫徹他的思想自由的教育宗旨，同時，也因為他瞭解辜鴻銘在西方學術界的崇高聲望，他在德國進修的萊比錫大學，正是30年前辜氏就讀的同一所學校。他親身感受到，中國的知名人士到德國，如梁啟超、康有為以及他本人，在德國並沒有什麼特別的反響，德國人認為他們是放棄自己家中的寶不學而到德國來學習別人的糟粕，對他們的態度一般也較冷淡，但辜鴻銘則不然。他宣揚中國傳統文化精神，使此邦學者耳目一新，因此辜鴻銘的作品在德國很受歡迎，所以作為進步人士的蔡元培才能夠打破中國人中對辜鴻銘的成見，聘請他任教授。蔡元培在寫給林琴南的信中說：「對於教員以學詣為主，在校講授以無悖於第一種之主張（思想自由）為界限，其有校外之言動，悉聽自由，本校從不過問，亦不能代負責任。例如復辟主義，民國所排

14　《德國思想家論中國》，江蘇人民出版社，1992年版。

斥也，本校教員中有拖長辮而持復辟論者，以其講授為英國文學，與政治無涉，則聽之。」這個拖長辮而持復辟論者不用說就是辜鴻銘。所謂的「復辟論者」即指辜鴻銘於1917年7月1日，參加了張勳擁戴宣統復辟的醜劇，被列入李經羲內閣成員的名單上，官銜不過是外務部侍郎，張勳復辟的醜劇只有12天便被段祺瑞馬廠誓師一仗打垮，辜鴻銘被兜頭澆了一盆冷水，從此對當官心灰意冷了。

他在北大教英國文學課，但他常在課堂上宣講中國的傳統文化，把課堂作為他發表中西文化見解的場所。羅家倫在晚年寫的《回憶辜鴻銘先生》一文中說：

辜先生雖是老復辟派的人物，因為他外國文學的特長，也被聘在北大講授英國文學。因此，我接連上了三年辜先生講的「英國詩」這門課程。我記得第一天他到教室之後，他首先對學生宣告：「我有三章約法，你們受得了的就來上我的課，受不了的就趁早退去：第一章：我進來的時候你們要站起來，上完課要我先出去。第二章：我問你們話和你們問我話都得站起來。第三章：我指定你們要背的書，你們都要背，背不出就不能坐下。」我們全班同學都認為第一第二都容易辦到，第三卻有點困難，可是大家都懾于辜先生的大名，也就不敢提出異議。
　　……
辜先生對我們講英國詩的時候，有時候對我們說：「我今天教你們外國《大雅》。」有時候「我今天教你們外國《國風》」。有一天，他異想天開地說：「我今天教你們『洋《離騷》』。」「洋《離騷》」

是什麼呢？原來是密爾頓（John Milton）的一首長詩「Lycidas」，為什麼「Lycidas」會變成「洋《離騷》」呢？這大概是因為此詩是密爾頓弔他一位在愛爾蘭海附近淹死的亡友而寫成的。

在辜先生的班上，我先後背熟過幾十首英文長短的詩篇，在那個時候叫我背書倒不是什麼難事，最難的是翻譯。他要我們翻譯什麼呢？要我們翻千字文，這個真比孫悟空戴金箍咒還要痛苦。……15

可見辜鴻銘在課堂上對學生要求的奇特和嚴格，他的另一個學生閻震瀛的回憶可以作為上邊引文的補充。閻震瀛《記辜鴻銘先生》和《補記》說：他常常教我們翻譯四書，又教我們念英文本的《千字文》書，由「天地玄黃」到「焉哉乎也」……

Dark skies above the yellow earth,

Chaos before the creation erth,

The sun and moon their courses run,

Stars shine out when day……

音調很整齊，口念足踏，全班合唱，現在想起來也很覺可笑。看他的為人，越發詼諧滑稽，委實弄到我們樂而忘倦，也是教學的一種方法，所以學生也很喜歡。《人之初》也有英文本。他說：《人之初》一書，裏面有許多科學，開宗明義便說：「性本善」，有關人生哲學問題，與法儒盧梭的論調相同。什麼「一而十，十而百，百而千，千而萬」是數學；「曰水火，金木土……」是物理化學。什麼「三綱五

15　《辜鴻銘傳記資料輯》，臺北天一出版社出版。

常」又是倫理學；什麼「天地人，日月星」，又是宇宙論、天文學等。又講到君臣父子⋯⋯全書都很有教導小學生價值的。

總之，他教英國詩的目的，不是為了使學生理解英國文化的優秀，而是要學生接受中國文化，確立中國的價值觀念，樹立中國民族文化精神。他把英詩分為國風、大小雅，對每一個外國的作家作品都要找一對等的中國作家作品，在比較中來「說明」中國的文化遠比西方優秀。正像他把杜甫叫作「中國的華茲華斯」，認為杜甫《贈衛八處士》是淺陋的英文絕對無法表現的那樣，一以貫之堅持不懈地維護中國的傳統。

辜鴻銘這樣做是有他自己一定理由的。因為歐洲的大戰已經證實了西方文明的破產，西方社會陷入危機，西方人對他們的文明和價值觀念發生了普遍懷疑和反叛，迷惘、徘徊尋找不到出路。而辜鴻銘則因大戰更加確信了他早在30年前就堅持的觀點，更堅定了中國禮教傳統拯救世界危機的信念，他對之深信不疑。但是那些到歐洲美國留過幾年學的留學生們，都沉浸於西方文化之中，極力鼓吹向西方學習，甚至全盤西化。在他們的鼓吹下，北大的青年學生很快地接受了他們的新思潮，對傳統的文化越來越懷疑，這是辜鴻銘所深感不安和憂慮的。因此，他不僅在他的課堂上向學生灌輸他的思想，而對於北大那些留學歐美、鼓吹西化的青年教授，如胡適，他毫不留情面地批評。胡適可以說是北大當時鼓吹全盤西化的典型代表，是「五四」新文化的領袖人物，卻常常挨辜鴻銘的罵。據說有一日，胡適在和學生講哲學，生徒雲集，溢戶闐門，辜氏看到這一場面，頓感不快，作色罵

道：

　　古代哲學以希臘為主，近代哲學以德國為主。何物小子，既不懂德文，又不會拉丁文，乃坐擁比，擅講哲學，胡不量力如此？[16]

　　胡適在《記辜鴻銘》中也承認：「辜鴻銘向來是反對我的主張的，曾經用英文在雜誌上駁我。有一次為了我在《每週評論》上寫的一段短文，他竟對我說，要在法庭上控告我。然而見面時，他對我總很客氣。」胡適在這篇文章中很生動地寫了兩人之間的交往，一次，他們赴王彥祖舉行的宴會：

　　這一晚他（指辜鴻銘）先到了王家，兩位德國客人也到了。我進來和他握手時，他對那兩位外國客人說：「Here comes my learnd enemy！」（我的論敵來了！）大家都笑了。入座以後，戴彌微的左邊是辜鴻銘，右邊是徐墀，大家正在喝酒吃菜，忽然辜鴻銘用手在戴彌微的背上一拍，說：「先生，你可要小心！」戴先生嚇了一跳，問他為什麼？他說：「因為你坐在辜瘋子和徐瘋子的中間！」大家聽了，哄堂大笑。因為大家知道Cranky Hsu 和Crazy Ku的兩個綽號。

　　一會兒，他對我說：「去年張少軒（即張勳）過生日，我送他一副對子，上聯是『荷盡已無擎雨蓋』，－下聯是什麼？」我當他是集句的對聯，一時想不起好對句，只好問他：「想不出好對句，你對的是什麼？」他說：「下聯是『菊殘猶有傲霜枝』。」我也笑了。（按：

16　《亮齋隨筆》，載《辜鴻銘傳記資料輯》，臺北天一出版社出版。

這兩句本是蘇軾《贈劉景文》絕句中的前兩句，連孩童都熟悉的小詩，所以胡適根本沒想到）

他又問：「你懂得這副對子的意思嗎？」我說「『菊殘猶有傲霜枝』當然是張大帥和你老先生的辮子了，『擎雨蓋』是什麼呢？」他說：「是清朝的大帽。」我們又大笑。

私交雖然不錯，但辜鴻銘對文化問題上的不同觀點絕不稍寬假，甚至是非常嚴厲的。胡適與陳獨秀所倡行的文學革命運動和「五四」新文化運動主張向西方學習，辜鴻銘是極力反對的，以前的維新人士如他的同鄉嚴復、林紓也站到了辜鴻銘相同的立場，反對新文學運動，嚴、林以中文發表批評意見，辜鴻銘則以英文反對。這實際是東西文化問題論戰的一小部分內容。

辜鴻銘是國粹派和保守主義的最早、最堅定不妥協的典型。早在19世紀80年代起，他就毫不含糊地反對西化。從洋務時期反對李鴻章、張之洞洋務大臣，到維新時期反對康有為與嚴復等維新人士，到新文化運動時反對胡適、陳獨秀等留學歐美的留學生，三十多年如一日，既不像張之洞、康有為等有通融迴旋的餘地，也不像梁啟超那樣有著頓悟與一百八十度的轉彎，他始終不改變自己反對西化的立場，從不妥協。從1915年起，陳獨秀、李大釗主編最激進的《新青年》與杜亞泉主編的保守刊物《東方雜誌》即開始了東西方文化異同優劣的論戰。陳獨秀在《東西根本思想之差異》與《法蘭西人與近世文明》中，對東西方文化也作了比較，要而言之，他的觀點是：東方民族的特點，一、「以安息為本位」，「惡鬥死，寧忍辱」；二、「以家族為

本位」，個人無權利，一家之人，聽命家長，遵循宗法社會封建時代的道德；三、「以感情為本位」，「以虛文為本位」。而西方民族的特點則與東方迥異：一、「以戰爭為本位」，「惡侮辱，寧鬥死」，「以鮮血取得世界之霸權」；二、「以個人為本位」，為徹頭徹尾的個人民族主義，「個人之自由權利，載諸憲章，國法不得而剝奪之」；三、「以法制為本位，以實力為本位」。

杜亞泉聲稱「國粹，國之精神之所寄也」，這是「立國之根本源泉」。他於1916年以倫父的筆名發表《靜的文明與動的文明》，把東西方文明分為東方是靜的文明，西方是動的文明。東西方文明「乃性質之異，而非程度之差」。從我們上邊對《春秋大義》的分析，即可看出辜鴻銘對東西方文明特點的分析與陳獨秀的分析是相同的，但不同的是看問題的出發點與評判的標準不同。辜氏是從政治統治的穩定、人與社會的關係，世界的和平作為出發點和評判標準的，覺得東方民族文化的優越。而陳氏是從科學技術發展，國家在世界競爭的實力角度來論述，肯定西方的長處。這正像一個說春天好，生機勃勃，一個說秋天好，五穀豐登。不同的出發點，不同的評判標準，導致對同一問題的不同的評價，各有其理。如果我們對雙方的出發點和評判標準作一個優劣高下的比較，同樣也是很複雜的，也和上一個問題一樣是雞生蛋、蛋生雞一類的循環命題。當然，我們從社會進化與發展的角度來論述的話，可以說陳獨秀的理論是代表著社會的發展方向。

1917年1月，陳獨秀又發表了《〈新青年〉罪案答辯書》打出了「德先生」、「賽先生」的大旗。明確表示擁護民主，反對封建禮教；擁護科學，反對國粹的主張，這成為「五四」運動和「五四」精神的

核心，在中國文化史上具有劃時代的意義。

這就把辜鴻銘，還有那個時代許多守舊的人物如以前主張西化的嚴復、康有為等等劃歸舊時代。1917年張勳復辟時，約各遺老大僚密謀籌畫，誰主軍政，誰主度支，至於誰主外卻找不到合適人選，有人說辜湯生可任。即召辜鴻銘，因官秩最低，叨居末座。辜所言亦不為人所重視，張勳僅給他二百金，他也不說什麼。等辮子軍兵敗作鳥獸散，張勳惶惶不知所往，他卻慨然自任，先至日本使館，日使外出，又至荷蘭使館與公使洽談，安排張勳在荷蘭使館避難。[17]1918年3月，陳獨秀發表《駁康有為〈共和評議〉》，把辜鴻銘與張勳並列，有「康氏若效張勳、辜鴻銘輩」云云。9月發表《質問〈東方雜誌〉記者》，針對杜亞泉文章轉引日刊摘譯德國人所述辜鴻銘的見解的內容，把辜鴻銘「此次大戰使歐洲文明之權威大生疑念」的觀點斥為「夢囈」，質問杜亞泉是否有意把辜鴻銘作為「同志」。杜亞泉也著文反駁陳獨秀，互相唇槍舌劍、口誅筆伐。由於這兩個刊物的影響，導致了持續幾年多方人士參加的大論戰。辜鴻銘成為論戰雙方或多方交火的靶心之一。奇怪的是他在這場論戰中始終一言不發，保持了不符合他性格的冷靜。

可是，「五四」運動爆發後，辜鴻銘甘冒天下大不韙跳出來激烈反對。在報紙上著文大罵「五四」學生。羅家倫回憶說：

> 我們在教室裏對辜先生是很尊重的，可是有一次，我把他氣壞

17　據鎮嶽：《辜湯生外傳》，上海《好文章》1948年第3期。

了。這是正當「五四」運動的時候，辜先生在一個日本人辦的《北華報》（North China standard）裏寫一篇文章，大罵學生運動，說我們這些學生是暴徒，是野蠻。我看報之後受不住了，把這張報紙帶進教室裏，質問辜先生道：「辜先生，你所著的《春秋大義》（The spirite of Chinese people），我們讀了都很佩服，你既然講春秋大義，你就應該知道春秋的主張是『內中國而外夷狄』的，你現在在夷狄的報紙上發表文章，罵我們中國學生，是何道理？」這一下把辜先生氣得臉色發青，他很大的眼睛突出來了，一兩分鐘說不出話，最後站起來拿手敲著講臺說道：「我當年連袁世凱都不怕，我還怕你？」這件故事，現在想起來還覺得很有趣味。[18]

從這一段回憶文章中，我們可以看出辜鴻銘內心的最大矛盾和最深的隱痛。他是愛國的，熱愛中國，熱愛中國文化，熱愛中國人尤其是青年學生，他想維護中國幾千年的文明不被西方文明同化，幾千年的文化精神倫理規範不致於中衰或解體。這在當時的辛亥革命以及與革命相適應的文學革命新文化運動的風雨中已根本動搖，他不得不奔走、呼告，不惜用自己的力量去抵擋歷史的車輪。但在當時先進的青年學生以頑固守舊視之，不惟青年人，在整個的中國，他的文章他的言論已起不到一點勸阻作用，像秋風中的寒蟬鳴聲一般被時代風浪淹沒。他只有用英文，在外國的報刊發表批評的文章。他陷入了兩難的境地：他在夷狄的報刊上發表攻擊中國學生運動的內容，違背了孔子「內中國而外夷狄」的大義；但反過來，如果聽任青年學生的運動，

18　《回憶辜鴻銘先生》，《辜鴻銘傳記資料》，臺北天一出版社出版。

任其西化，那麼儒家的幾千年的傳統就有可能毀於一旦，就更不忠於春秋大義。他寧可不忠於「內中國而外夷狄」的話，也不能不維護儒家的傳統。但他理智上這樣做，良心一定是很痛苦的，所以當羅家倫拿這話來質問他時，他顯示出這樣一種可怕的激動表情，表現了他內心極為複雜難言的矛盾心理。

「五四」運動以後，大概在1920年，辜鴻銘辭去北大教授之職。他又於1921年被天津《北華報》聘為特約撰述。

5.3 日本講學，獨向東瀛招迷魂

1924年9月19日，辜鴻銘由日本友人、著名的漢學家鷲澤吉次推薦，應朝鮮總督齋藤氏之邀，到漢城遊覽觀光。日本「大東文化協會」得知此事，21日迅即盛請辜氏就便赴日本講學。辜鴻銘欣然應允。

此時的日本，處境非常尷尬。在東亞，仗其軍國主義武力，興風作浪。朝鮮、中國到東南亞一帶都遭其侵略，深受其害，日本成為東亞的害群之馬，各國都對日本怨恨有加，紛紛掀起反日愛國運動，抵抗日貨。在國際上，美國通過了《排日法案》，公開歧視日本，日本在國際上陷於孤立。日本人士對美國的排日深感憤怒，越來越多的人認識了東亞聯合的必要性，日本大東文化協會中大多數人都是此觀點的贊同者。但日本軍國主義已遭亞洲人民的普遍反感，在中國既愛國又不反感日本的實在寥寥，恐怕只有辜鴻銘了。辜鴻銘從維護東方文化的角度而不是從政治的角度對日本予以特殊的看法。在日俄戰爭

中，他不談日本對中國國土的踐踏和瓜分，而是從道德因素上肯定日本的勝利是東方文化的「勝利」，是贏得西方對東方文化尊重的「聖戰」。他的愛妾吉田貞子的賢慧使他對日本民族與文化有一種特殊而親切的感情，並因而產生了他特有的書生式的天真的中日友好論幻想，希望中日這一衣帶水的鄰邦能和平相處，共同復興東方文明，走出一條不同於西方的儒家文明的富強之路。即使在「五四」前後，排日情緒在中國高漲時，他也固執迂腐地反對學生的排日舉動，更重要的心理原因是：中國的新文化運動和「五四」運動的狂飆，無疑已經風捲殘雲般地把傳統文化當做陳跡從人們的思想裏清掃出去，代之以新的思潮─西方的民主與科學、自由與平等。新思潮風起雲湧，滔滔者天下皆是，他已無回天之力，對這個社會完全絕望了，自己也為這個新的時代所遺棄。如果說，東方文化還有一絲恢復的希望，那麼這個希望不在中國，而在日本。他說：

自知國人目余為癡漢，不容於中國，惟日人能予以同情。中國漢唐文明，卓立於當世，惜後為夷狄所蹂躪，僅在江浙邊域，猶殘存宋代文明。然彼退禦蒙古之侵襲以全國之日本，卻完全繼承唐之文化，迄今猶燦爛地保存著，是以極期日本能肩負發揚東方文明之大任。[19]

這些就是辜鴻銘應日本之邀「惠然肯來」的原因。

但在國內卻引起喧嘩。天津《益世報》署名鎮漢的文章，把辜鴻銘比作「第二張勳」，說他「大捧日本人的臭腳」。辜鴻銘說：「鄙人

19　轉引自孟祈：《辜鴻銘》。

在中國號稱老朽，貴國不以老朽見棄而友表示好意，榮幸奚似。鄙人究系如何人物，中國人不知，而貴國人知之。」他讚揚日本明治維新以來的政體，說：「欲圖國強，非實行君主專制不可為功。[20]辜氏並非討好日本人，而是堅持自己的一貫的政治主張。

在這之前不久，日本漢學家吉野造作博士還在四處打聽辜鴻銘的下落，托在中國的日本人清水安三專程拜訪辜鴻銘，辜鴻銘還為之回憶起與日本友人岡千仞四十年前的交情，一往情深地追憶已去世多年的吉田貞子：「吉田貞子，她是日本武士的姑娘。日本女人真是世界上第一流的，世界上任何地方也沒有像日本女人那樣的賢婦。」[21]對日本充滿了嚮往之情。

1924年10月10日，辜鴻銘正式到達東京，受到大東文化協會負責人山本悌二郎和各方面人士的熱烈歡迎。協會幹事薩摩雄次負責具體接待工作。辜鴻銘覺得到日本來肩負著弘揚東方文化的使命，所以摒除一切雜事，席不暇暖地巡迴演講，他在東京、京都、大阪、神戶、濱松等地用流利的英語作了多場講座。如「何為文化教養」、「中國文明史的進化」、「日本的將來」、「東西文明異同論」、「關於政治與經濟的真諦」等。到11月16日，應他的族弟、臺灣著名實業家辜顯榮之邀入臺灣，作短期的講學。之後又一度回內地休養。至次年4月下旬，受協會正式招聘，再度到日本。從1925年5月25—28日在日本東北五縣作報告。6月3日，收到奉系軍閥張作霖聘他作顧問的函帖，他與族弟辜顯榮一道（顯榮為段祺瑞的經濟顧問）赴奉天會見張氏，因

20　載《益世報》1924年10月27日「要聞」。
21　〔日〕清水安三：《辜鴻銘》。

話不投機，沒過多久，便辭職東返，7月中旬回東京。夏天，參加大東文化協會所開辦的夏期講演會，他並被聘為大東文化學院臨時教授，講授過文化比較和語言學等課。大東文化協會後設比較研究部，他被聘為部員。這一段時間，他的演講主要有「政治和社會的道德基礎」、「什麼是民主？」、「告歐美人」、「綱常名教定國論」、「中國古典文化的精髓」等。[22]

辜鴻銘在日本的演講內容歸納起來有：

一、弘揚東方文化

他進一步發揮了《春秋大義》中的觀點，從整個中日文化同構因素的分析上來全面系統地論述東方文化的精神，在同西方比較中顯現東方文化的優越，進一步豐富了他的論點。如他1924年10月16日，在日本帝國賓館泛太平洋會上的演講，以儒家傳統的王道、霸道的觀點評判東西方的優劣。大意是，西方的宗教言人性惡，因為性惡，則互相猜忌，互相攻伐，這種霸道主義終於演成世界大戰，成為全人類的一場浩劫。而中國的文化，向來主張「人之初，性本善」，正像孟子所說的人天生本能地具有惻隱之心、羞惡之心、是非之心、辭讓之心的「善端」，人之所以有不善，不是人性的不好，而是後天利與欲的引誘，所以儒家以仁義、孝悌、忠恕、禮樂教育人，主張四海之內皆兄弟，儒家理想的社會是大同的世界，這是王道。言簡意賅地道出東西方文明的區別。東方的文明是精神的文明、心靈的文明，西方文明是物質的文明、機械的文明。西方的文明雖然在科學技術上、物質生

22　黃興濤：《日本「辜鴻銘熱」的內幕》，載《文史雜誌》1993年第1期。

活上取得東方所不可企及的成就，有著現代化的機械與武器，但因精神上的缺陷導致人倫規範與精神的危機，因此這種文明是不穩固的甚至是具有危害性的。與之相比，東方人富有情感與正義，有著豐富而充實的精神生活，這是他們不敗的動力。總之，東方文明與西方文明，「從根本上說，前者就像已經建成的屋子那樣，基礎鞏固，是成熟的文明，後者則還是一個正在建築當中而未成形的屋子，是一種基礎尚不牢固的文明」。23

辜鴻銘希望中國人今後自力更生，培養無私、謙遜、質樸品格的人才，能做到「正其誼不謀其利，明其道不計其功」，國家自然興盛。對日本人也提出同樣的要求。

二、對日本振興東方文化寄予厚望

這是辜鴻銘來日本演講的主要使命。「五四」以後，辜鴻銘已經像他那又細又黃的小辮子一樣，成為遠遠落後於時代的象徵。他與梁漱溟那種純理論的探討和小面積的實驗不一樣，也沒有那種興趣。他的目標在於其學說得到全面的實行貫徹，但是，在中國是完全不可能的了，其實早在清末他的學說也沒有受到重視。原因在於他講的道理，誠然是一篇「大好文章」，但無法解答現實的問題：傳統文化如何能抵禦外侮，挽救危亡，使中國強大起來？這是近代中國人感受最深的切膚之痛。不解決這個生存的問題，任何動聽的學說都是無用的，不用說清政府、民國政府，就是所有的國人也都有此共識，不然國亡了，種滅了，皮之不存，毛將焉附？傳統文化何以存在？

23　黃興濤：《日本「辜鴻銘熱」的內幕》，載《文史雜誌》1993年第1期。

辜鴻銘不可能沒意識到這個常識性的問題，所以他一直在尋找以傳統文明富強中國的道路。明治維新後日本迅速發展壯大給了他一個希望，加之他的愛妾吉田貞子是日本人的緣故，他對日本格外地關注，希圖通過對日本的研究找到答案。因此，1897年他在《贈日本國海軍少佐松枝新一氏序》中就說：

　　我國自古聖人教民，重道不尚器，故製造器械，皆遠遜西人。兼以近來中國民俗苟安，士氣不振，故折衝禦侮，常苦無策。惟日本與我華義屬同族，書亦同文，且文物衣冠猶存漢唐古制，民間禮俗亦多古遺風，故其民知好義，能尚氣節。當西人之東來，皆慷慨奮起，致身家國，不顧性命，當時又有豪傑如西鄉諸人輩出，皆通古今，能因時制宜，建策修國，制定國本。噫！日本今日之能振國威，不受外人狎侮其亦有以夫！然嘗聞日本國人，近日既習西人技藝，往往重西學而輕漢文經書，余私心竊疑焉。今得識松枝君諮詢底蘊，乃知其不然也。……余於是益信日本之所以致今日之盛，固非徒恃西洋區區之智術技藝，實由其國存有我漢唐古風，故其士知好義，能尚氣節故也。[24]

　　他認為日本之所以能發展成為東亞的強國，並不僅僅是因為向西方學習技術，而最主要的原因是堅持儒家精神，堅持儒家重義輕利和崇尚氣節的傳統。辜鴻銘認為這才是一個民族自立自強的根本。他後來在辭去北大教授之職後，曾經一度研讀有關日本的書籍，對他影響

24　《張文襄幕府紀聞》。

最大的是《日本外史》，使他的觀點進一步鞏固和明確。1924年初日人清水安三拜訪他時，就發現他正在認真研讀這本《日本外史》。他說：「現在的世界上恐怕沒有日本外史了。日本外史的精神，正是支持東亞，維持東亞文明。明治維新正是建立在日本外史的精神上的。中國革命弄得反而不如以前了，正因為在中國沒有這個日本外史的精神。」所謂的日本外史精神，也就是日本武士道的精神，這種日本武士所遵守的封建道德包括忠君、節義、廉恥、勇武、堅韌等內容。辜鴻銘說：「中夏的精神，在被夷狄侵犯以後，離開了中土。但中國文化的道德卻留在了日本，日本的武士道正是這一點。」[25]這種中國漢唐時代向上的精神在日本以武士道完全保留下來。武士對國家、國君具有無限的忠誠之情和無私的獻身精神，武士腰間常佩帶利刃，是他們勇武的象徵。明治維新後，武士等級在法律上雖然廢除，但武士道的精神卻被保留並發揚光大，成為日本道德教育的重要內容。正是武士道精神使日本人民具有團結一致、奮不顧身抵禦外寇，振興國威的蓬勃向上的精神和朝氣。這與中國士風不振、苟且偷安形成鮮明的對比。辜鴻銘認為這是日本發展的最根本的精神動力，保持了這樣的精神動力，即使學習一些西方的製造器械之術也未嘗不可。值得指出的是，辜鴻銘極力反對學習西方，但不是不分青紅皂白的一概反對，而是反對那種他認為只知學習西方的技術，製造槍炮輪船的做法，如洋務運動；反對不顧中國傳統照搬西方的政治做法，如維新變法；反對新文化運動中的全盤西化論者，如胡適等。辜鴻銘的看法未必都正確，但有他一定的道理。

25　〔日〕清水安三：《辜鴻銘》。

故而，在日本的演講，他發揮自己這些觀點，希望日本擔當起振興東方文化、振興東亞的重任。他一再重申：「給全體東方的人民帶來真正中國文明的復興是日本神聖的天職！」這也是他赴日本講學的使命。辜鴻銘對日本的明治維新有很高的評價。據說他在日本東京帝國大學演講同時，還用英語撰寫《明治史》，[26]與一般觀點相同，日本在明治維新後迅速發展壯大。但與人迥異的是，他說明治維新的成功並不單單是引進歐美的先進科學技術，向資本家發放無息貸款，免稅政策以及允許私人開辦擁有紙幣發行權的銀行等等，他認為根本的原因是日本重建以天皇為中心的統一的中央集權國家，在經濟、文教、思想等領域內都遵守儒家傳統的文化和精神而形成的忠君思想和武士道精神。辜鴻銘對維新的主角西鄉隆盛非常讚揚，這體現在他身上似乎前後很矛盾，其實有一定的道理。這說明辜氏的思想正像日本國粹論者三宅雪嶺「畢生敬重西鄉隆盛」或志賀重昂熱衷於歐美一樣，並不是完全絕對的頑固不化。他認為日本發展的長處或成功之處就在於保持發揚文化傳統和中央集權體制的前提下學習西方。如果削弱君權破壞固有傳統，使東方完全變成西方，他肯定是要反對的。他對維新改良以及辛亥革命的評價就與這一思想相關。

三、對西化的批判

　　辜鴻銘在《日本的將來》的演講中，引用西方基督教人士傅勞多講的一個故事：沼澤中的薔薇花有一天看到自己的根莖處於泥沼之中，覺得泥沼可厭，捨身附於路過的行人身上，以為可以進入美麗的

26　尤光先：《八閩二怪》，引自《辜鴻銘傳記資料輯》。

花園，但沒幾天便枯萎而死。他說：「美麗之沼生薔薇，日本也；而其信為凱旋逃入之花園，近代西方文明也。」[27]日本一旦脫離傳統的東方文化，完全西化，就會枯萎而死。

他讚美日本人的忠誠，日本婦女的柔順賢慧與犧牲精神，但對日本日益顯露出的軍國主義傾向也有所警惕和批判，但是他這種批判卻顯得比較天真幼稚充滿幻想。他希望日本今日當致力於中國文化，講求道德，研究王道，萬不可再學習歐洲的軍國主義，擾亂東亞。他把日本軍國主義對中國的入侵以及由此而引起的中國人民反日排日的矛盾比作兄弟鬩於牆的常事，是內部的矛盾。這反映了他思想認識上的糊塗之處，但也表明了他善良的願望。日本接受中國的傳統精神，何以又發展成為軍國主義呢？辜鴻銘認為這是日本近年來「西化」的結果，由於西化，也感染上西方社會好戰尚力的弊病。他說：「人們常說日本是軍國主義，把日本軍國主義化的不正是歐美嗎？」他要告訴人們的是，只有儒家傳統的道德才能振興東方，捨此任何西化都是有害的。他對日本人近來習俗的西化大為不滿，甚至破口大罵。他在日本東北五縣演講期間，有一次在路上看到當時的日本名人竹久夢二畫伯和一個女人肆無忌憚地卿卿我我時，便猛然用日語大喝一聲：「就是沒有治洋氣病的藥？」使一車人為之大驚。在東京，一次到上野公園散步，遇到公園裏手挽手正在熱戀中的男女，辜鴻銘在同他們擦身而過的剎那間，又用日語大聲叫道：「日本危險！」出口迅速，聲色俱厲，和他那一副瘦小而垂長辮的形象，委實使人吃驚不小，哭笑不得。他把當時流行的剪短髮的摩登女郎叫做「短毛賊」，他說：「現

27　辜鴻銘：《日本之將來》，連載於《順天時報》1925年1月16日「說叢」欄。

在的摩登女郎（modern girl），日本報紙也有譯摩登作『毛斷』，我認為這譯名，可以望文生義，譯得異常恰當。因為現在的摩登女郎都流行著剪髮，剪髮就是毛斷，毛斷便成摩登。太平天國的兵民，人家都稱他做長毛賊，現在的摩登女郎為什麼不可以稱她為短毛賊呢？」

　　辜鴻銘在日本的三年中，大力向日本人鼓吹東方文化。對日本越來越明顯的全盤西化，日本政府越來越嚴重的軍國主義的膨脹給予大膽的批判，這些都有其一定的積極意義。但辜鴻銘只看到中日文化的同構性，而忽略日本文化的獨特性及其在近代社會的巨大變遷。日本雖然採借中國儒家的思想，但又不同於中國。以君權為例，中國只有春秋戰國時代曾出現思想大自由的百家爭鳴，從秦以後即完全確立了絕對專制的政體。漢代的獨尊儒術確立了儒家的思想專制，以後兩千餘年雖然有過唐代那樣較多自由的社會，但絕對的君主專制，君主至尊、至強的思想觀念和社會體制始終沒變而且越來越根深蒂固。而日本，中古以後武人執政，打破了以前與中國相同的社會結構，形成了至尊未必至強、至強未必至尊的情況。至尊的天子沒有至強的權力，因而就形不成絕對的專制，人們可以獲得許多自由，再如至強的將軍武士，他們武力強大到足以壓服一世，但在人民的心目中，並不像擁戴至尊的天威那樣，自然把他看作凡人。儒家的文化使至尊、至強的兩種思想取得平衡，這是日本有明治維新的基礎。假使王室掌握著將軍的武力，或幕府擁有王室的尊位，像中國明清社會那樣，明治維新便不可能出現。[28]

28　　參見福澤渝吉：《文明論概略》，商務印書館，1982年版。

儘管中日在文化方面有相同性，但中華民族與日本民族的特性也有很大的不同。在日本學者桑原騭藏看來，中國人的文弱與保守是與日本最大的差異。中國人溫和、善良，熱愛和平，不喜戰爭，這是辜鴻銘所最津津樂道的。正像他常引用的中國俗諺「好鐵不打釘，好男不當兵」，軍人在中國是低下的被瞧不起的，「鐵到了釘，人到了兵」，意思是淪到社會最底層。但日本截然相反，日本的俗諺說「花數櫻花，人數武士」，武士在日本有著很高的地位。中國人的典範是「聖人」，日本人卻是武士。中國人對戰爭是儘量避免的，中國的「武」字是由「止」、「戈」構成，「止戈為武」，「武」並不是使用武器，而是不使用武器制止野蠻者之謂。而日本有一種尚武好戰的精神，清醒地認識到自己的職責以必死的決心去完成，若完不成就剖腹自殺，這是武士道的精髓。[29]正像梁啟超所說的武士道是日本之魂，而中國卻沒有「中國魂」。誠然，愛好和平是世界上最可愛的美德，但和盲目的好戰一樣，無限的屈辱求和在近代也不是優點。辜鴻銘卻不這樣認為，他說日本武士道來源於中國，不屈服於漢高祖的田橫五百義士，就是中國的「武士道」，日本最講忠義的楠公，也起源於中國的關羽（關公），中國人後來失去了漢唐的精神，他甚至說：「今之日人，乃真正之華人也」的驚世駭俗的「結論」。[30]他忽視了日本武士道精神的惡性膨脹給中國，也給世界帶來的災難，天真善良地希望日本「給全體東方的人民帶來真正中國文明的復興」，也是不現實的。後來，在他日本講學十三年之後的第二次世界大戰中，日本帝國

29　《中國人的文弱與保守》，轉引自《世界名人論中國文化》，湖北人民出版社，1991年10月版。
30　《日本之將來》，連載《順天時報》1925年1月16日「說叢」欄。

主義又把他捧了出來，他的言論被編成《辜鴻銘論集》四處流布，在書刊、報紙和廣播電臺中大肆宣揚，成為日本帝國主義以所謂「大東亞文化建設」為幌子的侵略戰爭的「有力根據」之一，一個愛國學者的善良動機始料未及地引出國家的悲劇結果。這是辜鴻銘的悲劇，也是傳統文化的悲劇。

1927年，隨著中日關係的逐漸惡化，辜鴻銘學說的聽眾與讀者也越來越少，逐漸遭到白眼和冷落，他復興東方文化的最後希望也落了空，終於在這個萬木凋零的衰秋中，在一個陰雨綿綿的灰色日子裏，孤零零地踏上歸船，回到故土。辜鴻銘晚年窮困潦倒，清室遺老畫家慶寬多無私資助他。1927的慶寬去世，他益無聊賴，據云閒暇以法文譯《春秋》，寄由巴黎發表，在國內已無反響，亦未有傳本。[31]

他的心境是灰色的、孤憤的，然而又是高傲的，從不甘心向失敗低頭，病榻之上仍著書不輟。

1928年4月30日，已到了他生命最後一刻，猶據病榻講儒學，數小時後，帶著未講完的內容，也帶著他永遠的遺恨，辜鴻銘離開了這個愛之深、憂之切的人世。

辜鴻銘的身後極為蕭條，他經常讚不絕口的那位湖南籍的繼室，在他剛去世不久，就撇下親生女兒席捲了家裏值錢東西，改嫁他人。辜氏的書籍著作歸其子掌管。辜氏長女已經嫁人，就撇下小女兒珨娜，獨力營葬其父。因家貧無力，一直停柩崇文門外的法華寺，至5

31　據鎮嶽：《辜湯先生外傳》，上海《好文章》1948年第3期。

月19日始殯葬。婀娜女士奔走於辜鴻銘弟子之門，籲求援助。大多數昔日弟子慷慨解囊，竟有極少數弟子覬覦「師妹」美色，威迫利誘，婀娜不得不虛與周旋。等營葬既畢，身心交瘁，因刺激太甚，竟成瘋癲，寒暑不知，啼笑無常。[32]令世人唏噓不置。

32　見《北洋畫報》1933年7月25日「辜鴻銘有女兒」。

結束語

辜鴻銘1928年去世至今已有八十多個春秋了。自從新文化運動把他釘死在頑固派與復辟論的柱子上後，辜鴻銘連同他的著作無聲無息。除了他那舉世聞名的小辮子和裹足納妾的「妙論」偶爾作為茶餘飯後的談笑掌故外，人們不再知道文化意義上的辜鴻銘了。似乎他的一切言行都只能是他頑固派的表現或注腳。從新中國成立後到20世紀80年代，在內地我沒有見到過一篇有關辜氏的論文。在各種近代史、文化史甚至翻譯史中幾乎從未給予他一席之地，連名字也未出現過。上世紀80年代以後，才有寥若晨星的數篇論文及之。臺灣在這幾十年中倒是有不少人寫過有關辜氏的文章，還出版了洋洋三大冊的《辜鴻銘傳記資料輯》，似乎比較熱鬧，然而真正有價值的論文並不多見，絕大多數還是重複雷同的「小報屁股」材料。辜氏一輩子孜孜不倦弘揚東方文化的功績，竟遠不如他的辮子和奇聞豔事出名，真是令人啼笑皆非。

　　現在，人們正在認識到辜鴻銘在近代的意義，在批評他頑固守舊立場的同時，也肯定了他的愛國之心，肯定他在翻譯中國經典、弘揚中國傳統文化的貢獻，這自然是比較公正的評價。然而公正的評價未必就是最圓滿的評價，對他這樣一個毀譽不一的複雜人物，簡單地用三七開或四六開、「一分為二」恐怕失之於粗淺。

　　辜鴻銘1913年被提名為諾貝爾文學獎的候選人，[1]這個事實很不容易解釋。雖然這屆文學獎的桂冠最終被印度詩人泰戈爾摘取，但多少也可以說明辜鴻銘在世界上尤其是西方人心目中的崇高地位。很多

1　　陳民：《民國華僑名人傳略·辜鴻銘》，中國華僑出版社，1991年8月版。

人想不通，辜鴻銘這樣一個處處落伍於時代的頑固派，竟然能榮獲這項大獎的提名。於是就有人認為，物以稀為貴，對西方人而言，到中國看辮子，到日本看木屐，到朝鮮看笠子，西方人欣賞辜鴻銘正像欣賞中國古董的心理一樣。這種猜測乍看似有道理，然而卻經不起推敲。中國的「古董」多得是，何必偏偏欣賞他這個半洋不中、半新不古的「古董」呢？對其他比辜氏更純粹更地道的「古董」為什麼不取同樣的態度？

　　長期以來，我們習慣於以政治標準來衡量歷史人物的價值。這固然是一個有效的尺度，一般說來政治上符合時代發展潮流的便是先進的，反之則是守舊的、落後的。然而歷史事實與我們心中的尺度並不常常吻合，尤其是學術上的人物，辜鴻銘正是這樣一個人物，他雖然在清末民初的社會中是一個政治色彩很濃的學者，在戊戌變法、義和團運動和預備立憲、新文化運動時期，寫過大量的時政方面的文章，批判當時的社會潮流，極端地維護封建傳統，但是，辜鴻銘並不是一個政治家或社會活動家，他只是一個「文人」，儘管政治觀點極為保守，但他的影響不在政治上，而在文化傳播上，這一點是功不可沒的。在清末民初，人們迫於中國落後的現狀紛紛向西方學習，西學東漸勢不可擋，大量的自然科學和人文科學的西方書籍潮湧般地翻譯介紹到中國來，如李善蘭以及同文館，江南製造局翻譯館所譯的自然科學書籍，嚴復翻譯的西方社會學政治學名著，林紓翻譯的外國文學作品等等。嚴復譯的《天演論》等名著對社會思想的影響，林紓譯《茶花女》等小說對青年新觀念的影響都十分巨大。西學成為最時髦的話題，人們承認自己一切不如人家，處處要向西方學習，形成西化越完

全徹底越好、傳統越革除打破越好的急切心理，中國人幾乎失掉了自信。而辜鴻銘則恰恰相反，向西方人宣稱：中國的傳統文化、中國人的精神遠比西方優越：「你們憑什麼理由說你們比我們好呢，你們的藝術或文字比我們的優美嗎？我們的思想家不及你們的深奧嗎？我們的文化不及你們的精巧、不及你們的繁複、不及你們的細微嗎？咳，當你們穴居野處茹毛飲血的時候，我們已經是進化的人類了。」[2]在這種自信心和自尊心的支配下，辜鴻銘走了與嚴復、林紓正好相反的道路，把中國文化的典籍譯向西方，向西方介紹、弘揚中國文化。如果說嚴、林的翻譯是文化的「引進」，辜氏的翻譯則是「輸出」，雖然是流向不同，但在文化交流上起碼應具有同等重要的意義。然而，嚴復、林紓順時代潮流名噪一時，「譯才並世稱嚴林」（雖然林紓並不懂外文），而辜鴻銘的遭遇就頗冷落。有趣的是，所謂的「嚴林」在西方幾乎沒有什麼影響，也無人知曉，而辜鴻銘卻備受注目，贏得歐洲人廣泛的讚譽。當辜鴻銘的著作在德國大受歡迎而被日本報紙登載時，中國《東方雜誌》又把日本的報導譯為中文，竟然以訛傳訛地把「辜君」譯為「郭君」，成為笑料。國內外反差竟如此之大，實可發人深思。對這種現實一般中國人竟漠然置之，因為人們對傳統文化習以為常，對把中國文化向外傳播大不以為然，認為只有把西方先進東西介紹進來才有新的意義。然而，文化的交流從來都是雙向的，文化的引進和輸出都不可或缺，厚此薄彼是不對的，而且就一種文化對世界的影響來說，文化輸出或許可以說要比引進大一些。當時中國固然須學習西方一切先進的東西，然西方社會飽嘗了戰爭蹂躪之苦後，

2　　毛姆：《辜鴻銘訪問記》。

又何嘗不想向東方汲取有益的東西，東方的道德、禮儀、和平以及精神生活的豐富，如果我們從東西方文化雙向交流看，應當給辜鴻銘以較高的評價。這裏我們且看民國初年三位留過洋對西方社會有深刻理解，又先後做過民國內閣總理的人物對辜氏的評價。

王寵惠說：

鴻銘先生，學博中西，足跡遍天下，早歲留學歐美，精研各種文化科目，均能擷英掇華，發其奧秘，著為宏論。曾榮獲博士頭銜達十三個之多。其為國爭光，馳譽國際，曠古未有，洵足也多。……尤以用西人迻譯我國古籍多種，皆能盡信達雅之能事，于中國文化交流之貢獻，厥功甚偉。

許世英說：

鴻銘先生，名德碩彥，久為世重。當其海外歸來，潛研漢學，客遊江湖間數十年，專心講學，以其餘閒，從事剟緝綵緂，編譯群籍，藉抒懷抱。中文而外，著有歐文多種，風行寰宇，一時紙貴。

辜鴻銘死後，有些人甚至請求政府為他國葬。唐紹儀對辜氏好友趙鳳昌商請此事說：「世竟言國葬，功在一國，國人共崇之。若鴻銘者，豈非一國之學人乎？然未聞道此道，吾輩之責也。」未能以國禮葬之，唐紹儀引為極大的憾事，憤然說這樣使西方人士都知道中國政府不尊重文化。他們都高度肯定了辜氏對中國文化走向世界的傑出貢

獻。辜氏弘揚中國文化的貢獻為其守舊復辟的影響所掩，如果說在當時救亡圖存的迫切的社會形勢下，人們對他批判尚有其理由的話，八十多年後的今天，時過境遷，當我們再回首這段歷史時，我想是應該對其貢獻作出恰如其分的評價的吧。

而且，我們從客觀的角度來審視一下，辜鴻銘文化保守主義與當時的剛毅、徐桐、曾廉等封建官僚頑固派並不一樣，雖然論調表面上看起來很相似。後者是基於封建官僚「天朝大國」的習慣心理與對西方社會茫然無知的恐懼，而辜鴻銘則是由於對資本主義在文化精神上的弊端有透徹的瞭解而趨於保守主義立場的。他對封建社會並非無條件的禮讚，對清朝封建專制社會的各方面提出尖刻的批評，這在他的著作中比比皆是，不勝枚舉。

在極「左」思潮的影響下，形成人們的一種心理定勢，一提「保守」，便聯想到頑固、開歷史倒車甚至反動，似乎一成為保守主義者，他的一切便被定性，一切言行都無足觀了。這種可怕的偏見使不少人見解偏離正確。作為理論，保守主義與激進主義一樣有價值，也一樣有偏頗，如果其理論有其存在的依據或合理性的話。辜鴻銘的思想誠然是與時代潮流格格不入的，但有其合理性沒有呢？我認為是有的，這些在前邊已經作過理論上的具體分析了，這裏我想再以激進派為例來說明辜氏思想中的合理因素。

相對於張之洞或者辜鴻銘來說，康有為、梁啟超、譚嗣同、嚴復等為代表的維新人士在當時應該算是激進派了。在維新人物中，除了嚴復是瞭解西方社會的人物之外，康、梁、譚可以說對西方知之甚少

的，然而康、梁卻是最激進的。中日戰爭之後，嚴峻的現實迫使他們思考，他們只不過是讀了當時翻譯的西方自然科學和政法書籍，如《汽機問答》、《格致彙編》、《萬國公法》等等，對西方社會有一些零碎而膚淺的看法，他們痛恨清朝的無望局面，而勇於向西方探索，拼湊了「三世進化」的庸俗進化觀和孔子「仁」學中的人權平等說，結合他們心中的西方制度，提倡人權，倡設議院，鼓吹立憲，號召改良維新。康有為、梁啟超、譚嗣同的著作，混合著一大堆從孔孟、陸王到華嚴等傳統封建思想，「蓋固有之舊思想根深蒂固，而外來之新思想又來源成淺，汲而易竭，其支絀滅裂，固宜然矣」。[3]總之，為時代所需，康、梁、譚「在此種學問饑荒之環境中，冥思枯索，欲以構成不中不西，即中即西之新學派」，[4]他們看到西方制度的長處而未看到其缺點，這種大膽的觀點是前所未聞的。而在親身到過西方、對西方社會有過更深刻瞭解的馬建忠、薛福成等人身上卻未出現。這是耐人尋味的。

　　嚴復的翻譯把西方的進化論、唯物主義的經驗論、資產階級古典經濟學和政治理論系統地介紹給中國人，打開了人們的思想眼界，近代人士向西方尋求真理更邁進一步。然而嚴復的思想從開始時便是矛盾的。這從他翻譯的赫胥黎《天演論》中即可看出。赫胥黎原書《進化論與倫理學》認為人類社會的倫理關係不同於自然法則與生命過程，自然界是物競天擇，適者生存，優勝劣敗，弱肉強食，沒有什麼道德標準的，而人類社會卻不同於自然界，倫理學不等同於進化論。

3　　梁啟超：《清代學術概論》。
4　　梁啟超：《清代學術概論》。

嚴復選取了此書的前半部分，對赫胥黎的倫理學說卻大不謂然，認為優勝劣敗的自然規律完全適用人類。他反倒贊成反對赫胥黎的社會達爾文主義者斯賓塞的「群學」，他認為赫胥黎的社會由「人心善相感而立」論不對，斯賓塞「以群為安利」才是正確的。人之所以在自然界中成為萬物之靈，完全是自己奮鬥的結果，只有努力奮鬥，不斷進化，才能生存、發展，否則，將遭淘汰。然而斯賓塞畢竟是資本主義社會裡產生的理論代表，是馬爾薩斯人口理論的信徒，他強調個體之間、種族之間的競爭戰爭優勝劣敗，甚至主張政府不辦教育，不搞福利，不管人民的死活，在弱肉強食中決出優勝劣敗，對這些嚴復又是大力反對的。說明嚴復對西方看得還是很清的，他翻譯《天演論》等，目的是以亡國亡種警戒中國人奮鬥、自強、自立，在世界上占一席之地，而不是從根本上學習西方制度，所以他對康、梁的急進也不贊同。他《原強》中最激進的話不過是「設議院於京師，而令天下郡縣各公舉其守宰」這麼籠統含糊的一句，而且據說，這也是為應梁啟超的要求增進的，《直報》原文並無此句。[5]在變法維新運動日益走向高潮的時候，嚴復卻持懷疑甚至反對的態度，反對減君權，興議院，認為那是「大亂之道」。嚴復當時雖然聲望日高，卻常閉門寡合，鬱鬱不歡，與康有為的積極奔走，組織變法運動相反。說明嚴復本人內心深處的巨大矛盾，資本主義發展帶來的不可避免的惡果對於瞭解西方的人包括馬建忠、薛福成、嚴復甚至辜鴻銘來說是相同的。馬、薛是主張向西方學習，但不是根本的變革，並不反對中國傳統，其結果也是不徹底的。嚴復把西方新思想介紹到東方，但又對此深感恐懼矛

5　　李澤厚：《嚴復論》，載《中國近代思想史論》，人民出版社，1979年版。

盾，徘徊不定。而辜鴻銘則是徹頭徹尾的反對，堅持傳統立場。他們不滿現實是共同的，對資本主義社會及其背後的罪惡的瞭解也是共同的，對社會應當走哪條路是大不同的，雖然大異其趣，但同時覺得全面向西方學習並不是完全走得通的。20世紀初的歐洲大戰使康、梁以及前前後後一大批先進的知識份子們看清了此路不通，幾乎全成為辜鴻銘理論的同調。籠統地指責他們由激進變為保守是沒有什麼不可的，但關鍵的問題是為什麼他們會變為保守。難道僅僅是對資產階級革命力量的害怕嗎？難道僅僅是傳統忠君觀念決定了他們的保守嗎？問題恐怕並非如此簡單。資產階級革命和立憲只不過是程度不同而已，兩者並不是完全不相容的，許多資本主義國家，典型的如西方的英國、東方的日本的體制，這在改良派應當是知之甚深的，像梁啟超對法國革命充滿激情的介紹，即可證明。嚴復的思想應當是最少封建色彩的，他的轉變也值得人們深思。不單中國如此，從世界範圍看，文化保守主義是一個世界性的思潮，這個思潮發源於18世紀末的浪漫主義運動，形成於19世紀中期，到19世紀末與20世紀的前二十年由於歐戰的爆發達到高潮。這種思潮並不是落後守舊的思想觀念的外現，而是針對資本主義發展過程中的文化危機和社會惡果的批判，他們批判的只是這些，而不是現代科學與文明本身。中國的文化保守主義是與這一思潮密切相關的。只不過辜鴻銘是在西方的理論教育下而自覺形成的，而康、梁以及後來的梁漱溟、杜亞泉是受到大戰的影響而由激進趨於保守的。辜鴻銘的反對西化不能完全等同於頑固守舊，他只不過想尋找一個比西化更有利少弊，能夠連接東方文化與西方文化的長處，融合傳統精神與現代文明的社會。這其實是西方文化保守主義的共同要求。辜鴻銘在他的書中所表現的理想社會不是資本主義，也

不是清代的封建專制社會（從他對社會的批判即可概見），而是近於空想社會主義。瑞典學者斯萬勃在研究辜鴻銘的思想之後說過，摩爾的空想社會主義理想在中國早就已經實現了。斯萬勃的這種看法就是辜鴻銘的文章給他的模糊粗淺印象。所以儘管他對資產階級革命不滿，對辛亥革命大加指責，然而，當列寧領導的十月革命成功後，他又表現出一定程度的嚮往。他說：

　　世界上，沒有民主，才有革命；革命離不開民主，離開民主，就沒有革命。「革命」二字是孔子最早提出來的，歐洲的民主思想是中國傳播過去的，從歐洲又傳到美洲，這不待我說。我所要說的是：古今時代不同，社會制度有變，水漲船高，後來居上，不能把三千多年前的湯武革命，和十年前的列寧革命等量齊觀，相提並論；但是民主精神是始終日月經天，江河行地的。帝王也罷，總統也罷，主席也罷，凡有民主精神的帝王，就是好帝王，堯舜是也；沒有民主精神的帝王就是壞帝王，桀紂是也；有民主精神的總統，就是好總統，華盛頓、林肯是也；沒有民主精神的總統，就是壞總統，袁世凱、曹錕是也；列寧領導社會主義、共產主義革命，他具有高度的民主精神，是一位好主席，但他的繼承人是否能像他那樣具有高度的民主精神，克紹列寧的偉大革命事業，尚不可知。

　　儘管對這篇文章的真實性有人懷疑，但我仍相信這話是可靠的。對資本主義的批判，馬克思主義者是從左的一面批判的，文化保守主義是從右的一面批判的，雖然出發點和目的不同，但對資本主義制度的否定卻很有共同的地方。傳統的封建社會制度，尤其是落後的近代

中國急需現代化的社會，歷史也已經走到了這一步，傳統的舊時代是不能重來的，那麼用一種傳統文化的精神結合現代的文明，而避免資本主義制度的弊端，是最適宜可能的選擇，這種理想的社會便近於空想社會主義。從我們前邊的論述看，辜鴻銘的思想正是這樣的。當然，他的社會理論是雜亂的，沒有很嚴密完整的體系。他對「民主」的概念與資本主義的定義也不同，是一個在鐵腕人物的統一意志下的民主，即「尊王」式的「民主」，而不是他所謂的「群氓崇拜」式的「民主」，無疑地是近於中國傳統的「民本」的含義，他對社會主義的這種嚮往也只是帶有他保守的色彩。我這樣說，不是說他的認識就達到這樣的高度，而是表明在複雜的社會面前他的複雜的思想認識變化而已。

總之，辜鴻銘的思想是一個源於西方文化保守主義理論，結合中國的傳統文化精神，在中國近代社會的特殊背景下，在中國文化傳統的特殊土壤中形成的複雜得近於畸形的思想體系。他對中國傳統文化的弘揚與宣傳的目的是為了彌補現代社會的這一缺失。我們不能把他的思想與學術割裂開來，因他的思想觀點而否定其學術貢獻，同樣也不必以其學術貢獻而諱言其思想觀點。他的思想與理論是近代社會一筆文化遺產，雖然並不多麼先進；它是一個思想整體，雖然並不那麼完善。這就是我在這本傳記裏所要表達的主題，那麼，就以它來作結罷。

■ 附錄一　辜鴻銘學術年表

1857年（咸豐七年）

7月19日，辜鴻銘出生於英屬馬來西亞檳榔嶼華僑之家。名湯生，字鴻銘，又號立誠，自稱慵人。

祖籍福建廈門同安縣，故英文名又稱辜廈門（Amoy Ku）。

曾祖辜禮歡，在清乾隆五十一年（1786）當英人佔領檳榔嶼時以華人身份被委任為當地的甲必丹（Captain，一種民族的首領和頭目，協助英殖民政府處理當地華人事宜），是當地一位著名的富商兼種植家，也是英殖民地公路委員會唯一的亞洲籍委員。

伯祖父辜國材，嘉慶二十四年（1819）與萊佛士（Stamford Raffles）一同佔領新加坡。

伯祖父辜安平，自幼被辜禮歡送回國內求學，進士及第，曾為林則徐部屬，後奉調於臺灣。

祖父辜龍池，由檳榔嶼而移居吉打，在當地政府做官。父辜紫雲，受雇於檳榔嶼雙溪呂蒙（Sungi Nibong）的牛汝莪膠園（Glugor Estate），在英人布朗（Forbers Scotl Brown）屬下擔任司理。由於為人篤敬忠厚，深得布朗器重。

辜鴻銘出生後，被布朗夫婦收為養子。

1867年（同治六年）

是年前後，隨布朗夫婦前往英國蘇格蘭接受教育，開始他在歐洲11年的遊學生涯。

他進入蘇格蘭公學接受啟蒙教育。之後，又進入愛丁堡文法學校。這個學校對於拉丁文、希臘文以及英國古典文學都有嚴格的要求和訓練，這為他以後精通多種西方語言打下了基礎。

1870年（同治九年）

14歲，隨布朗到德國，在布朗柏林的家中學習德文，在這裏著重學了《浮士德》和莎士比亞戲劇，還學習數學等自然科學。先後在柏林大學和萊比錫大學讀書。在柏林獲哲學博士，在萊比錫獲土木工程學位。

1873年（同治十一年）

複回英國，在牛津念了一些時候哲學。又入愛丁堡大學，師從著名歷史學家、文學家卡萊爾。在愛丁堡大學他所專修的是英國文學，同時兼修了拉丁文、希臘文、數學、形上學、道德哲學、自然哲學、修辭學等。

1877年（光緒三年）

4月，以優異成績獲得了愛丁堡大學文學碩士學位。

畢業後，又赴法國巴黎大學讀過一段時間，從一個老教授那裏接觸到《易經》，這位教授鼓勵他回國後進行對《易經》的研究。這成了他號稱「漢濱讀易者」、「讀易老人」的最初原因，也是他日後英譯儒家經典的最初原因。

又曾到羅馬短期學習。

據陳彰《一代奇才辜鴻銘》說，辜氏在這一段時間，獲得文、哲、理、工、神等多個學位。

1878年（光緒四年）

是年前後，辜鴻銘結束留學生活，返回檳榔嶼。不久即奉派往新加坡海峽殖民政府輔政司（Colanial Secretary）工作。在此三年。1879年左右，與途經新加坡回國的改良派人士馬建忠（字眉叔，1844—1900年）相會，得聞中國文化。在馬建忠的勸說下，遂辭去殖民政府職務，返回檳城，閉門攻讀中國書籍。

1881—1882年（光緒七至八年）

辜鴻銘參加英國一探險隊，任翻譯，隨隊入中國廣州，擬往緬甸曼德拉。到達雲南時，辜氏感覺前路困難重重，便辭去探險隊事，轉往香港居留讀書，往來於香港上海之間。

1881年，張之洞晉內閣學士兼禮部侍郎，旋任山西巡撫。

1883年（光緒九年）

在上海發表匿名文章《中國學》（Chinese Scholarship）刊載於10月31日上海《華北日報》（North China Daily News）。此文對19世紀以來西方的漢學研究的種種錯誤及影響作了批評，形成了辜氏以後治學的雛形。針對此，開始了對儒經的鑽研。

1884年（光緒十年）

清廷命張之洞署理粵督。

時法越戰事方殷，張之洞幕僚楊汝澍赴閩偵事，在上海至香港船上得識辜氏，薦於張之洞，從此入張之洞幕府，任張氏洋文案，兼管稅務方面督辦行政等事。

是年，日本岡鹿門來遊中國，在上海三井洋行，邀張之洞等人座談，辜氏叨陪末座。此時的辜氏還是一個西化論贊同者。

12月，中法戰爭爆發。

1885年（光緒十一年）

梁鼎芬任端溪書院山長。

辜鴻銘在張之洞、朱一新、梁鼎芬、沈曾植等著名學者的影響與指導下，開始鑽研儒家經典，博覽經史子集，喟然歎曰：「道固在是矣，無待旁求。」開始轉入對中國儒家傳統的研究。

是年，康有為開始編著《人類公理》，幻想「大同世界」。

1886年（光緒十二年）

張之洞創辦廣東水師陸學堂，致電駐德使臣李鳳苞、徐景澄在德國選「藝優性穩」的軍官來廣州任軍事教官，張之洞按中外官銜分別賜給四、五、六品武官銜，令其用中國頂戴軍服，行半跪拜禮，德國軍官恐失禮儀，頗覺為難，辜氏以理開導，德人始貼然服從。

1888年（光緒十四年）

西方學者、傳教士花之安（Faber，Ernst）、阿查立（Alabaster，Sir Chaloner）等與辜氏討論漢學。阿查立與辜鴻銘都不滿意在西方影響最大的理雅各（James Legge）所譯的《中國經典》，阿鼓勵辜氏重新翻譯（辜氏《論語》英譯序言）。辜氏即計畫著手翻譯《論語》。

1889年（光緒十五年）

張之洞移督湖廣，辜鴻銘奉調隨節赴鄂。

1890年（光緒十六年）

梁鼎芬來武昌，任武昌知府，兩湖書院山長。

1891年（光緒十七年）

俄皇儲遊歷來湖北，同行有俄儲內戚希臘世子十餘人，張之洞往訪並宴請，辜鴻銘任翻譯，以俄、法、希臘語應對，俄儲和希臘世子奇其才，並以鏤皇冠金表相贈。

4月，揚州人民發佈揭帖，揭露傳教士欺壓人民罪惡，五六千人包圍教堂，被清政府驅散鎮壓。

5月13日，蕪湖人民反對教會迷拐幼童，焚毀教堂，並包圍英國領事館，發生蕪湖教案。

6月5日，湖北廣濟縣武穴鎮人民反對教會販賣嬰兒，焚毀教堂，殺死一名英國傳教士，發生武穴教案。英德兩國以武力威脅，張之洞處分地方

官一名，捕殺民眾2人，判7人刑，賠款六萬五千兩白銀結案。

辜鴻銘用英文撰寫專論，送刊上海《字林西報》，譴責在華傳教士假借不平等條約特權在中國土地上的種種不法行為，並對其狡辯進行了義正辭嚴的駁斥。文章被英國《泰晤士報》摘要轉載，引起英國人民對侵略者的不滿與對中國的同情。辜鴻銘的名字也在西方引起關注。

8月，康有為《新學偽經考》刊行。

1894年（光緒二十年）

張之洞署理兩江總督，至1896年回湖廣本任。

1895年（光緒二十一年）

甲午戰爭以中國的慘敗告終。

4月17日，日本強迫清政府簽訂《馬關條約》。

5月2日，康有為聯合18省舉人公車上書。維新派正式登上政治舞臺。甲午戰爭後，中國思想界一致要求改良維新，從政治制度和文化觀念上學習西方，而辜鴻銘卻主張維護中國古老的社會秩序和儒家傳統，投入儒經的研究和翻譯之中，開始翻譯《論語》。

8月，北京強學會成立，張之洞捐銀五千兩加入。

1896年（光緒二十二年）

張之洞趨向於康、梁維新，要辜鴻銘廣譯西報有關中國的論說及西方的社會制度等內容供其參考。辜氏作《上湖廣總督張書》提出異議，指出西方開報館立議院的弊端，以儒家的「尊王之旨」和「義利之辨」，反對康有為、梁啟超的改良維新。並繼而撰《西洋禮制考略》、《西洋官制考略》、《西洋議院考略》等文，向張之洞施加保守主義影響。

1897年（光緒二十三年）

日本海軍少佐松枝新一領其國戰艦來游長江，到武昌，往訪辜氏，辜

氏詣戰艦答禮，作《贈日本國海軍少佐松枝新一氏序》，提出學習日本明治維新的強國之道：「日本之所以致今日之盛，固非徒恃西洋區區之智術技藝，實由其國存有我漢唐古風，故其士知好義、能尚氣節故也。」

1898年（光緒二十四年）

4月，張之洞發表《勸學篇》「絕康梁以謝天下」，反對維新變法，提出「舊學為體、新學為用」的主張。

康有為發起保國會於北京。同月，嚴復譯英國赫胥黎《天演論》出版。

6月11日，光緒帝下《明定國是》詔書，百日維新開始，至9月21日慈禧發動「戊戌政變」後失敗。

是年與羅振玉締交。

英譯《論語》（The Discourses and Saying of Confucius）刊行。名為《孔子的講學與格言》，副題：《一部引用歌德和其他西方學者的言論參證注解的特別譯文》。他是中國人中首次獨立地將儒家經典譯介給西方的學者，奠定了其在中國文化史上漢譯英先驅的地位。

日本前內閣首相伊藤博文來華，在武昌與張之洞相會，辜氏以英譯《論語》相贈，並對其挪揄孔子之教加以批評。

1899年（光緒二十五年）

山東義和團起義。

1900年（光緒二十六年）

4月，山東部分義和團主力轉入直隸。

5、6月，義和團進入北京、天津。英國海軍中將西摩爾率領英、德、俄、法、美、日、意、奧等八國列強組成的侵略軍2000多人由天津向北京進攻。

6月15日，劉坤一、張之洞致電總署，力主速剿「義和團」。21日，清政府頒發宣戰諭。

6月26日，兩江總督劉坤一、湖廣總督張之洞及各省派員，與駐上海各國領事會商制定《東南互保章程》。辜鴻銘參與策劃東南互保，並赴上海與英國總領事談判。同時，辜鴻銘針對義和團事件，撰寫一系列英文專論，分別刊載於橫濱《日本郵報》，上海《字林西報》，分析義和團起義的原因，指責八國聯軍的入侵，強調中國素以禮教立國，呼籲有關國家運用理智、道德與公理處理此事，表明了不卑不亢的愛國立場。此數篇英文專論後來彙集出版。又以同一觀點撰寫《尊王篇釋疑解禍論》，分析義和團運動的原因，為慈禧作辯護，把責任推到康有為身上。

是年，又在武昌設立義塾，以儒家之言訓蒙童稚，編輯《蒙養弦歌》，收集五、七言古詩樂府百首，自費刊行作為教材。

1901年（光緒二十七年）

9月7日，喪權辱國的《辛丑合約》簽訂。辜鴻銘曾間接地參與某些談判事務。

是年，辜鴻銘將一年來發表於《日本郵報》和《字林西報》的有關義和團運動的英文專論（除了第二篇是關於長江沿岸反洋教案的）結集成書，定名為《尊王篇——一個中國人對義和團運動和歐洲文明的看法》（英文書名 Papers from a Viceroy's Yamen，直譯當作《總督衙門來書》）在上海刊行。

1902年（光緒二十八年）

6月2日，膠濟鐵路濰縣站通行，辜鴻銘作為山東巡撫張人駿所委派的代表，與德國鐵路總辦中方總辦洪道台，參與通車典禮，並宣讀賀詞。

在武昌張之洞舉行的慈禧萬壽慶典上，看到軍界學界唱《愛國歌》，

作《愛民歌》：「天子萬年，百姓花錢；萬壽無疆，百姓遭殃。」座客謹然。

是年，劉坤一卒，清廷命張之洞暫署兩江總督。

在上海與西人談判開浚黃浦江事。

1903年（光緒二十九年）

1月，張之洞在武昌，奉特旨入都陛見，辜鴻銘與梁敦彥隨節北上。按《張之洞幕府紀聞》「不吹牛皮」曰「壬寅年」，蓋偶然誤記。1月11日，隨張之洞視察京師大學堂。

7月31日，革命派人物沈藎被清政府殺害，激起各界義憤。辜鴻銘發表《論中國刑法函》，為清政府辯護。招致進步人士圍攻，從此被視為「怪物」。

1904年（光緒三十年）

2月，日俄為爭奪中國東北的戰爭在中國土地上開戰，至次年9月結束。辜氏在1904到1905年寫了一系列專論，寄投《日本郵報》，如《然則治之，知之：日俄戰爭之道德因素》（Et Nunc RegesIntellegite：The Moral Cause of the Russia-Japanese War），將此一戰爭歸咎於西方列強之亞洲政策的錯誤，對中日等亞洲國家只知憑藉武力而未用理智，表現對「堅持來到中國和日本」的歐洲人的批判。

是年，英譯《中庸》（The Conduct of Life）在《日本郵報》上連載。

1905年（光緒三十一年）

辜鴻銘由於議約之功，被兩江總督周馥和張之洞奏派為上海黃浦江浚治局中方總辦，月俸六百兩，在職三年至1907年夏。

1906年（光緒三十二年）

3月，辜鴻銘將《然則治之，知之：日俄戰爭之道德因素》和《尊王篇》寄給俄國大作家托爾斯泰，托氏收到之後，以自己著作的英譯本回

贈，於10月間又給辜氏長篇回信。

英譯《中庸》在上海刊行，英文書名改為 The Universal Orderor Conduct of Life。

英譯《大學》（The Great Learning or Higher Education）基本告成並在青島印成一小冊。辜氏在英譯《中庸》序中說，他已翻譯了《大學》一書，並計畫與《中庸》合刊，但鑒於《大學》譯本尚不盡滿意，只好遺憾地割愛。

10月25日，又將《中庸》、《大學》兩個英譯本寄贈給托爾斯泰。

在上海拜見盛宣懷（杏蓀），贈以英譯《中庸》，並以其中「賤貨貴德」諷刺盛氏。

1907年（光緒三十三年）

8月21日，張之洞奉旨入閣並兼軍機大臣兼管學部，電飭辜鴻銘速返漢口，隨同進京。辜氏奉調隨行。

12月11日，因浚浦局工程中的矛盾，德國方面不滿，浚浦局電請辜氏回局處理。

1908年（光緒三十四年）

辜氏任外務部員外郎。應詔條陳時政，撰《上德宗景皇帝條陳時事書》，全面闡述自己的保守主張。

旋晉升郎中，擢左丞。

辜譯《中庸》被收入《東方智慧叢書》在倫敦重印。

1909年（宣統元年）

8月，辜鴻銘代表中國文藝界人士，撰寫中英文祝壽詞，通電祝賀俄國作家托爾斯泰80壽辰。

張之洞在北京去世。

1910年（宣統二年）

1月17日，清廷以其「遊學專門列入一等」，「欽賜文科進士」。

2月，為紀念張之洞撰寫《清流傳》，英文名《中國牛津運動故事》（The Story of a Chinese Oxford Movement），在上海刊行。痛惜張之洞對西化思潮的抵制及其失敗。

秋，又撿拾在文襄幕府的見聞，成《張文襄幕府紀聞》一書，署名「漢濱讀易者」。後又將此書譯為英文，發表於《皇家亞洲學會華北分會季刊》。

辭去外務部職，移任郵傳部在上海所立高等實業學堂（後稱南洋公學，即今之上海交通大學）教務長。

1911年（宣統三年）

10月，辛亥革命在武昌爆發，全國各地紛紛響應，辜鴻銘於10月25日寫信給上海租界裏最有影響的西方報《字林西報》，告誡西方報紙不要登排滿文章鼓動革命。這封信登出後，各報轉載，輿論譁然。

高等實業學堂學生大嘩，立即圍攻並以罷課方式驅逐辜氏。

德國著名漢學家傳教士尉禮賢（Richourd Wilhelm）根據辜氏《尊王篇》和《清流傳》而編譯的德文《為中國反對歐洲觀念而辯護：批判論文》一書，在德國出版，深受德國新康得主義者歡迎，並成為哥廷根大學哲學系學生必讀書。

秋，為王叔用輯《正氣集》作序。

1912年（民國元年）

辜鴻銘離開上海赴青島短期居留，與「宗社黨」人物有密切往來，又與尉禮賢過從，探討中西文化。旋赴北京。

德國學者赫爾曼・凱澤林（Hermann Keyserling）環球旅行考察，到北

京，拜訪辜氏。

由於經常寫文章攻擊袁世凱，結識英文《北京日報》總編陳友仁，並為之撰稿。

1913年（民國二年）

辜鴻銘應5國銀行團之聘，任翻譯。

英譯《中庸》在倫敦第三次重印。

印度詩人泰戈爾獲諾貝爾文學獎。辜氏是此屆諾貝爾文學獎的提名人之一。

1914年（民國三年）

8月，第一次世界大戰爆發，在北京的歐美人士時常聚會討論歐戰前景。正擔任5國銀行團譯職的辜氏曾應邀作了多次英文演講。

1915年（民國四年）

4月，辜鴻銘將這些英文演講稿彙編成冊，在北京印行。定名《春秋大義》，又名《原華》，英文名 The Spirit of the Chinese People（中國人民的精神）。

在袁世凱稱帝前後，辜鴻銘極力反對袁世凱，同事又反對嚴復、康有為、梁啟超、林紓。在守舊派此年的幾次聚會上作演講，謂：外國之政，有理無情，嚴譯《天演論》以「優勝劣汰」相號召，啟人紛爭，康梁和之，開啟革命流血平等自由，紛亂天下。林譯《茶花女》，讓女子傳統之道德亦蕩然無存。擬編一部《西洋通史》，要將革命流血自由平等的名詞重新改譯。

1916年（民國五年）

德國人史密斯（Oscar A.H. Schmitz）把《春秋大義》譯成德文，在德國耶那出版，改題為《中華民族的精神與戰爭的出路》。（按《戰爭與出

路》是《春秋大義》的附錄）。

6月6日，袁世凱病死，北京禁止演戲宴會等一切娛樂活動。辜氏特意請戲班子到家演戲三天。

1917年（民國六年）

丹麥著名評論家勃蘭得斯（Georg Brandes）發表《辜鴻銘論》，評價辜氏思想。此文後來經林語堂翻譯載於《人間世》雜誌。

3月，上海商界聯合會通電反對中國參加世界大戰對德宣戰，全國各地商會紛紛響應。辜鴻銘撰《義利辨》，反對對德宣戰。

7月1日，張勳在北京擁戴遜位的溥儀復辟。辜鴻銘參與張勳復辟，被列為李經義內閣的外務部侍郎，歷時12天，復辟失敗。

應北大校長蔡元培之邀，任北京大學教授，主講英國古典文學。在課堂上宣揚儒家的思想和倫理道德，反對陳獨秀、胡適為代表的新文化運動。

1918年（民國七年）

《東方雜誌》「國際時事欄」轉引日刊摘譯德國人對辜鴻銘著作的歡迎和讚賞的文章（按文中「辜君」誤譯為「郭君」）。

9月，陳獨秀發表《質問〈東方雜誌〉記者》一文，質問主編杜亞泉，並把「辜鴻銘、康有為、張勳諸人」列為一類。杜亞泉反駁，其他報刊也有爭論，掀起「東西文化問題論戰」。

1919年（民國八年）

5月4日，「五四」運動爆發，辜氏用英文著文反對，責罵青年學生，遭到以羅家倫為首的北大進步青年學生的圍攻和質問。

6月5日，北大校長蔡元培辭職，不久辜鴻銘也辭去北大教授職務。

在美國《紐約時報》上發表長篇論文《沒有文化的美國》。

7月11日，發表《反對中國文學革命運動》（Against The Chinese Liteyary Revolution）反對廢除文言文，載於上海《密勒氏遠東評論》（Millards Review of the Far East）。

8月16日，《密勒氏遠東評論》上又刊載其《留學生與文學革命—讀寫能力與教育》（Returned Student and Literary Revolution，Literacy and Education）對新文學運動與「五四」運動都表示不滿的態度。同時，又按期為《北華報》（North China Standard）撰寫專論，曾提出請日本扶持中國恢復帝制，被政府交警廳嚴糾，禁止各報議論國體。

8月，胡適在《每週評論》第33期上發表批評辜氏的文字。

9月，蔡元培複任校長後，辜亦複任北大教授。

1921年（民國十年）

英國著名作家訪問中國，拜訪辜鴻銘，在他後來出版的《中國遊記》裏，收錄《辜鴻銘訪問記》。

日本作家芥川龍之介以新聞社海外特派員身份來華，採訪辜鴻銘。

1922年（民國十一年）

陳曾穀中譯本《〈春秋大義〉譯本節錄》，在1921—1922上海《亞洲學術雜誌》（第三、四卷）上登載。

《春秋大義》在北京再版。此次再版，刪掉初版附錄的《戰爭及出路》，另附《文明與紛亂》（1901年出版的《尊王篇》的附錄）一文。

5月4日，《申報》「德國特約通信」文章，介紹辜鴻銘在德國的影響，德國人「以辜氏為中國文明之代表」，留德學生辦的「中德文化研究會」，德人辦的「東方語言學會」，時常介紹評論辜氏著作。

《尊王篇》在日本再版。

11月，《讀易草堂文集》成，由羅振玉作序，本書收集辜氏奏章雜文

12篇。內篇7篇，為政論文。外篇5篇，主要介紹歐洲社會制度及人物。

1924年（民國十三年）

因在北京聽俄羅斯女士唱歌，在《字林西報》發表感想，謂將來之強國，為俄國、美國與中國，但俄國將執國際之牛耳。

5月下旬，北京幾家報紙刊登辜鴻銘去世消息。辜氏致電《順天時報》，聲明並無此事，不知造謠者何人何意。

6月，印度詩人泰戈爾來華，在北京與辜鴻銘會晤，討論東方文化和宗教，並在清華大學工字廳合影。

9月，日本鷲澤吉次推薦，應朝鮮總督齋騰實之邀到漢城觀光。同月，應日本「大東文化協會」之邀東渡日本講學。

10月以後，開始在東京、京都、大阪、神戶、濱松等地用英語巡迴演講中國文化，希望日本能振興東方文化。

11月16日，應族弟、臺灣實業家辜顯榮之邀，由日本赴臺灣作短期演講，次年1月5日返京。

德國人尼爾森（H.Nelson）搜集辜鴻銘的論文及演講稿，編譯為《怨訴之音》（或譯《吶喊》Vox Clamantis）在德國萊蔔市出版。

一度回國靜養。

1925年（民國十四年）

4月，受日本大東文化協會正式邀請，再度到日本東北5縣演講東方文化，直至次年夏。6月3日，收到張作霖邀他作顧問的函帖，赴奉天會見張氏，旋因話不投機，辭職東返。

8月11日，從日本經由大連返京。複任北京大學教授。

1927年（民國十六年）

《春秋大義》法文版在巴黎出版，譯者為費裏羅。

12月17日，北京大學校慶紀念會應邀作《何謂教育》的演講。

1928年（民國十七年）

山東督軍張宗昌聘辜氏為山東大學教務長（未到任）。

4月30日，下午三時四十分，辜鴻銘因肺炎在北京去世，終年72歲。家中除書籍之外，別無長物，因家貧籌備無力，停柩崇文門外之法華寺，至5月19日始葬。張作霖聞訊，從優撫恤其家屬。

▊ 附錄二　參考文獻

1. 辜鴻銘：《讀易草堂文集》，嶽麓書社，1985年版。

2. 辜鴻銘：《張文襄幕府紀聞》，嶽麓書社，1985年版。

3. 《尊王篇》（Papers from Viceroy's Yamen），1990，Shanghai.

4. 《清流傳》（The Story Of a Chinese Oxfoxd Movement），1910，Shanghai.

5. 《春秋大義》（The Sprit Of Chinese People），1922，Peking.

6. 《論語》（The Discours and Saying of Confucins），1898，Peking.

7. 《中庸》（The Conduct Of Life），1906，shanghai.

8. 《清史稿》卷273《林紓嚴復辜湯生傳》。

9. 鎮嶽：《辜湯生外傳》，《好文章》（上海）1948年3期。

10. 《學術集林》卷一、二《中國箚記》，上海遠東出版社，1994年版。

11. 《辜鴻銘傳記資料輯》，臺北天一出版社，目錄：

《辜湯生傳》，《中國近代學人象傳初輯》，大陸雜誌社，60，臺北。

夏敬觀：《辜湯生傳》，《國史館刊》，V.1 N.2。

《辜鴻銘》，《上海研究資料續集》，臺北天一出版社。

邵鏡人：《辜湯生傳》，《同光風雲錄》，46，10九龍自由出版社。

陳彰：《一代奇才辜鴻銘》，《古今名人傳記》，臺北古今雜談雜誌社。

Georg Brandes著、林語堂譯：《辜鴻銘論》，《人間世》，N.12。

毛姆著、黃嘉音譯：《辜鴻銘訪問記》，《人間世》，N.12。

林語堂：《辜鴻銘》，《人間世》，N.12。

嗣鑾：《辜鴻銘在德國》，《人間世》，N.12。

托爾斯泰：《與辜鴻銘書》，《人間世》，N.12。

孟祁：《記辜鴻銘》，《人間世》，N.12。

陳昌華：《我所知道的辜鴻銘先生》，《人間世》，N.12。

林疑今：《辜鴻銘》，《人間世》，N.12。

林斯陶：《辜鴻銘》，《人間世》，N.12。

陳敬之：《辜鴻銘》（一），《暢流》，V.44N.5。

陳敬之：《辜鴻銘》（二），《暢流》，V.44N.6

陳敬之：《辜鴻銘》（三），《暢流》，V.44N.7。

陳敬之：《辜鴻銘》（四），《暢流》，V.44N.8。

陳敬之：《辜鴻銘》（五），《暢流》，V.44N.9。

陳敬之：《辜鴻銘》（六），《暢流》，V.44N.10。

陳敬之：《辜鴻銘》（七），《暢流》，V.44N.11。

陳敬之：《辜鴻銘》（八），《暢流》，V.44N.12。

潭慧生：《林紓、嚴復、辜鴻銘》，《民國偉人傳記》，高雄百成書店。

左舜生：《辜鴻銘與嚴又陵》，《民主評論》，V.2N.5。

吳相湘：《辜鴻銘比較中西文化》，《傳記文學》，V 17N.1。

任荷生：《辜鴻銘腳踏中西文化》，《春秋》，V.6N.6。

陳香：《清末民初的狂士辜鴻銘（上）》，《藝文志》，N.69。

陳香：《清末民初的狂士辜鴻銘（下）》，《藝文志》，N.69。

許金城：《怪儒辜鴻銘》，《民國野史》，臺北文海出版社。

周君亮：《追憶怪才辜鴻銘》，《中國文選》，N.93。

陳敬之：《詭行奇才話二銘（上）》，《暢流》，V.18N.3。

陳敬之：《詭行奇才話二銘（下）》，《暢流》，V.18N.4。

尤光先：《八閩二怪辜鴻銘與謝樵》，《自由談》，V.2N.6。

寒舜：《我看辜鴻銘》，《反攻》，N.102。

左舜生：《辜鴻銘的筆記（上）》，《自由人》，N.337。

左舜生：《辜鴻銘的筆記（下）》，《自由人》，N.338。

洪鵬：《怪癖名士辜鴻銘》，《民國政海軼事》，臺灣宏業書局。

朱濱一：《辜鴻銘遊戲人間》，《藝文志》，N.60。

陳虹：《遊戲人間的辜鴻銘》，《風雲人物趣事》續集。

亦玄：《辜鴻銘的「好辯」與「罵世」》，《暢流》，V.11N.1。

洪鵬：《辜鴻銘爛罵人》，《民國政海軼事》，臺北蘭溪圖書出版社。

王成聖：《突梯滑稽辜鴻銘》，《傳記精華》，62.6，臺北中外圖書出版社。

《辜鴻銘奇癖》，《拾趣錄》。

《辜鴻銘主張男子可以納妾》，《拴趣錄》。

《辜鴻銘趣事》，《名流趣話錄》。

邵鏡人：《眾杯翼壺辜鴻銘》，《中外雜誌》，V.4N.3。

閻震瀛：《看辜鴻銘論「中國的語文」》，《中國一周》，N.848。

喻血輪：《辜鴻銘奇癖》，《綺情樓雜記》（第一集），42.10，臺北啟明書局。

林光灝：《辜鴻銘論賤種》，《晚香庵叢刊》（第一集），44.12，臺北經緯書局。

李喬平：《同安辜鴻銘先生（上）》，《中央日報副刊》，67.1.25。

李喬平：《同安辜鴻銘先生（下）》，《中央日報副刊》，67.1.26。

王梓良：《辜鴻銘》，《珠海學報》，N.5.1。

Ku Hung Ming，Wen Yuan Ning Tien Hsia，V.4N.4。

羅家倫：《回憶辜鴻銘》，《藝海雜誌》，V.1N.2。

高拜石：《辜湯生文壇怪傑》，《古春風樓瑣記（3）》，67，《臺灣新生報》。

《辜鴻銘先生訪問記》，南山，《古今半月刊》，N.27。

日本清水安三：《辜鴻銘》，《支那當代新人物》，13，東京大阪書屋。

吳相湘：《辜鴻銘比較中西文化》，《民國百人傳》，《傳記文學》。

劉心皇：《辜鴻銘的奇癖》，《民初名人的愛情》，67，《名人》。

周作人：《北大感舊錄（上）》，《傳記文學》，V.22N.2。

王世昭：《讀辜鴻銘的筆記》。

萬思同：《辜鴻銘的愛民歌》，《自由人》，N.45。

王壽遐：《北大紅樓人物逸事》，《藝文志》，N.12。

紀夏萊：《新世說之三——辜顛嘲辯帥》，《中央日報》，68.1.7。

黃公偉：《辜鴻銘與胡適之》，《中國近代人物逸話初集》，38，《臺灣全民日報》。

徐一士：《辜鴻銘軼事》，《凌霄一士隨筆》（4），文海出版社。

震瀛：《記辜鴻銘先生》，《人間世》，23.12.20。

震瀛：《補記辜鴻銘先生》，《人間世》，24.5.20。

貽：《記辜鴻銘》，《人間世》，24.12.20。

王世昭：《近代翻譯界三先生》，《中國文人新論》，42.10，香港新世紀。

劉琦言：《辜鴻銘事略》，《中國近代之翻譯事業》第四章條三節，53.6，文化碩士論文。

袁振英：《辜鴻銘先生的思想》，《人間世》，24.8.20。

震瀛：《辜鴻銘先生之歐洲大戰爭觀》，《人間世》，24.10.20。

震瀛：《戰爭和出路——辜鴻銘先生所謂的暴力崇拜》，《人間世》，27.27.5。

屈疆：《辜鴻銘與伍廷芳外交辭令》，《雉尾集》，36.2，《上海世界》。

畢樹棠：《辜鴻銘著張文襄幕府紀聞》，《人間世》，N.22.24.2.20。

道載文：《胡適的日記‧談自己的婚姻論古今人物》，《大成》，N.77，69.4.1。

12.《怪文人辜鴻銘》，《讀書》，1989年7—8期。

13.周武：《論辜鴻銘》，《福建論壇》，1989年2期。

14.陳名實：《奇才怪行辜鴻銘》，《福建史志》，1989年4期。

15.王曉吟：《生在南洋，學在西洋》，《歷史大觀園》，1990年10期。

16.馬克鋒：《辜鴻銘思想初探》，《福建論壇》，1987年2期。

17.李喜所：《辜鴻銘與中西文化》，《歷史教學》，1988年4期。

18.周啟付：《怪鳥啾啾鳴未了》，《讀書》，1986年9期。

19.高令印：《評辜鴻銘的易學思想》，《廈門大學學報》，1990年3期。

20.高令印：《辜湯生是位頗有遠見的思想家》，《廈門日報》1986年12月25日。

21.沈來秋：《略談辜鴻銘》，《福建文史資料》第5輯，福建人民出版社，1981年。

22.兆文鈞：《辜鴻銘先生對我講述的故事》，《文史資料選輯》第8

輯，中國文史出版社，1986年版。

　　23.《悼辜鴻銘先生》，《大公報》，1928年5月7日。

　　24.姜文錦：《辜鴻銘與林語堂》，臺灣《中央日報》，1950年9月22日。

　　25.文爛：《辜鴻銘先生來台瑣聞》，臺灣《中央日報》，1952年8月13日。

　　26.王理黃：《一代奇才辜鴻銘》，臺灣《中央日報》，1956年7月4日。

　　27.覺堂：《辜鴻銘的一生》，臺灣《新生報》，1970年12月8日至24日。

　　28.《時人匯志—辜鴻銘》，《國聞週報》，1927年4卷44期。

　　29.曾克瑞：《我所知道的辜鴻銘先生》，臺灣《文學世界》，1960年27期。

　　30.吳文：《托爾斯泰與辜鴻銘》，《明報月刊》，1983年1期。

　　31.馬伯援：《民初人物印象記》，《傳記文學》，1984年44卷5期。

　　32.叔子：《漫筆辜鴻銘》，《人物》，1981年第1期。

　　33.陳民：《辜鴻銘》，《民國華僑名人小傳》，中國華僑出版社，1991年版。

　　34.趙鳳昌：《國學辜鴻銘傳》，《碑傳集補》卷53。

　　35.郭瑞明等：《辜鴻銘先生傳略》，《同安文史資料》，1989年9輯。

　　36.胡適等：《文壇怪傑辜鴻銘》，嶽麓書社，1988年。

　　37.朱維錚：《辜鴻銘生平及其它非考證》，《讀書》，1994年4月。

　　38.李澤厚：《中國近代思想史論》，人民出版社，1979年版。

　　39.中國社科院近代史研究所：《中國近代史稿》，人民出版社，

1984年版。

40.卡萊爾著，張峰、呂霞譯：《英雄與英雄崇拜—卡萊爾講演集》，上海三聯書店，1988年版。

41.鄭師渠：《晚清國粹派》，北京師範大學出版社。

42.夏瑞青編、陳愛政等譯：《德國思想家論中國》，江蘇人民出版社，1989年版。

43.楊梨編：《胡適文萃》，作家出版社，1991年版。

44.《林語堂文集》，作家出版社，1996年版。

45.清華大學思想文化研究所：《世界名人論中國文化》，湖北人民出版社，1991年版。

46.龔書鐸：《中國近代文化探討》，北京師範大學出版社，1988年版。

47.中國近代文化史叢書編委會：《中國近代文化問題》，中華書局，1989年版。

48.四川省近代考察史研究會：《中國近代教案研究》，四川社會科學院出版社，1987年版。

49.柳詒徵：《中國文化史（下）》，中國大百科全書出版社，1988年版。

50.吳雷川：《基督教與中國文化》，上海古籍出版社，1988年版。

51.上海通社編：《上海研究資料續集》，上海書店，1987年影印。

52.莫東寅：《漢學發達史》，上海書店，1989年影印。

53.（美）馬文・佩理主編、胡萬里等譯：《西方文明史（上、下）》，商務印書館，1993年版。

後 記

　　書稿完成，照例要寫一篇後記。一年來的伏案寫作告一段落，應當說是如釋重負了，但我心裏似乎並無這種輕鬆之感。有關此書的一些題外話還要再饒舌幾句，對讀者有個交代。

　　辜鴻銘其人在近代學術史上的地位始終未引起國人足夠的重視，他對中國文化走向世界的傑出貢獻被其守舊的態度和遺老的外表所掩蓋。他的重要著作都以英文為之或在外國發表，其讀者只是西方人士或到中國來的外國傳教士，中國人中真正讀過他英文原著的只是極少數。這是辜鴻銘難以被人理解的一個原因。其次，從孔夫子以來的「從眾」習氣，造成了一個時代的潮流和風尚，往往決定了個人「順我者昌，逆我者亡」的可怕事實，只允許順潮流、趕時尚，而容不得別人進忠告、提意見，不論是非曲直，也不管動機如何，一有逆眾之言，概以守舊視之。如辜鴻銘者，他的保守、復辟言行固然不足為訓，需要批判，但他的愛國熱情是不是可敬？他的忠告有沒有可取之處？他對文化的貢獻該不該泯滅？我們總該作一些理性的分析吧。道理上講應該，而事實上常沒有。百家爭鳴，自然不是一家獨尊。先秦時的諸子百家，不論儒道墨法，我們已能心平氣和地是其是而非其非；對近代的諸子百家，我認為還沒有完全做到。我選擇辜鴻銘並為之立傳，就是基於這樣認識上的嘗試。當時，曾有不少好心的朋友，

勸我不必浪費精力與筆墨於這樣一個頑固派身上，我堅持了我的看法。但在寫作時的評價上卻頗費一番思量，我採用西方學術界通行的文化保守主義概念，把辜氏作為一個形成於西方而立足於中國文化傳統的文化保守主義者來論述。我擔心的是「保守」一詞在我們的心目中極容易變為頑固、守舊甚至反動的同義語，這是幾十年來我們習慣的心理定勢，其實在文化學術意義上是無所謂褒貶的。這本書在對辜氏的評價以及所牽涉的許多方面，都提出我自己的管見，有些地方與前哲時賢持論頗異，非故求新奇，實不敢苟同而已。那麼這本書對辜氏的研究是否做到了是其是而非其非呢？雖然我努力為之，但究竟如何，還要等待讀者的批評。

　　陳美林先生自始至終關心此書的寫作。陳先生是明清文學的博士生導師，又是傳記文學名家，在本書的總體佈局和觀點上，都予以指導，提出不少意見和建議，大部分我在文中已吸收，有的地方本著文責自負的原則，我仍堅持自己的意見，陳老師不以為忤，反而熱情鼓勵，這種學術上的寬容與獎掖，永遠值得銘感。著名學者吳奔星先生近十年來對我的學習研究給予了很多指導，這次又托人在港臺代我查閱資料，遠在廣州的李稚甫老先生，在醫院病榻上猶來函十多封，解答有關問題，鐘陵師也多方面予以關心，師長的大力鼓勵關心，豈一

謝字所能表達！

　　為辜氏立傳的難度自然是不言而喻的。他的主要作品多以英文寫成，他的單篇論文全是用英語直接發表在英、美、日等國報刊上，時隔百年左右，檢閱殊非易事，我曾托人在港、臺地區和日本各地查尋，所得有限。因此，此書中辜氏有關單篇文章仍有不少遺漏。而且，辜氏所有的英文著作（也包括一些日文論著），全未有中譯本，需要我自己翻譯過來。辜氏的外文極生動準確、富有表現力，令人叫絕，但翻譯卻非常困難，我的拙譯得到吳亦東、李玉進、李憶陶諸先生的幫助或修訂，謹致謝忱。

　　書稿寫作過程中，錢宏先生多次來函來電，提出不少修改意見，為此書增色不少。當然，由於我的學識淺陋，聞見不廣，錯誤之處一定不少，期待得到讀者、專家的批評指正。

　　最後，謹以此書奉獻給先父捷甫公，以報答二十餘年的養育之恩。

孔慶茂

1994年11月於南京

再版附記

轉眼之間，二十年過去了，我也從而立到了知天命之年。二十年裏發生了很大變化，但世界局勢的動盪與戰爭的威脅卻依然有增無減，辜鴻銘的價值正在為越來越多的人所認識。本書的基本觀點並沒有改變，只是增加了一些史實，作了些局部的修訂補充，改正了原稿中的一些錯誤，仍然希望得到讀者的批評指正。

孔慶茂
2014年6月4日於南京藝術學院

昌明文庫·悅讀人物 A0603036

辜鴻銘評傳

作　　者	孔慶茂
版權策畫	李　鋒
發 行 人	陳滿銘
總 經 理	梁錦興
總 編 輯	陳滿銘
副總編輯	張晏瑞
編 輯 所	萬卷樓圖書股份有限公司
排　　版	菩薩蠻數位文化有限公司
印　　刷	百通科技股份有限公司
封面設計	菩薩蠻數位文化有限公司

出　　版　昌明文化有限公司

桃園市龜山區中原街 32 號

電話 (02)23216565

發　　行　萬卷樓圖書股份有限公司

臺北市羅斯福路二段 41 號 6 樓之 3

電話 (02)23216565

傳真 (02)23218698

電郵 SERVICE@WANJUAN.COM.TW

大陸經銷

廈門外圖臺灣書店有限公司

　電郵 JKB188@188.COM

ISBN 978-986-496-134-4

2019 年 7 月初版二刷

2018 年 1 月初版一刷

定價：新臺幣 420 元

如何購買本書：

1. 劃撥購書，請透過以下郵政劃撥帳號：

　帳號：15624015

　戶名：萬卷樓圖書股份有限公司

2. 轉帳購書，請透過以下帳戶

　合作金庫銀行 古亭分行

　戶名：萬卷樓圖書股份有限公司

　帳號：0877717092596

3. 網路購書，請透過萬卷樓網站

　網址 WWW.WANJUAN.COM.TW

大量購書，請直接聯繫我們，將有專人為您

服務。客服：(02)23216565 分機 610

如有缺頁、破損或裝訂錯誤，請寄回更換

版權所有·翻印必究

Copyright©2016 by WanJuanLou Books CO.,

Ltd.All Right Reserved　**Printed in Taiwan**

國家圖書館出版品預行編目資料

辜鴻銘評傳 / 孔慶茂作. -- 初版. -- 桃園市：

昌明文化出版 ；臺北市：萬卷樓發行，

2018.01

　面 ；　公分. -- (昌明文庫. 悅讀人物)

ISBN 978-986-496-134-4(平裝)

1.辜鴻銘 2.傳記

782.884　　　　　　　　　107001505

本著作物經廈門墨客知識產權代理有限公司代理，由百花洲文藝出版社授權萬卷樓圖
書股份有限公司出版、發行中文繁體字版版權。